臨床発達心理士認定運営機構[監修]
講座・臨床発達心理学 ⑤

言語発達とその支援

秦野悦子/髙橋 登[編著]

ミネルヴァ書房

一般社団法人　臨床発達心理士認定運営機構

《臨床発達心理士とは》

　臨床発達心理士は,「一般社団法人　臨床発達心理士認定運営機構」が認定する心理職の資格である。本機構は2001年12月に設立され,現在,日本発達心理学会,日本感情心理学会,日本教育心理学会,日本コミュニケーション障害学会の4学会を運営母体としている。2009年4月に一般社団法人 臨床発達心理士認定運営機構として組織変更した。

　本機構は「臨床発達心理士」および「臨床発達心理士スーパーバイザー」の資格認定を行うとともに,それらの資格更新審査を行う。

《日本臨床発達心理士会》

　日本臨床発達心理士会は,臨床発達心理士資格を有する者で構成される職能団体である。臨床発達心理士は,生活の中で人の発達を理解し,発達的理解に基づいて人を支援していくことを基本にしている。そのために,「人を理解するための専門性」と「人を支援するための専門性」で,最新の知識を得るとともに,専門性の向上を図る研修体制を整えている。臨床発達心理士は,日本臨床発達心理士会会員であり,自らの生活する地域の支部に所属して地域活動を行う。本資格は,5年ごとの更新制度をとっており,更新に必要なポイント取得のために全国研修会や支部研修会,実践研究発表などで自己研鑽をする必要がある。

《活動内容》

　日本臨床発達心理士会の具体的活動としては,①専門性や技能の向上のための全国研修会の開催,全国大会の開催,②「実践研究プロジェクト」の推進,③実践研究誌「臨床発達心理実践研究」の発行,④災害支援,⑤職能開発,⑥ニューズレター,メールマガジン,ホームページの運営などがある。

　なお,臨床発達心理士のより詳しい活動内容は,ホームページ（http://www.jocdp.jp/）から得ることができる。

連絡先

住所：〒160-0023 東京都新宿区西新宿6-20-12 山口ビル8F

FAX：03-6304-5705　　Email：shikaku@jocdp.jp

URL：http://www.jocdp.jp/

シリーズ刊行にあたって

　臨床発達心理士（Clinical Developmental Psychologist）は「発達支援」を専門とし，発達的観点に立つアセスメントと支援技術をもつことを特徴とする心理職資格である。人々が生涯発達の中で出会う様々な心理的問題や適応困難さの解決にあたっては，まず人が抱える問題そのものを理解する専門性が必要とされる。また，問題の正しい理解に基づき，人に適切な支援を行う専門性が求められる。人生のあらゆる場面における様々な問題は，人の発達に関する正しい知識や豊かな視点をもつ専門家によって，その問題を違った視点からとらえ直すことが可能になったり，その問題を根本から解決できるようになったり，時には問題状況が緩和されたり，そもそも問題そのものが消失してしまう場合もある。

　現代日本は少子高齢化，高度情報化という大きな課題とともにある。日本では，出生率が極端に低下し，高齢化が一層進行する少産少死人口減少型をたどっている。この加速する高齢化率，女性の高学歴化，また非婚・晩婚化の中で，女性の社会進出と出産や育児を両立するための社会制度の不十分さが，少子高齢化社会にさらなる拍車をかけている。また，高度情報化社会は，ICT（情報通信技術）が多様な双方向型コミュニケーションと情報の大量伝達を可能にした。加えて，携帯端末の進化は，いつでも，どこでも，誰でも情報にアクセスできる日常を実現させた。一方で，大量に氾濫する情報の選別や，必要な情報を取捨選択する力（メディア・リテラシー）の必要性が生じた。また，ICT を使える者とそうでない者の情報入手の差が，そのまま経済格差につながるという「情報格差」も懸念されている。

　「発達的観点に基づき人の健やかな育ちを支援する」という理念に基づき2001年12月に設立された臨床発達心理士認定運営機構は，この15年間に，臨床発達心理士の資格認定を行ってきた。また，2009年度からは臨床発達心理士スーパーバイザー認定も行い，その専門性の質を高めていくたえまない活動を行

っている。この間を振り返ると，東日本大震災，熊本地震などで被災した人々への支援，「障害」概念の変化にともなう適応という問題のとらえ直し，子どもや子育てに関わる制度，児童虐待防止，発達障害者支援，児童発達支援，特別支援教育など，福祉，教育に関わる制度が大きく変わった。それにともない，現代社会における新たなニーズへの対応が求められてくることで，専門性もまた，社会・文化の中に位置づけられてきている。

　また，国家資格である公認心理師においては，教育，医療・保健，福祉，司法・矯正，労働・産業，学術・研究など非常に多岐にわたる活動領域を想定しており，特定の分野に限定されない「汎用性」「領域横断性」を特長とする心理職国家資格を旨とするもの，とされている。心理職の国家資格の誕生により，心理的支援の専門性の底上げと向上が期待される時代になった。

　このような変革のうねりの中で，臨床発達心理士はこれまで通り，生涯発達という広い視野からの日常の暮らしへの適応支援を今後も続けていく。そのためにも，臨床発達心理士を育てるための指南書として，2002年刊の「シリーズ臨床発達心理学」5巻本に大幅な改訂を行い，このたび新シリーズ5巻本として新たに発行することとなった。新シリーズ「講座・臨床発達心理学」では，臨床発達心理学において必須とされる知識を網羅し，さらに2011年刊の「シリーズ臨床発達心理学・理論と実践」5巻本で，重視した専門性および，アセスメントと支援の視点を大幅に取り入れて，次のような特徴を明確にした。

　第1巻『臨床発達心理学の基礎』では，臨床発達支援の基本的視点を明確にし，アセスメントと支援のあり方を問うた。第2巻『臨床発達支援の専門性』では，専門職の社会的役割，職業倫理，高度専門性の確立を述べ，乳児期から高齢期にわたる生涯発達支援を論じた。第3巻『認知発達とその支援』では，感覚，記憶，知能，学力，対人認知，高次脳機能などの基礎理論とその支援を論じた。第4巻『社会・情動発達とその支援』では，情動，社会性をとらえる基礎理論からアタッチメント，自己の発達を論じ，その支援へとつなげた。第5巻『言語発達とその支援』では，前言語期から学齢期に至る母語の獲得過程と，読み書きの基礎理論とその支援について論じた。どの巻も，基礎理論，アセスメント，支援，評価という過程を踏まえた臨床発達支援の実際を記述して

いる。

　本シリーズは，臨床発達心理士を育て，社会に送り出していくために大学院の授業で，また臨床発達心理士認定運営機構が主催する指定科目資格取得講習会などのテキストとしての活用を考えている。また，それにとどまらず，人と関わるとはどのようなことか，人を支援するとは何をすることなのか，適切な支援がなされたとは何をもって判断できるのかといった，いわゆる自分自身の「臨床的かかわり」を見つめることを通して，臨床発達心理学の学びを深めていってほしいと願う。さらには，生涯発達を支援する専門家としての活動に貢献できればと願う。

　最後に，本シリーズの出版にあたり，企画段階からともに議論し，根気強く，ていねいに尽力し続けていただいたミネルヴァ書房丸山碧氏に深く感謝したい。

2017年2月28日

編者代表　　秦野悦子

は し が き

　第5巻「言語発達とその支援」は，第Ⅰ部「言語発達論」では言語発達の道筋を，理論的背景も含めて詳述し，第Ⅱ部ではそれをふまえ，「言語発達のアセスメントとその支援」について解説している。言語発達のプロセスを全体的に理解したい場合は，第Ⅰ部から読み進めることを推奨する。

　第Ⅰ部では，言語発達における生物学的基礎，言語発達の諸側面についての理論を第1章，第2章で総論的に概括した。第3章から第6章にわたって，各論として音声の理解と産出の発達，前言語期のコミュニケーション，話し言葉，読み書きに至るまでの言語発達が詳述されている。

　言語獲得（language acquisition）とは，生まれてから幼児期を通した生活の中で，人が特定の言語を使用できるようになる，いわゆる第一言語（母語）の獲得をいう。一般的にある特定の言語環境で育つと，親の人種や民族に関係なく，子どもは，その言語を獲得することになる。

　人はあたりまえのように言語を話すが，子どもたちは，どのようにして言語を話せるようになるのだろうか。言語発達における進化論的視点は，鳥類や，人以外の霊長類との比較の中で，人の言語の特徴を明らかにしている。

　子どもは，言語記号と特定の意味との結びつきを知るより前に，人の話し声を日常的に聞いている。この時期に語のどのような仕組みを学習しているのだろうか。また，子どもは，どのようにして言語に特別な意味があることを知り，文法規則を自ら発見し，状況を手がかりとしながら言語を使っていくのだろうか。言語を獲得する前と後では，何が違うのだろうか。第Ⅰ部では，こうした言語発達をめぐる問いが解明されてゆく。

　言語は人の最高度の精神機能であるがゆえに，一部だけを切り取っても全容を理解することは難しい。言語発達の領域は，大きくは音韻・意味・統語・語用に分けて考えることができるが，子どもの言語獲得はすべての領域が併行して進んでいく。また言語発達は，人の生物学的側面，社会情動発達や社会文化

的側面，認知発達との相互連関の中で進んでいく。そのため，本巻の各章はそれぞれ独立しながらも，部分的に内容が重なり合うこともある。人の発達における言語発達のダイナミズムについては，第Ⅰ部で理解を深めてほしい。

　第Ⅱ部では，言語やコミュニケーションについて臨床発達支援を必要とする人々に支援を行う際に，知っておくべき知識，支援技術が具体的に記述されている。第7章，第8章では，言語発達のアセスメントと支援の考え方の基本的枠組みが，第9章から第11章では，各論として言語発達支援について主要な支援方法が整理されている。第9章では，年齢や障害に即した支援，第10章では臨床語用論による支援，第11章ではディスレクシアの支援と，支援論が展開されている。

　言語発達の支援にあたっては，臨床発達心理士としての3つの視点が問われる。第1は，子どもがどのような状況や生活文脈の中で生きているのか，「今ここ（生物・社会・心理）の視点」からとらえることである。そのためには，その子どもの身体や発育を，生物学的視点で正確に把握すると同時に，生活環境や養育態度との関連を知る必要がある。第2の「生成としての発達理解」は，その子が誕生以来，家族や周囲の人が，その子の言語獲得をどのように意味づけ，どのように対応してきたのかという関係性を理解しようとすることである。第3の「発達の多様性・具体性・個別性の理解」は，診断名や精神発達年齢が同じでも，一人ひとりの生活史，生活文脈の中で，それぞれの他者との関係性の中で，それぞれの子どもを理解しようとすることである。臨床発達心理学の支援は，一人ひとりの「多様性」「具体性」「個別性」を理解したうえでの生活の適応支援を目指している。

　言語発達支援の実際を知るには，第Ⅱ部から読みはじめ，支援につながる発達のメカニズムについての知識を得るために，適宜，第Ⅰ部に戻って，言語発達の諸側面についての知識を確認しながら読み進めていくことも推奨したい。

第5巻編者　　秦野悦子・高橋　登

目　　次

シリーズ刊行にあたって

はしがき

第Ⅰ部　　言語発達論

第1章　言語発達の生物学的基礎 ……………………………………………2

1　言語の進化と起源の研究　2

2　ヒト以外の動物の音声コミュニケーション　8

3　霊長類の身振りコミュニケーション　17

4　進化と脳　19

第2章　言語の発達……………………………………………………………23

1　言語発達支援に役立つ，言語発達研究の特徴　23

2　言語発達の2側面とその間の適合性（相性）　25

3　言語発達の概観　27

4　言語発達の理論的背景　35

第3章　音声の理解と産出の発達 ……………………………………………44

1　コミュニケーションとしての音声　44

2　音声理解の発達　45

3　音声産出の発達　54

vii

第4章　前言語期のコミュニケーション ……………………………………… 63

1　ことばの前のことば——ことばとは何か　63

2　コミュニケーションの基礎——うたう二項関係　65

3　三項関係——指さし，共同注意，やりとりゲーム　71

4　ことばと意味世界の発生——子どもと大人の共同生成　83

第5章　話し言葉の発達 ……………………………………………………………… 90

1　初期発話期の発達　90

2　概念，意味の発達　96

3　意味を推測するための手がかり　101

4　構文の発達　105

5　ナラティブの発達　117

6　語用論の発達　122

7　バイリンガルの子どもの言語発達　135

第6章　読み書きの発達 ……………………………………………………………… 147

1　萌芽的リテラシー　148

2　音韻意識　149

3　リテラシーを育てる社会文化的環境　153

4　学童期の読み書き　154

第Ⅱ部　言語発達のアセスメントと支援

第7章　言語発達のアセスメントの考え方 ……………………………………… 168

1　言語発達のアセスメントとは何か　168

2　言語発達のアセスメント方法　177

3　言語発達のアセスメントバッテリー　185

目　　次

第8章　言語アセスメントと支援の基本的考え方……………………195

1　アセスメントの流れ　195

2　養育者との面談　202

3　行動観察　209

4　アセスメントの活用と支援のあり方　210

5　言語アセスメントと支援の総合評価　217

第9章　言語発達の支援方法………………………………………219

1　言葉の3領域 ── 言語，発声・発語，コミュニケーション　219

2　幼児期における言語・コミュニケーションへの支援　222

3　発声・発語領域への支援　237

4　聴覚障害のある子どもやその家族への支援　242

第10章　語用論的アプローチによる言語発達の支援………………248

1　臨床語用論の枠組み　248

2　前言語期の伝達意図の解釈受容の支援　261

3　会話期における語用論的なアプローチによる支援　265

第11章　ディスレクシアのアセスメントと支援……………………273

1　ディスレクシアの実態　273

2　読み困難を引き起こす背景から実態を理解する　278

3　ディスレクシアのアセスメント　282

4　ディスレクシアの支援　293

文　　献　301

索　　引　329

第 I 部

言語発達論

第1章　言語発達の生物学的基礎

1　言語の進化と起源の研究

　言語はヒトの生物学的能力の1つであり（Chomsky, 2008），ヒトを動物から区別する最も重要な特徴の1つと考えられてきた。この点で言語の起源を問うことは，ヒトの本性を探究することでもある（Jackendoff, 1994）。言うまでもなく，ヒトがどの国やどの民族，どの文化に生まれてきても，言語を獲得することができるのは，言語の獲得がヒトの発達の予定表に組み込まれているからである。レネバーク（Lenneberg, 1974）は，言語が生物学的制約に基づいた，種に特異的な適応行動であるとして，言語の生物学的基盤を重視した。発達心理学における言語獲得研究は，これまで言語の個体発生過程の解明について多くの研究がなされ，それらの知見は，言語発達に関する臨床発達支援の基礎を提供してきている。

　ところで言語発達研究は，個体発生としての言語獲得だけを対象にするわけではない。本章では，ヒトの言語の固有性や特殊性を系統発生的起源という視座からとらえていくことで，あらためて，言語の進化について現状を俯瞰したい。ここでは，種を超えて鳥類が音声を情報伝達の信号として使うことや，ヒト以外の霊長類が身振りに特定の意味をもたせる信号として使うことが，言語の発生とどのようにつながっていくのかを考えていきたい。これまで言語の進化に関係する様々な知見が得られてきているが，統一的に説明する理論はない

ので，現段階ではいくつかの知見を取りあげて説明する。

（1）言語に関する動物学研究の3つの座標軸

　動物学研究を特徴づける3つの軸として，長谷川（2012）は，①主に種間の比較を通して明らかにされる多様性と歴史性，②動物の営みのもつ適応性，③動物の営みの階層性を指摘した。

　第1軸はヒト以外の動物種における言語的行動を比較することにより，言語の起源や進化を研究するものである。動物行動学からは，ヒト以外の霊長類，その中でも特に大型類人猿との比較，また系統分類群を超えた，言語の重要な構成要素を共有する動物との比較もある。第2軸は，言語を支える生理的，神経的基盤をみていく生理学，行動としての言語がもつ適応的意義をとらえる行動学などからの接近がある。言語の適応的意義については，コミュニケーションとしての言語を考える動物行動学からの接近と，思考としての言語を考える認知科学からの接近がある。第3軸は，言語処理を課したときの脳の賦活状態をとらえていく脳神経学的研究があげられる。

（2）行動研究におけるティンバーゲンの「4つのなぜ」

　「なぜ動物がある機能をもつのか」という疑問をアリストテレスの四原因説を元に4つの疑問に分類したのがティンバーゲン（Tinbergen, 1975）である。この概念は行動に関わる分野，特に動物行動学，行動生態学，社会生物学，進化心理学，比較心理学の基本的な枠組みとされている。ティンバーゲンは，動物行動についての説明は，「原因」「生存価」「進化」「個体発生」という4つの問いに対して説明すべきであると述べた。ティンバーゲンの「4つのなぜ」に照らしながら具体的に言語の進化の研究内容を特定していくと，それぞれの位置づけがわかりやすくなる。

　この「4つのなぜ」を理解するために鳥類のオスのさえずりを取りあげてみると，①原因（causation）とは，さえずりが生じる直接的なメカニズムの説明であり，生理学，神経学，解剖学などによる接近が考えられる。②生存価（survival value）とは，オスのさえずりが種の生存上どのような役割を果たす

第Ⅰ部　言語発達論

のか，その適応的意義についての説明である。③進化（evolution）とは，オスのさえずりの進化の由来についての系統発生的な説明である。④個体発生（ontogeny）とは，オスのさえずりがどのような過程を経て発達していくのかという，個体の成長にともなう過程の説明である。本章では，言語の系統発生を検討するにあたり，「４つのなぜ」のうち，原因，生存価，進化に関連した内容を取り扱うことになる。

（3）言語とは何か

　藤田・岡ノ谷（2012）は，言語の起源や進化を論じるにあたり，言語とは何かを明確にしておかなければならないと指摘している。そこでまず，コミュニケーションと言語の関係について述べ，次に言語についてのいくつかの立場を概観する。

①　コミュニケーション（communication）

　ヒトは言語を使って様々なコミュニケーションを行うが，通常，ヒトのコミュニケーションは「情報伝達」だけにとどまらず「意志の疎通」「心や気持ちの通い合い」「互いに理解し合う」，などの機能がある。言語はコミュニケーションの一種であるが，必ずしも「言語＝コミュニケーション」ではない。コミュニケーションはほとんどの動物でみられるものであり（Wilson, 1975），たとえば，求愛のため，クジャクのオスがメスに向けて羽根を広げるディスプレイなど特徴的な体の部位の顕示や，ゴクラクチョウのオスが踊る求愛ダンスなど特徴的な動作はしばしば組み合わされ，特徴的な部位を強調する動作となって現れる。またミツバチは複雑なダンスを踊ることによって，仲間に水源や花粉の情報を伝えるなど，種によって，それぞれ特有のコミュニケーションを行っている。さらに，ヒトのコミュニケーションには，言語以外にもその文化で共有されている慣用的な身振りも，自然に意味がとれるしぐさや身振り，表情や声のトーンなどの非言語的行動も重要な役割を果たしている。

② コミュニケーションの進化

コミュニケーションの進化の説明には 2 つの側面がある。1 つはその行動がみられなかった祖先から，系統発生的にどのような経緯で進化してきたのかという側面である。この問題に対する最初の重要な貢献はローレンツ（Lorenz, 1987）ら動物行動学者によってもたらされた。第 2 の点はどのような進化の過程がその行動や器官を発達させたのかという側面である。ドーキンズ（Dawkins, 1992）は，警告信号や求愛信号のように明らかに利他的であったり，相互作用的である行動が，発信個体およびその種の生き残りのため遺伝子に有利さをもたらすという仮説を提唱した。

③ 「広義の言語機能」と「狭義の言語機能」

言語進化研究をみる視点として，ハウザーら（Hauser et al., 2002）は「広義の言語機能」（faculty of language in the broad sense：FLB）と「狭義の言語機能」（faculty of language in the narrow sense：FLN）を区別してとらえる視点を提供した。これにより，言語進化を論ずるときに言語の何に焦点をあてて議論しているのかがわかりやすくなる。

「広義の言語機能（FLB）」とは，知覚・運動の機能や記憶や認知能力などヒト以外の動物にもみられる能力をも含み込み，言語を構成する諸能力のうち，音声言語に固有の部分と，そうではない部分も含めたものである。

「狭義の言語機能（FLN）」には物事を階層的に操作する計算能力が含まれるとされ，これを再帰（recursion）という。再帰性とは，記号の有限集合から無限の記号列を生成するヒトの言語に独自な特徴であり，それを可能とする演算の併合（merge：ここでは 2 つの統語対象を結びつけ，集合を生み出す操作）である。再帰性は様々な FLB と相互作用するインターフェイスとして機能し，それによって言語が成立すると考える研究者もいる。

（4）言語を生物学的変化とみなす適応説

① 言語進化の跳躍説

言語を生物学的進化の結果到達した産物だとみなす立場では，ヒトは言語を

第Ⅰ部　言語発達論

学ぶための初期状態を生まれつきの脳にもっている，すなわち言語は遺伝的基盤をもった脳の形質的変化と考えられている。

　その中でもチョムスキー（Chomsky, 1975）は言語進化を跳躍説でとらえる立場である。跳躍説では，脳の形質変化は，通常の個体変異と比較して，より大きな進化的変化が起きたものであると考える。しかも，ヒトが現在の状態に進化したとき大規模な遺伝的変異が同時に発生していることを想定し，固有の言語能力は他の適応の副産物として生じたものととらえている。

　チョムスキー（Chomsky, 1975）は，言語が無限の表現力を可能にする理由として，句を別の句の中に，また節を別の節の中に埋め込むことができる，という再帰性に注目した。再帰操作によって統語規則を繰り返し適用することで，ヒトはどんな長さの文でも作り出すことができる一方で，ヒト以外の動物のコミュニケーションには，このような特徴はみられないとしている。つまり，ヒト以外の動物のコミュニケーションとヒトの言語の間に断絶があり，ヒトの言語に固有なものは，再帰操作を核とする計算システムであるとしている。こうした計算能力は，チョムスキーなど生成文法理論の立場では普遍文法（universal grammer）と呼んでいる（Chomsky, 1975, 2002）。

②　言語進化の漸進説

　ところで，本能という用語は説明概念として曖昧さを含むため，専門的にはあまり用いられなくなっており，最近では，類似した概念として情動，進化した心理メカニズム，認知的適応，生得的モジュールなどの用語が使われている。しかし，ピンカー（Pinker, 1994）は「私は言語を，時代がかった言語ではあるが「本能」とよびたい。本能とよべば，クモが巣の作り方を知っているのと同じような意味でヒトも言語の使い方を知っている，という見方が伝わりやすい」と述べたように，言語をあえて本能（instinct）と呼び，それは生物学的に親から受け継いだ性質というイメージが伝わりやすいことなどを理由にしている。

　ピンカーは，言語が自然淘汰（natural selection：自然選択ともいう）によって漸進的に形づくられた本能，あるいは生物学的適応の結果であると主張してい

る。ジャッケンドフ（Jackendoff, 2002）も同様に，言語がコミュニケーションという適応機能のために自然淘汰されてきたとしている。自然淘汰とは厳しい自然環境が，生物に無目的に起きる変異（突然変異）を選別し，進化に方向性を与えるという漸進説であり，進化を説明するうえでの根幹をなす理論である。

（5）言語進化の社会・文化説（人工物説）

トマセロ（Tomasello, 1999, 2003）は，言語構造を言語使用から切り離してとらえる生成文法理論に対して，言語構造は言語使用から作り出されるという用法基盤理論（usage-based theory）に基づいて言語の機能を考えている。トマセロによれば，動物のコミュニケーションに対するヒトの言語コミュニケーションの特徴は，記号（symbol）を用いることと，文法をもつことの2点である。特に言語記号とは，「社会的慣習であり，それを用いてヒトは他者の注意状態や心的状態を外界の事物に向けることにより，他者と注意を共有しようとする」（Tomasello, 2003）としている。一方，記号が言語の本質を成すのに対して，文法は派生的なものとみなし，文法は，ヒトがコミュニケーションのために記号を使用するという言語機能に従って，使用パターンが構文（construction）として定着していく，という「文法化」の産物であるととらえた。こうした構文は，それ自体が他者と注意を共有するための言語記号である，との立場をとる。

そして，環境からある特定の部分を切り出し，他者とともにそれに共同注意をすることで，情動や情報を共有すること，この能力こそが，言語を獲得することに先立ち，ヒトが獲得した能力であると考えた。このように，トマセロの説では，自然言語の機能は，コミュニケーションを促進することにあるとはいえ，むしろ，他者の注意を操作し，注意を共有するという，広義の言語機能を扱っており，本章では「社会・文化説（人工物説）」と呼ぶことにする。表1-1には，これまで述べてきたことを整理して，言語の進化に関する考え方を表した。

第Ⅰ部　言語発達論

表 1-1　言語の進化に関する考え方

狭義の言語機能	広義の言語機能	
ヒト固有 特定言語において文法的に正しい文を生み出すような規則体系。	ヒト以外の動物にみられる 原言語（protolanguage）は，統語構造を欠いた部分的な言語体系であり，完全な言語体系への進化を漸進的なものととらえる。	
跳躍説	漸進説	
突然変異	自然淘汰	社会・文化説
Chomsky	Pinker Jackendoff	Tomasello Clark

出所：Hauser et al., 2002の説明を参考に作表

2　ヒト以外の動物の音声コミュニケーション

（1）記号の産出としての音声コミュニケーション

　岡ノ谷（2006）は，ヒトの言語が備えている4条件として，第1に発声学習ができること，すなわち相手が言ったことをすぐに真似できること（音韻発達）を，第2に，音（単語）と意味が対応していること（意味発達）を，第3に，文法があること，すなわち語における単語の並び順，文における単語の並べ順に一定の規則があること（文法発達）を，そして第4に，社会的関係の中で使われること（語用論発達）をあげている。言語の4条件のうち，一部をもつ動物はいるので，各々がどのような条件を備えているのかを明らかにしていくことで言語の起源に迫ろうとしている。

　ヒトの言語が動物のコミュニケーションの進化の延長上にあると仮定すると，ヒトと動物の連続性について，「記号の生成」である音声の産出については，鳥のさえずりから言語音声へという進化の方向が考えられる（Mithen, 2006；岡ノ谷，2003）。また「記号の認知」である意味理解については，ヒト以外の霊長類における身振りから言語へという進化の方向が考えられる。

　ここでは，ヒト以外の動物の音声コミュニケーションやヒト以外の種が言語

第1章　言語発達の生物学的基礎

を理解したり産出したりできるのかという研究や，特定の脳構造と言語獲得を
支える過程の役割の研究について岡ノ谷（2012）が展開している論を概観する。

（2）前適応説

　言語を可能にする生物学的適応は，ヒト以外の動物にも一部は備わっている
ことを前提とし，個々の適応は言語には直結しないが，それらが組み合わさっ
て新たな形質が生まれる，それが言語の特異性につながると考える見方は，前
適応説とよばれる。たとえば，音声について取りあげると，進化した結果，た
またま言語発声に適合的であったから，その機能を担うようになった（スパン
ドレル理論）というよりは，言語の発声の前駆体である鳴き声が先に存在して
おり，そこからの進化によって言語の発声機能が発現するに至った（前適応
説）と考える方がわかりやすい。

　これまで明らかにされている知見では，たとえば，喉頭は，そもそも食物が
気道に入り込まないような仕分け弁として進化したが，その後，発声をするこ
とにも流用されたものである。また鳥の羽毛は保温のために進化したものが，
後になって飛翔に流用されたものである。これらの事象を「喉頭は発声への前
適応として，羽毛は飛翔への前適応としてそれぞれ進化した」ということがで
きる。岡ノ谷とメーカー（Okanoya & Merker, 2007）は，①発声可塑性から発
声学習へ，②感覚運動システムにおける音節文節化から文法へ，③概念システ
ムにおける状況分節化から意味への3点から言語の前適応を説明している。

　言語さえずり起源説によれば，鳥のさえずりには，ヒトの言語と共通する特
徴である，組み合わせを作り出すこと，他者から学ぶことができる，といった
点が指摘できる。つまり，動物の形質の中には，もともと存在しなかった事態
への適応も含まれていると考え，他者から学ぶこと，組み合わせを作ることの
2点が言語の特性であるととらえた。言語も，本来は他の機能のために進化し
てきたいくつかの形質がうまく組み合わさってまったく新しい機能として生ま
れたとの仮説を提唱した。

9

第Ⅰ部　言語発達論

（3）発声の学習——新しい発声を学ぶ能力

多くの脊椎動物は音声信号と特定行動を対応させて学習できる。たとえば，飼い主が犬に「お手」といって手を差し出すと，前足を飼い主の手の平に乗せ，「お座り」というと後ろ足を曲げ前足を伸ばして座る行動を教え込むことが可能である。これは特定刺激に対しほめるという社会的強化を与えることによって，聴覚刺激を弁別刺激としたオペラント条件づけが成立するという例である。また，特定の音声に意味を付与していく際に，単語の理解過程は動物とヒトで共通であるといえる。

ところで，発声をする動物の多くが，その発声を情動的に変調できるとのことである。たとえば，ペットの犬や猫は鳴き声で様々な情動表出を行い，その一部は，ヒトの発声の変調パターンに類似しているともいわれる。しかし，動物が発声に意図的変調をかけることができることと発声学習ができることとは明らかに異なる。発声学習とは，ひと言でいえば，新しい音が学べるかということであり，客観的な指標により外部から与えられた刺激と，音響学的に類似した新たな発声を自分の発声系で再現することができる場合に限定して用いる。

発声学習をする動物種は限られ，鳥類の一部，鯨類の一部，それと霊長類のヒトである。発声学習する鳥類は一万種のうち約半数の5,000種で，スズメ目，アマツバメ目，オウム目の鳥たちである（Jarvis, 2006）。オウムや九官鳥が飼い主の言語をそっくりそのまま表現するという，発声学習は一般にも広く知られている。また鳥類は，縄張り防衛や求愛に使うさえずりを同種から学習している。これらの鳥の一部は，社会的文脈で使われる地鳴きも学習することがある。鯨類（イルカ・クジラ）は81種中，数種類で発声学習することが明らかにされている。

またデグーというネズミの一種は，集団で生活し，生得的に鳴き声に固定された意味をもっているので，状況に応じて，挨拶，警戒，威嚇など種類の鳴き声を使い分けることで仲間に情報を知らせることができるが，発声学習はできない。

霊長類の多くは，音声記号を用いて社会生活を営むが，発声学習をするのは

ヒトだけである。たとえば系統発生的に近いチンパンジーやボノボなどの霊長類の場合，このような複雑な音声の学習や産出はできない。ヒト以外の霊長類は誘発される感情や状況と，特定の音声を発することが，連合していることをグッダル（Goodall, 1986）は論じている。

　鳥類，鯨類，ヒトなど発声学習ができる動物は，「息を止めることができる」という共通点がある。鳥は上空を飛行する際に，強い風にあおられたりして息が吸えなかったり，鯨は潜水するときに息を吸わなかったり，それにより呼吸をコントロールする機能が発達したと考えられ，その結果，発声学習ができるようになったと岡ノ谷は考えている。

（4）鳥のさえずりと言語

　鳥類の鳴き声には，地鳴きとさえずり（歌）の2種類がある。地鳴きは，警戒音などのように特定の状況で発せられる短い音声である。さえずりは，縄張りの防衛や，求愛行動として発声される長い音声系列であり，スズメの仲間の鳥禽類の場合，主にオスのみが後天的にさえずりを学習する（Catchpole & Slater, 2008）。

　ジュウシマツはさえずりの中に，ヒトは音声言語の中に，一定の規則を見つけ，音の区切り（切れ目）を認識する能力をもっている。この点でジュウシマツの鳴き声には，ヒトの音韻発達の過程と共通している。すなわち，ジュウシマツもヒトも生まれつき鳴き声や言語が脳にすり込まれているわけではなく，ジュウシマツは生まれた後から仲間の鳴き方をくり返し聞くという環境で，オスはさえずりを学習していくことが明らかになった。

① 鳥のさえずり文法──ジュウシマツの鳴き声の規則性

　これまで述べてきたように，ヒトのコミュニケーション様式が言語へと進化をはじめたときに，原初的であっても，音声をつなぐ規則である統語構造を生み出す能力が，少なくとも一般認知能力の一部として存在している。ジュウシマツのさえずりもある種の統語構造をもつことが明らかにされており（岡ノ谷, 2003），霊長類ではテナガザルの求愛歌がよく知られている（Mitani & Marlar,

第 I 部　言語発達論

1989)。

　信号の生成という点においては鳥類の方がヒトと多くの共通点をもつ。すなわち，鳥類もヒトも複雑な音声系列を制御するための特別な神経回路をもつ。また鳥の音声学習にもヒトの言語獲得にも**敏感期**といわれる学習に最適な時期の存在が認められ，その時期を過ぎると正常なさえずりや言語獲得が困難になる可能性がある。

　言語には単語を組み合わせて意味のある文章を作るための規則，つまり文法がある。動物の鳴き声にも規則があるかどうかを，複雑な鳴き声でさえずるジュウシマツを使って岡ノ谷（2003）は明らかにした。

　鳥類のさえずりは，さえずりを構成する音要素の音響特性，種類，配列の仕方（さえずり文法）の 3 つで特徴づけられる。特にジュウシマツの歌はヒトの言語との比較において興味深い特徴をもっているという。たとえばジュウシマツのさえずりはパターン化された音要素のまとまり（チャンク）によって構成され，音要素，チャンク，さえずりという順序構造における階層性の中で二重分節性が存在する。これは形式的には，ヒトの言語における音韻，語彙，文法という順序構造に対応する。またジュウシマツのさえずり要素の配列は，さえずり文法をもつことが明らかにされた（Okanoya, 2004）。

　具体的に述べると，ジュウシマツは 8 種類の短い音声（エレメント）を発し，これは日本語の五十音にあたると考えるとわかりやすい。そしてこの 8 種類のエレメントを組み合わせて，「ビジョ」「ギピョ」などの単語のようなかたまり（チャンク）をつくり，チャンクがつながってさえずりになるという構造があるという。ジュウシマツのさえずりの中で，チャンクを探すことにより，さえずりの中で生じる規則，つまり文法の規則が明らかになったのである。

　また個体発達をみるとジュウシマツのひなは，周囲のオスのさえずりから，チャンクを切り分け，それを貼り合わせて，自分独自のさえずり文法を完成させていることがわかった。

　さらに，鳥類におけるひなのさえずりの発達学習が，ヒトの幼児の言語獲得過程と類似していることが示された（Doupe & Kuhl, 1999）。生後40日齢から160日齢までのひな鳥の声を録音し，声がどのように分化してきたかを調べた

ところ，生後50〜60日齢のひな鳥は，まだすべての要素の音要素を発音できないので，さえずり文法は作れない。生後70日齢を過ぎる頃から，不完全ではあるがすべての音要素を発声できるようになり，音要素遷移が規則性をもつようになる。この時のさえずり文法は，チャンク構造を有していない。これは，発達初期のさえずり文法の構造が不安定であることを示している。その後，発達にともなって，音要素間の遷移確率の高いところは残り，低いところはなくなることで，簡潔な遷移規則に収束し，音要素遷移のネットワークが形成される。

②　オスのさえずりが複雑化する進化的要因

　鳥類のオスのさえずりは，多くの場合，縄張り防衛やメスへの求愛に使用する音声信号のため，その文法は，縄張りや配偶者をめぐる競争に勝ち残るために自然淘汰やメスの性選択を受けて形成されてきたと考えられる。岡ノ谷（2010）は，ジュウシマツのオスのさえずり文法と，メスの認知構造が相互に影響しあいながら進化するという共進化モデルを考えた。それによると，第1に，メスはそれぞれにさえずり構造（音要素の配列）に生得的な好み（選好）をもっている。第2に，さえずりはメスを惹きつけるための信号なので，新奇性が必要である。このような2つの制約条件のもとでオスのさえずり文法と，メスの選好性が影響し合い，複雑なさえずり文法に進化する。

（5）発達と聴覚学習

　新生児は，ヒトの言語音とそれ以外の音を聞き分けられることが知られている。そのことは自分の周囲で話されている言語における音声上の最小単位である音素を新生児でも聞き分けることができることを意味している。ヒトの場合，聴覚に関しては，生まれる前の胎児期にあって，胎齢5か月頃から聴覚器官が形成され，胎齢6か月頃から身体機能としては，様々な音が聞こえていることが指摘されている。したがって誕生以前から，母親の声，外界音，血流音，心拍音など様々な音声を聞く経験を経てきている。子宮内で胎児が聞く外界音は，実際の外界音の30％程度でくぐもった音声である。また，単音よりも，リズムや音楽の方が聴き取りやすいことも指摘されている。つまり，ヒトは，誕生前

から周囲の大人の言語を聴き，生後も特定の言語音を聞き続けている。

　ジュウシマツはさえずりの中に，ヒトは音声言語の中に，一定の規則を見つけ，音の区切り（切れ目）を認識する能力をもっている。ジュウシマツもヒトも生まれつき鳴き声や言語が脳にすり込まれているわけではないのである。

　ジュウシマツのひなは，周囲のオスのさえずりを聞いてそのさえずりを覚え，ヒトも，周囲の大人の言語を耳にして，特定の言語を学習していく。鳥類のさえずりにみられたヒトの言語との共通性は，精緻な音韻体系が，必ずしも系統発生とは関係なく異なる種にも誕生し，独立に進化しうることを示唆している。

（6）霊長類の音声行動

　トマセロら（Tomasello et al., 2002）は，類人猿が感情を音声として発する場合は，周囲に注意を払わず，柔軟性もないという事実に注目した。音声を発することについて，このように柔軟性に欠けるのは，ヒト以外の霊長類の発声は，感情や状況と非常に強く結びついていて学習された行動ではないと考えられる。

　この理由についてトマセロらは，進化的には音声が，警戒音など緊急を要するサバイバル的機能であるからだ，と考えている。

　それゆえにヒト以外の霊長類は，種内におけるすべての個体は，同じ基本的な音声レパートリーをもち，そのレパートリーの本質に個体差がない。たとえば社会的に孤立した状態で成長したり，著しく異なる音声レパートリーをもつ他の霊長類に異種養育された場合でも，他種の音声でなく，種に典型的な音声を発する。また，音声信号と，それを喚起する感情や状態は密接に結びついている。つまりヒト以外の霊長類は，コミュニケーションの状況に合わせて柔軟に発声するということはない。

　したがってヒト以外の霊長類に新しい音声を発するように教えようとしても，上手くいかない。また，すでに身につけている音声を，指示に応じて発声するように教えようとする試みも極めて困難であるという結果が示されている。

第 1 章　言語発達の生物学的基礎

（7）発声学習と脳構造

①　発声学習する動物の脳構造

　脊椎動物の多くの種が発声するが，ほとんどは生得的にプログラムされ，学習する必要はない。しかし発声学習する動物の一部では，特異的な脳構造が発見されている。

　大脳皮質（運動野）から延髄への発声制御伝導路となる神経繊維の存在は，鳥類では発声学習をするキンカチョウとジュウシマツにおいて認められる一方で，発声学習をしないハトには同定されず，同様に霊長類ではヒトには認められる一方で，発声学習をしないチンパンジーやマカクザルなどには認められない。したがって発声行動に対するオペラント条件づけは，オウムでは容易に成立し，マカクザルでは難しいというのは，この理由による。

　脳のある部位に損傷を受けると「しゃべれないけれど歌える」という状態に陥ることがあるように，歌詞のある歌を歌えることと会話ができることとは違い，発声すること自体の能力と会話の能力とは異なる。発声し，歌うこと以外に何が加わると言語になるのかを考えると，様々な音声を発声できる能力が乳児期の音韻発達の中でスキルアップしてくる過程で，特定の音に意味を結びつける大人の存在があり，発達の過程で，子どもが音に特定の意味を結びつけることができれば言語が誕生するものと考えられる。

②　ミラーニューロン（mirror neuron）およびミラーニューロンシステム

　ミラーニューロン（鏡ニューロン）という神経細胞が脳にある。これは個体の脳内で，自ら行動するときと，他の個体が行動するのを見ている状態の，両方で活動電位を発生させる神経細胞である。他の個体の行動を見て，まるで自身が同じ行動をとっているかのように鏡のような反応をすることから名づけられた。他個体の行動を見て，自分のことのように感じる共感能力を取り扱っていると考えられている。このようなニューロンはマカクザルで直接観察され，ミラーニューロンは下前頭回（F5 領域）と下頭頂葉で発見されている（Rizzolatti et al., 2004；Dehaene, 2005）。その後，ヒトやいくつかの鳥類におい

15

てその存在が指摘された。

　岡ノ谷（2012）は，自己が行う行動と他個体が行う行動との対応を取る仕組みとしてのミラーニューロンの研究動向を次のように概括している。ミラーニューロンは，発声学習を示す鳥類であるジュウシマツやヌマウタスズメにも認められた（Prather et al., 2008）。聴覚発声系におけるミラーシステムは，自分が歌を歌っているときに活動するだけでなく，その歌を聴いたときにも活動することで，発声学習に関与していた。鳥の脳にみつかった聴覚性のミラーニューロンが脳のどことつながっているかをみると，体全体の動きをつかさどるところとつながっていた。そのことから，聴覚性ミラーニューロンがある動物は，リズムがある音楽を聴けば，体全体が動くことが考えられる。ヒト以外の動物でダンスをする動物は，すべて発声学習をする鳥類である（Schachner et al., 2009）ことが報告された。ヒトにおいては，前運動野と下頭頂葉においてミラーニューロンと一致した脳の活動が観測されている。

　発声学習することができる動物には，大脳皮質運動野と延髄呼吸発声中枢を直接つなぐ伝導路が存在する。これらの動物にとって発声と聴覚のミラーニューロンを獲得することが，発声学習に必要であることが示された。胚発生の過程では，あらゆる動物において大脳皮質と延髄とは密接な接続をもっているが，多くの動物では生まれるまでに刈り込まれ，機能的な接続のみが残る。発声学習をする動物には，この刈り込みが起こらなかったと考えられる（Deacon, 1998）。

　鯨は水中での呼吸を制御するため，鳥は空中で呼吸を制御するため，ヒトは泣きの情動をコントロールするため，大脳皮質と延髄の刈り込みがなされず，呼吸を制御するために発声伝達回路が強化されているものと推測できる。経路に刈り込みが起こらず，さらに発声伝導路が強化されているのは，呼吸の意図的制御を前適応として，発声学習が成立し，そこを基盤として複雑な音列をコミュニケーションに使う行動が進化していく方向をたどるのであると推測される。

3　霊長類の身振りコミュニケーション

　トマセロらは，ヒトのコミュニケーションの起源が，進化的にみると，霊長類の中でも大型類人猿の身振りコミュニケーションにあると仮定し，類人猿とヒトとのコミュニケーションの共通点を検証した。言語コミュニケーションを含む慣習的なコミュニケーションには，参加者が自然に意味を理解できるしぐさや身振りが存在することと，参加者自身が共有志向性を支える心理基盤と，慣習や構文を作ったり支えたりするための文化的学習と模倣のスキルをもつことによって可能になると主張している。

（1）ヒトのコミュニケーションの系統発生

　トマセロは，動物界のコミュニケーションを誇示行動と信号の2種類に分けてとらえ，信号のみが発信者自身が他個体への影響を意識し，いつ，誰に，どのように発信するかという意図的なコントロールが可能であるという点で志向的であると考えた。ヒト以外の霊長類の発声および多くの身振りは遺伝的に固定されており，柔軟性がなく，誇示行動に分類される。また，大型類人猿の身振りは，誇示行動と注意喚起行動に二分される。しかしながら，大型類人猿の一部の身振りは個々に学習され，志向的に柔軟性をもつコミュニケーションの信号として見出されている（Tomasello et al., 1985, 1994, 1997, 2007）。

　またトマセロは，ヒトのコミュニケーションの特徴は志向的であることと，協力的であることとし，その起源が類人猿の志向的なコミュニケーション，特に身振りによるコミュニケーションにあるという仮説を提案した。大型類人猿の身振りコミュニケーションが柔軟性をもち，学習によって可能になることや，他個体の注意が自分に向けられているかどうかを身振りコミュニケーションの発信者が確認することなどが，志向性につながると考えている。一方で，霊長類の音声コミュニケーションは，遺伝的に固定された柔軟性に欠く誇示行動の一種であり，志向的で協力的であるヒトのコミュニケーションの進化的基盤とは異なるとみなしている。

第Ⅰ部　言語発達論

（2）大型類人猿の志向的コミュニケーション

　トマセロは，大型類人猿の身振りには，2つの基本的タイプがあるとする。1つは意図運動であり，もう1つは他者の注意喚起行為である。学習されていない意図運動の誇示行動は，動物界ではどこにでもみられる。オオカミが歯をむき出して唸り声をあげ他者を威嚇する，鳥が交尾前の準備行為により求愛行動を合図するなどである。これらの誇示行動は系統発生的に儀式化され，特定の感情や社会的状況で必ず行われる意図運動の誇示行動が，遺伝的に固定化されたものである。

　ヒトの協力的コミュニケーションへ至る進化の道は，大型類人猿の身振りに典型的にみられるような志向的コミュニケーションをその起源だと仮定する。類人猿は個体発生的にはルーティン化した儀式的ふるまいにより，多くの身振りを学習する。類人猿は，特定の他個体が自分に気づくように注意を払う行動を志向的に用いる。

　類人猿が学習した志向性のある身振りを用いるのは，他個体に何か行為をすることを要求するためである。行為を直接的に要求する場合は意図運動を行い，行為を間接的に要求する場合は他個体の注意喚起行動をする。

　意図運動の信号は，個体発生的に儀式化された学習として柔軟に使用される。チンパンジーにおいて個体発生的に学習され儀式化された意区行動の身振りとして，母親に抱っこしてほしいときに「背中触り」があり，別の子どもに近づいて叩き遊びをしたいときに「腕あげ」をする，などが認められたことをトマセロは指摘している。

　注意喚起行動では，他個体の注意を何かに向けて，その結果，他個体がその何かを見て，それから何かをすることになる。他個体の注意を喚起するために類人猿が学習する行為は，他個体が何かを見て，その結果何かをするという二段階に分かれた志向性を，ヒト以外で唯一利用している志向的コミュニケーションである。さらに，これらの身振りを理解し自らも行うためには，その根底に個体レベルでの志向性を理解するために「他個体も自分と同じように目標をもち，知覚をすることを理解する」スキルがなければならない。そうでなけれ

18

ば他個体が何をしているかを実践的推論で理解できない。

（3）協力的コミュニケーションの発生起源

　ヒトの個体発生において，身振りコミュニケーションから言語コミュニケーションへの移行は，共有志向性の共通基盤構造に依存していることを示す研究（Tomasello et al., 1994；Tomasello et al., 2003；Burling, 2007）が報告されている。

　ヒトは言語によるコミュニケーションが出現するより前に，共同注意，共同行為を通じて，指さしなど身振りによるコミュニケーションを身につける。したがって言語獲得以前に，協力的コミュニケーションの基盤構造が機能しており，言語コミュニケーションは，その基盤構造を利用している。この共有基盤構造が語彙獲得の鍵となり，生後9か月から12か月の間に形成される基盤構造がなければ12か月以降に生じる語彙獲得がスムーズに進まないことが示唆される。

　トマセロはヒトの協力的コミュニケーションは進化的適応として生じたという仮説をもつ。類人猿の身振りコミュニケーションは，志向的ではあるが，ヒトのように共有志向的ではない。ヒトの協力的コミュニケーションが適応として生じた要因としては，相利共生，間接互恵性，帰属意識に基づいた文化集団における自然淘汰として共有志向的心理基盤を獲得したものと説明している。

4　進化と脳

（1）ブロードマン脳地図

　遊佐（2012）は，音声と意味をつなぐ統語構造を処理する脳部位が，統語構造や非統語構造をどのように処理するのかについて論究している。言語進化に関わる音の側面である音声産出と，意味の側面である言語理解が脳内でどのように処理されているのかを遊佐の論究に基づき概観する。図1-1は，ヒトの大脳左半球ブロードマン脳地図である。ブロードマン（Brodmann, C.）は，脳の組織構造が均一である部分をひとまとまりに区分し，各領野に1から52までの番号をふっている。音声産出にかかわる**ブローカー野**は，ブロードマン領野

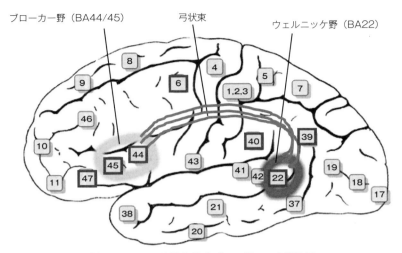

図 1-1　ヒトの大脳左半球ブロードマンの脳地図
出所：Duvernoy, 1999を改変

（Brodmann area；BA）の BA45, BA44 にほぼ対応する。言語理解にかかわる**ウェルニッケ野**は BA22 に対応し，音韻処理を行う。ブローカー野とウェルニッケ野を結ぶ神経繊維を弓状束と呼ぶ。弓状束はヒトでは密であるが，チンパンジーでは薄く，マカクザルでは欠如している（Rilling et al., 2008）。また，ブローカー野とウェルニッケ野を結ぶ経路は弓状束だけでなく複数存在している。また，ブローカー野の BA44, BA45 はそれぞれウェルニッケ野 BA22 とつながっている。

（2）ヒトの統語構造に関するブローカー野の働き

　ブローカー野が損傷すると発話の障害がでるため，従来は「発話の中枢」と考えられており，言語処理，および音声言語，手話の産出と理解に関わっているとされてきた。具体的には，ノド，唇，舌などを動かして言語を発声する役割を担う。最近は，統語移動，階層構造処理，ワーキング・メモリ，認知制御などの神経基盤と考えられるようになっている。

　表 1-2 は，遊佐（2012）が論究した内容に準拠し整理して記述したものである。図 1-1 のブロードマンの脳地図と対応しながら理解を深めていくことがで

第1章　言語発達の生物学的基礎

表1-2　ヒトの統語行動に関する脳処理

言語野	ブロードマン領野	処理機能		損　傷
ブローカー野	BA47	統語構造と意味理解に賦活	統語処理に BA47 と BA22 が賦活	
	BA45		ウェルニッケ野とつながる統語行動の理解で賦活 BA45 と BA22 と密につながる 行動計画の階層構造処理の部位	
	BA44		BA6 と BA45 をつなぐ BA44 と BA22 と密につながる 視覚・空間言語領域の処理 汎用的併合に関連する ミラーニューロンと相同性 動作に関する記述文理解で賦活	BA44 の損傷が発話失行を誘発 ASD 児が，複数から成る行為を観察して意図理解できない BA44 の損傷が，他者の行為を順序づけて示すことに障害。
	BA6	運動系を制御する		
ウェルニッケ野	BA22	音韻処理		
	BA39 BA40	単語処理 BA39と BA40は神経経路でつながる		
	弓状束	ブローカー野とウェルニッケ野を結ぶ神経繊維		チンパンジーでは薄く，マカクザルでは欠如

出所：遊佐，2012の内容に準拠し作表

きる。

　ブローカー野（BA44／BA45）と BA47 は，統語構造と意味理解の際に賦活することが知られている。また，ブローカー野後部の BA45 は，統語構造の処理に関与し，言語機能の解明には重要な脳部位である。しかしブローカー野が言語だけに特化したハードウェアでないことは，fMRI による脳機能イメージングの結果からも明らかになった。それによれば高度な階層構造を必要とする行動計画の処理には，BA45 が賦活している。

　ブローカー野 BA44 は，運動や動作制御に関係している。これまでにわかっていることでは，①運動系を制御する BA6 と，統語処理をする BA45 をつなぎ，②ウェルニッケ野 BA22 と密接につながり，③他の領野と汎用的併合に関

第Ⅰ部　言語発達論

係する。また，④視覚・空間言語領域の処理を行い，⑤ミラーニューロンと相同性のある機能を有し，⑥動作に関する記述文の理解においても脳活動に反映する。すなわち，ヒトの場合，動作に関する知識は，観察や音を聞く場合だけでなく，動作動詞文，たとえば「私はナイフを握った」などの文を読んで理解する際にも，ブローカー野のBA44が活発化するという知見が示された。

　また，BA44の損傷により，①運動・動作制御に困難が生じるので，発話失行を引き起こす，②他者の複数からなる行為を観察して，意図理解ができない，③行動の符号化に混乱が生じるので，他者の行為を順序づけて話すのが難しいなどの症状が認められる。自閉症スペクトラム児（ASD児）が，他者の複数からなる行為を観察して，その意図を理解できないことも，BA44の体積減少が関与していることが示唆されている（Yamasaki et al., 2010 ; Cattaneo et al., 2007）。これらからブローカー野後部のBA44が汎用的併合の神経基盤であり，言語以外の階層構造の処理に関係すると推測されている。また，高度な階層化を必要とする行動計画はBA45が関与することが示されている。

＊

　脳科学研究は，言語を可能にする脳機能についての神経科学的理解を飛躍的に発展させた。言語進化の研究が学際的になることにより，これまで言語の問題を専門領域内でのみ論じてきた研究者や実践家は，これらの新しい知見が，これまでの自身の専門領域とどのように関連してくるのかを常に意識しながら，他領域の研究成果から，ヒトの言語に対する共通理解を格段に深めていく姿勢が求められている。

（秦野悦子）

第2章 言語の発達

　この章では言語発達の理論的背景について述べる。ただし，理論的に統一したかたちで理論的背景を述べずに，多様な理論を大枠で整理して偏らずに紹介したい。加えて，この章が臨床発達心理士のテキストの一章ということを勘案して，臨床発達心理士の実践に役立つ，理論の背景を中心にして述べることにしたい。

　まず理論的背景の理解に役立つと思われる，3つの事項について述べる。3つの事項とは，①言語発達支援に役立つ，言語発達研究の特徴，②言語発達の2側面とその間の適合性（相性），③言語発達の概観，である。③に関連して，聴覚と音声認識，発声・発語器官についての具体的事例は第2章で，意味，統語，語用についての具体的な事例は第5章で紹介されている。本章では理論的背景の説明に役立つ事項に限定して紹介する。この章の理解を深めるためには，他の章の記述を参考にするといいだろう。なお，言語発達理論に関してさらに広く知りたい場合には，岩立（2001, 2012）とホッフ（Hoff, 2009）の文献を参考にしてほしい。

1　言語発達支援に役立つ，言語発達研究の特徴

　2002年発行の臨床発達心理士の基本テキスト『言語発達とその支援』（岩立・小椋, 2002）で，岩立は言語発達支援に役立つ，言語発達研究の特徴として次

第Ⅰ部　言語発達論

の4点を挙げている。①言語発達の生物学的・神経学的基礎，②言語発達での
臨界期，③言語刺激による変化可能性，④言語発達での規則の支配，である。
2002年の時点で臨床発達心理士の資格要件を考えた際には，この4点を学習の
必須事項と想定していたが，言語発達の理論的背景を考えた場合，そのほかに
触れる必要がある特徴があった。それは言語発達の「生得性」である。2002年
発行の同テキストでは，意図的に生得性に関する言及を避けた。生得性を強調
することによって，臨床発達心理士の言語発達支援の理念が特定の言語観に強
く影響を受け，臨床発達心理学の可能性を阻害するかもしれない，と危惧した
からである。しかし，2002年以降の言語発達研究やその理論の発展は，言語の
生得性も取り入れた，臨床発達心理学的実践の必要性と可能性を明らかにしつ
つある。言語の生得性の問題をあえて避ける必要は現時点ではなくなりつつあ
る。そこで，本章の理論的背景の説明では生得性を中心理念として取りあげた
い。

　生得性は，狭い意味では言語学者チョムスキーによって代表される言語理論
における生得的知的構造（innate intellectual structure）を指すが，広い意味で
は認知発達一般に関わる生得的な発達事実を指す。チョムスキーによれば，人
間が用いるすべての言語の文法記述に必要な一般的条件として，**普遍文法**
（Universal Grammar, UG と略記される）が想定される。普遍文法の基本的な考
え方には時期によって大きな変化はないが，その具体的な内容は時代とともに
変更されてきた。狭い意味での生得性を強調することは，臨床発達心理学的支
援の可能性を狭めることにもつながる。しかし，広い意味を強調することは，
脳研究や**進化論**，**認知科学**研究，臨床発達心理士の実践成果などを，自由な発
想で，支援の現場に導入することを可能にし，臨床発達心理学的支援の可能性
を広げる。そうすると，広い意味の生得性と比較して，狭い意味の生得性の概
念は役に立たないと思うかもしれないが，必ずしもそうではない。狭い意味で
の生得性を理解することは，広い意味での生得性を理解するのに役立つ。

2 言語発達の2側面とその間の適合性（相性）

言語発達を理解する際に，言語発達の2側面とその間の適合性（相性）について考えることは重要である。2側面とは，「人間側の条件」と「言語側の条件」である。言語発達が適切に進むためには，これら2つの条件が適切にそろう（適合する，相性が合う）必要がある。臨床発達心理学的言語発達支援では，2つの条件への視点が常に必要である。

（1）人間側の条件

人間側の条件とは，言語発達を可能にする人間側の生物学的条件を指している。例として，霊長類の歯型と脳の言語領域を取りあげる。ヒトを含めた7種の霊長類（ヒト，ゴリラ，チンパンジー，オランウータン，テナガザル，クモザル，キツネザル）の歯型を比較すると，ヒト以外の霊長類では歯型に大きな隙間があって，歯を使った子音の構音が難しいことがわかる。その他，口腔の形がヒトとその他の霊長類では違いがあり，ヒト以外の霊長類が人間の言語を話すときに不利であることがわかる。また人間が使用する音声言語の聞き取りでも，ボノボ以外の霊長類では訓練が難しいことが指摘されている（Savage-Rumbaugh, 1992）。

さらに，古典的な**失語症**の研究から，**ウェルニッケ野**と**ブローカー野**と呼ばれる**言語野**が言語使用に重要な役割を果たしていることがわかっている（第1章参照）。ウェルニッケ野は言語の理解に，ブローカー野は言語の表出に重要な役割を担っている。また，ペンフィールドとロバーツ（Penfield & Roberts, 1959）の研究によって，言語使用には，ウェルニッケ野とブローカー野以外の広範囲の脳領域が利用されていることがわかっている。言語は多くの脳領域の共同作業によって機能している。

しかし，言語野はすべての人でまったく同じわけではなく，生育環境によって，また発達経過によって，違いが生じる。微妙な違いもあれば，大きな違いもある。たとえば，10歳以前の**脳損傷**は一時的に失語を生じさせたとしても，

第Ⅰ部　言語発達論

かなりの程度，その後の発達で言語能力を回復させる（Lenneberg, 1967；Bates & Roe, 2001）。一度脳損傷で機能しなくなった脳領域の再利用は難しいので，新たな領域を使って言語機能が再現されることになる。また，同じ二言語併用者（バイリンガル）でも，生育にともなう言語環境の違いによって，脳の使用領域に微妙な違いが生じる。たとえば，言語発達の初期段階から多言語環境に育って二言語を同時進行で獲得した人（初期型）と第一言語と第二言語の獲得時期にずれがある人（後期型）で，一定の言語課題を与えたときに使用される脳部位には微妙な違いがみられた（Kim et al., 1997）。

　まとめて言えば，人間が言語を表出する，あるいは言語を理解する際に利用される身体的器官は，人間の言語を使用するのに都合のいいように作られている。さらに，言語は多種多様な人間側の領域の組み合わせによって可能になっており，それらのどれかがうまく機能しないと，言語の発達や使用に支障が出てくる。同一の個人でも，加齢や機能不全によって，同じ領域に違いが生じ，支障の現れ方にも違いが生じる。

（2）言語側の条件

　言語側の条件とは，言語がもつ特徴を指している。言語には多様な側面があり，言語学では研究領域を，**音声学**，**音韻論**，**形態論**，**統語論**，**意味論**，談話論，語用論などに分類している。これらすべてが，言語がもつ特徴である。その他，心理学にとっては，ジェスチャーや顔の表情などのシステムや，認知心理学的システムやモデルも，言語がもつ特徴と考えることができる。

　これらすべての特徴が言語について考えるときには重要ではあるが，臨床発達心理士の視点から見ると，支援対象者によって重要な領域は違ってくる。自閉症スペクトラム障害（ASD）の場合には談話論や語用論，身体的表現や認知心理学的モデル（**心の理論**モデルなど）が重要になり，**特異性言語発達障害**では形態論や統語論などが重要になる。言語発達遅滞の場合には，音声学や音韻論のほかに，認知や知能という発達領域が重要になる。

　言語発達支援をする場合，支援の対象者（児）が抱えている問題は多様で，個人差がある。ある人は構音での支援を必要とし，ある人は言語発達全体の遅

れに対する支援を必要とし，ある人は周囲の人との適切な談話（対話）が難しいために支援を必要としている。したがって，臨床発達心理学的支援にとっての言語側の条件とは，実際には，支援を必要とする人の要請にしたがって，言語の多様な研究領域から抽出された特定の領域を意味することになる。

3　言語発達の概観

（1）聴覚と音声認識

　ヒトを含めた動物が出せる音，聞ける音は種によって違う。種によって，コミュニケーションに使う周波数帯も違う。人間が聞き取れる音はおおむね16～20,000 Hz で，犬はおおむね15～50,000 Hz とされている。さらに，人間が使用する語音（母音，有声子音，無声子音など）によって使われる周波数範囲には違いがある。母音はおおむね500～2,000 Hz の低周波数帯が，有声子音はおおむね1,000～3,800 Hz の中周波数帯が，無声子音はおおむね2,500～8,000 Hz の高周波数帯が重要な役割を担っている。さらに，人間が聞き取れる音は，加齢にともなって変化し，一般的には，中年期以降，高い周波数の音が聴取しにくくなる。その結果，無声子音の聞き取りが困難になる。中年期以降の，高い周波数の聞き取りにくさの背景には，蝸牛のコルチ器内の外有毛細胞と内有毛細胞の聴毛の損傷（特に，外有毛細胞での損傷）が関係している。青年期や成人期でも生じる低周波数帯での聴覚障害の場合には母音の聞き取りに困難が生じる。

　コルチ器から出た聴覚情報は，求心性聴覚路を通って，脳の左右の聴覚野に伝達される。なお，各耳からの神経インパルスは大脳左右両側頭葉の聴覚皮質に到達する。そのため，片方の耳の聴覚が完全に失われても，残った耳からの聴覚情報は左右の聴覚野（聴皮質）に伝達される。聴皮質，特に左聴皮質の障害では，認知障害の症状（単語，文での聴覚的言語理解の低下など）が強く出現する傾向がある。

　出生直後から，ヒトには言語で使用される**音素**の種類の弁別能力が存在する

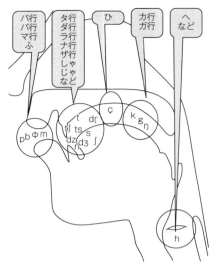

図2-1 日本語の子音と構音点から見た模式図
出所：加我, 2013

表2-1 日本語の子音での構音点と構音様式

発音の仕方 （構音様式）			発音場所 （構音点）	両唇音	歯茎音	歯茎硬口蓋音	硬口蓋音	軟口蓋音	口蓋垂音	声門音
子音	破裂音	無声		p	t			k		
		有声		b	d			g		
	通鼻音	無声								
		有声		m	n		ɲ	ŋ	N	
	摩擦音	無声		Φ	s	ʃ	ç			h
		有声		β	z	ʒ				
	破擦音	無声			ts	tʃ				
		有声			dz	dʒ				
	弾音	無声								
		有声			ɾ					

注：「ワ」行の［w］，「ヤ」行の［j］は半母音（接近音）に分類され，この表から除いてある。
出所：加我, 2013

ことが知られている。たとえば，4か月児でもbとpの音素の区別ができる（Eimas et al., 1971）。bとpの音素の区別にはVOT（voice onset time，声帯音の開始時点）が重要な役割を果たしている。VOTとは単純にいえば，声帯音（声帯を振動させる音）と子音での音の時間的ずれをさす。具体的にいえば，閉じた唇を急激に開放するとpという両唇音が出るが，その音と同時に声帯を振動させるとbの音になる。ではpの両唇音とその後の声帯音の間の時間間隔を広げていったらどうなるだろうか。大人を対象とした研究から，時間間隔を大きくしていくと，ある時点からbではなくpに聞こえるようになることがわかった。その境界線は25ミリ秒である。25ミリ秒までは時間間隔があってもbに聞こえる。乳児でも同じで25ミリ秒前後に境界線があるらしい。

　生後8か月に近づくにつれて，習得する言語によって違いが出てくる。習得する言語での音素弁別能力は高まり，習得する言語では使用されない音素弁別能力は衰えていく。その背景には，**脳のシナプスの不活性化（刈り込み）**が関係すると想定されている（皆川，2016；Huttenlocher, 1979）。

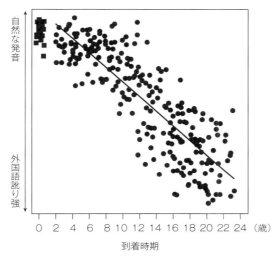

図 2-2　イタリアからの移住者の到着時期と自然な発音度
注：●移住者，■母語話者
出所：Birdsong, 2005

（2）発声・発語器官

　発音場所と発音の仕方によって子音は区別される。発音場所は「構音点（point of articulation：調音点と訳される場合もある）」と呼ばれ，構音場所（点）によって，両唇音，歯音，歯茎音，硬口蓋音，軟口蓋音，口蓋垂音，声門音の種類がある。発音の仕方は「構音様式」と呼ばれる。構音様式には 2 つの分類があり，第 1 の分類は，破裂音，通鼻音，摩擦音，破擦音，弾音の違いであり，第 2 の分類は，無声か有声かの違いである（加我，2013；図 2-1 および表 2-1 参照）。日本語を話すためには，日本語の母音と子音を正しく発声する能力（構音と呼ばれている）を習得する必要がある。また，音素の種類によって構音の習得にずれが生じる。

　第二言語（L2 と呼ばれる）習得の研究によれば，6 歳頃までに新しい言語に触れる環境に移住した場合には，母語話者として構音能力を身につける可能性は高いが，その時期を過ぎると第一言語の影響（訛り）が残ってしまう可能性が高まる（Birdsong, 2005；図 2-2 参照）。図 2-2 の分布図は，2 ～ 23 歳の間にイ

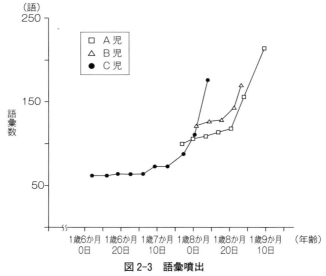

図 2-3　語彙噴出
出所：Mervis & Bertrand, 1995

タリアから英語圏に移住してきた240名（●で表示）と24名の母国語話者（■で表示）の外国語訛りの程度を示している。移住が遅れると訛りの程度も強くなる。

（3）意　味

　語の意味の習得は，語彙の発達と語意の発達という2側面から研究されてきた。歴史的には，語彙の発達に関する研究が古い。

　語彙の発達では，**語彙噴出**（vocabulary spurt：語彙爆発ともいう）と**語彙拡張**（over extension）がよく知られている。語彙噴出は，徐々に語彙数が増えていたところ，突然語彙数が急増する現象である（Mervis & Bertrand, 1995；図2-3参照）。第一質問期とも呼応する。第一質問期とは「これなに？」等と言って，身近なものの名称などを頻繁に質問する時期である。ただし語彙噴出が見られない子どももいる。

　語彙拡張は，通常使われるより広い範囲の対象に対して，特定の語を使う現象を指す。たとえば，「つき（月）」を丸い他のものに対しても使う場合である。

第 2 章 言語の発達

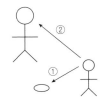
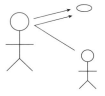

　　a　視線チェック：9〜12か月　　　b　視線追従：11〜14か月
　　　　　　　図 2-4　話し手の伝達意図
出所：Tomasello, 1999

拡張とは逆で，通常使われるより狭い範囲の対象に対して特定の語を使う現象である**語彙縮小**（under extension）や，間違った語を当てはめてしまう**語彙取り違え**（mismatch）も想定されるが，観察数は少ない。

　幼児期以降の語彙発達で重要なのは，語の意味の変化である。幼児も大人と同様の語彙を使うが，その意味は同じではない。幼児の「好き」は大人の「好き」とは違って単純な意味しかもたない。また，3 歳の幼児の「cup」は大きさや形が違う多様な容器に対して使われるが，9 歳になると，glass, measure, dish などの語彙を使い分けるようになる（Andersen, 1975）。

　一方，**語意**（word meaning）の発達研究は，語の意味学習における帰納推理問題（inductive problem）として取りあげられることが多い。これは，「新しい語を聞いたとき，その語の意味と考えられる候補が無限にあるのに，どうして子どもはそんなにも早く適切な意味にたどりつくのか？」という問いからはじまった。実際には，子どもたちは大きな困難には遭遇せず，かなり正確に語の意味を理解している。困難を生じさせない理由として，伝達意図の理解，意味制約を重視する説が提案された。

　伝達意図（communication intent）を重視する考えの例を，図 2-4 を使って，2 つを紹介する（Tomasello, 1999）。図 2-4 の a（視線チェック）は，子どもが，名称（ラベル）がわからない眼前の対象を見てから（①），近くの親に視線を移す（②）場合である。子どもは，その動作で親にそのモノの名称を質問していることになる。図 2-4 の b（視線追従）では，親が遠くの空を見ながら「飛行機」と言うと，子どもは親の声を聞いてまず親の目を見て，親の視線の先をた

31

第Ⅰ部　言語発達論

どって，その先にある飛行機を見つける。子どもは，今見つけたものが飛行機という名称であることを知るのである。

　意味制約を重視する考えでは，子どもには生得的に，制約（constraints）と呼ばれる思考様式が備わっていると想定する。この考えを提唱したマークマン（Markman, 1990）は，３つの制約を提唱した。**事物全体仮定**（ルール）（**whole object assumption**），**カテゴリー仮定**（ルール）（**taxonomic assumption**），**相互排他仮定**（ルール）（**mutual exclusive assumption**）である。事物全体ルールとは，新しいラベルは，その部分・その性質・その他の特性ではなく，対象全体に対するものである，とするものである。カテゴリー仮定は，新しいラベルは，主題的に関連をもつ対象ではなく，同じカテゴリーに属する対象に対するものである，とするものである。相互排他仮定は，対象はただ１つのラベルをもつとする。

　これらのルールが生得的に存在すると考えることは理論研究としては魅力があるが，いくつかの問題が指摘できる。たとえば，バイリンガルの子どもたちは，言語習得の初期段階から，対象が複数のラベルをもつことが当たり前の環境にいることになり，その場合，この制約がどう働くのか，検討が必要である。また，岡本（1982）の研究から，１つのラベルが２つの意味をもつことがあることが知られている。たとえば，ある女児は生後10～12か月の間に「ニャンニャン」を，犬一般と他の動物（ネコ，トラ，ライオン，シロクマなど）を命名するのに使用していたが（語彙拡張の例），同時期に白い毛の命名でも使っていた。この例では，１つのラベルが２つの意味をもつことになり，相互排他仮定とは若干意味合いは違うが，相互排他仮定に疑問を投げかける例といえるだろう。

（4）文法の２側面 ── 統語と形態

　言語が無秩序なものではなく秩序，あるいは規則（ルール）に支配されているという認識に基づいて，文法発達の多くの研究者は様々な規則の存在を明らかにしてきた（第１節で述べた「言語発達での規則の支配」と関連する）。この中の代表例を紹介する。取りあげるのは，統語と形態に関するものである。綿巻（2002）によれば，統語とは文を直接作り上げている構成要素の配列に関する

規則をいい，形態とは語の内部構造や語の変化に関する規則をいう。

トマセロ（Tomasello, 1992）は娘トラビスの日誌的な追跡研究を実施した。資料から動作動詞を抽出して研究したところ，対象となる修飾語を動詞の後に置いて表現する動詞（例，Brush my teeth.）と対象となる修飾語の位置が一定しない動詞（例，Cookie bite. と Bite apple.）があることがわかった。「動詞」「名詞」などの文法範疇や，「動作主」「被動作者」などの文法範疇がトラビスにあるならば，２つのパターンが生じることはないと想定される。そこで，トマセロは「動詞島仮説」（verb island hypothesis）を提唱した。この仮説によれば，多数の動詞に広く共通する文法範疇がはじめから存在するわけではない。最初は限られた範囲の要素にだけ通用するルールが存在するにすぎない。後の時期になってその限定が取り除かれて汎用的な文法範疇が形成される。似たような現象は日本語の習得でも生じることが知られている（岩立，1994）。

否定語の使用について，佐野（Sano, 1995）は，日本で生まれて米国に滞在中の４人の子ども（１歳８か月～３歳１か月）の縦断的な発話データを分析した。日本語で否定文をつくる場合，一般的には活用否定（例，食べない）が使われるが，研究対象の子どもの発話には，多数のナイ付加否定文（例，食べるない）が含まれていた。ナイ付加否定文は日本語の母語話者である両親が使うとは想定しづらいので，子どもが自分で作り出した表現型と考えられる。詳細に分析した結果，①全員ではなく，４人のうち３人で高い頻度（30～55％）でナイ付加否定文が現れていた，②五段活用動詞では60％前後ナイ付加否定文が現れたのに対して，上一段活用・下一段活用動詞では５％程度しか現れなかった。

また，日本語では，名詞を修飾する連体修飾には２つの形式がある。①助詞ノを使う場合（名詞による名詞の修飾。例，井上真央の写真集）と，②助詞ノを使わない場合（形容詞による名詞修飾。例，黄色いビートル）である。これら２つの形式の使い分けは日本語母語話者の場合，自然に行われる。ところが，言語発達初期の幼児では，「助詞ノの誤用」（例，おーきいの魚）が生じる。横山（2008）はこの誤用に注目し，２歳前後の２児の発話を分析した。その結果，①形容詞による名詞修飾の正用は１歳後半に初出し，その後も消えずに使われる，②誤用は，正用の初出より１～３か月遅れて現れ，正用と共存する，③誤

用はすべての形容詞に現れるのではなく，限られた種類に限定される，④誤用が現れる1か月ほど前に「名詞ノ名詞」形式が現れている，ことがわかった。

　これらの研究結果から明らかなように，大人の自由度の高い文法とは違うが，子どもは独自の文法（ルール）にしたがって言葉を使用していることがわかる。独自の文法は，未発達な認知能力に適合したシステムともいえるかもしれない。この点は今後の研究で検討されるだろう。

（5）語　用

　語用論にはいろいろな立場があり，研究領域も多様である。ここでは，臨床発達心理士に関連する，語用論の2つの側面に焦点をあてる。第1は言語学的語用論，第2は臨床発達支援に関わる語用論である。

　言語学的語用論は，単語や文といった言語表現形式それ自体の意味を取り扱うのではなく，話し手が発話に託したメッセージを聞き手がいかにして解釈するか，という問題を扱う（西山，1999）。たとえば，南（2005）が紹介した例でいえば，大学の教室で先生が「暑いですね」と言えば，「窓を開けて，涼しい空気を入れてほしい」という婉曲的な依頼をしていることになり，この依頼は「暑いですね」という文のみを研究しても出てこない。「発話者の意図」「発話者のとる発話形式」「発話者が引き起こした影響」などを勘案することによってはじめて見えてくるものが重要である。

　次に，大井（2010）の説明に従って臨床発達支援に関わる語用論について説明する。大井は言語獲得研究における「**語用革命**」に注目し，語用革命の枠組みにしたがって，言語発達障害に見られるコミュニケーションの困難に介入しようとする。語用革命の枠組みとは，①言語体系の構築にはそれに先立つ**前言語**的な伝達機能を利用する，②前言語段階はもちろん言語段階に至っても自らが属する言語共同体のコミュニケーションの習慣を子どもが学べるように促す，大人からの一貫したサポートを提唱する，ことである。具体的には，意味的随伴性と習慣化を利用しようとする。**意味的随伴性**とは，子どもの自発的な話題を大人が尊重し，それに意味的に関連した応答を返すことである。習慣化とは，大人が子どもとの間で同じような共同行動を繰り返すことである。

4　言語発達の理論的背景

　ここまでの議論を踏まえて，言語発達の理論的背景について述べる。その前に，2点に触れておきたい。第1が，「言語発達研究と研究理論は，時代的な産物である」ということ，第2が「言語発達研究と研究理論は，臨床発達心理学的支援（介入）に役立つ必要がある」ということである。

　発達心理学全般にいえることだが，研究理論は時代的な制約を受けている。換言すれば，研究理論は絶対的なものではなく，時代とともに変化し，評価も変動すると言ってもいいかもしれない。だからといって，研究理論の価値が失われるわけではない。理論は新しい研究を支え，発展させる原動力になるからである。また，言語発達研究や研究理論は，それだけに関心をもつ場合と，臨床発達心理学的介入を考える場合で，評価が違ってくる。本章が重視するのは後者の臨床発達心理学的介入に役立つ理論である。また，役立つ側面を包含した理論である。

（1）刺激の貧困と目標言語

　子どもは特別の事情がないかぎり，特別な訓練もなく周囲で話される言葉を自然に習得して母語話者（native speaker）になる，と強く主張したのは言語学者チョムスキー（Chomsky, 1957/1963, 1965/1970, 1981, 1988）である。特別な訓練もない状況は「刺激の貧困（poverty of stimulus）」と呼ばれ，この刺激の貧困は，大人の文法には経験のみからは帰納できない部分が含まれるという考えを指している。獲得する言語を目標言語（target language）と呼び，目標言語には私たちが日常使っている自然言語（natural language）も含まれる。自然言語には，日本語のように現在も使用されている言語とともに，過去のものとなった言語や未来の言語も含まれる。

（2）古典的基礎理論と古典的言語発達研究

　言語とは何か？　どうしてヒトは言語をもつのか？　この問題について，チ

第Ⅰ部　言語発達論

ョムスキーは明確な回答を提出した。たとえば，チョムスキーは「言語」「文法」「生成文法」を次のように定義した。

①　言語（language）とは有限の長さをもち，かつ有限な一連の要素から成り立つ文の（有限・無限両様の）集まりである。

②　Lなる言語の言語分析における基本的目標は，Lの文をなす文法的連鎖をLの文をなさない非文法的連鎖より区別し，その文法的連鎖の構造を研究することである。Lの文法（grammar）は，かくしてLの文法的連鎖をすべて生み出し，一方非文法的なものは1つも生み出さないところの装置である。

③　生成文法（generative grammar）というのは，明示的な，そして，明確に定義された，何らかの方式に従って，文に構造的記述を付与する規則の体系にほかならない。

　これらの定義は，革命的ともいえる発想の転換を含み，言語発達を含めた言語研究の歴史の中で今でも価値を失わない理論的前提といえるだろう。特に，研究の対象を「装置」と考えた点に注目したい。この考えに立てば，発達心理学研究，そして言語発達研究は，発達や言語発達に関わる「装置の研究」を意味する。似たような発想はピアジェ（Piaget, J.）の認知発達研究にもいえる。ただ，ピアジェは，チョムスキーのように，明確なかたちで認知を装置とは考えなかった。

　研究の対象を装置と考えると，第1節で述べた，言語発達の，生物学的・神経学的基礎，臨界期，言語刺激による変化可能性，規則の支配，そして生得性は，すべて装置に関わる研究になる。第2節で述べた人間側の条件，第3節で述べた言語発達の実相は，装置のありようを，具体的に明らかにしようとする試みとみることも可能だろう。

　チョムスキーの初期理論に触発されて，ブラウンとフレイザー（Brown & Fraser, 1964）は幼児の文法を記述しようとした。その時使われた方法が「形式的分布分析」である。形式的分布分析では，特定の言語要素を他の言語要素との相対的位置関係から区別する。たとえば，AB・AC・ADの3つの発話があった場合，Aに対する位置関係（分布）から，B・C・Dが同じ語群に含ま

第 2 章　言語の発達

$$発話 \rightarrow C_1 + C_2$$

$C_1 \rightarrow$ baby, bird, carriage, chair, doggie, dollie, eyebrow, kitty, microphone, Mummy, reel, rocker, something

$C_2 \rightarrow$ all gone, broken, fall down, tired

図 2-5　形式的分布分析による文法

出所：Brown & Fraser, 1964

れると仮定する。ブラウンたちはイブという子どもの発話データから，図 2-5 のような単純な幼児文法を提案した。「→」は「書き換え規則」と呼ばれ，左のものを右のものに書き換えることを意味する。C_1 から「bird」をとり（に書き換え），C_2 から「all gone」をとれば（に書き換えれば），「bird all gone.」という発話が出てくる（生成される）。「$C_1 C_2$」の語順は認められる（文法的となる）が，「$C_2 C_1$」の語順は認められない（非文法的となる）。

　似たような発想は，ブレイン（Braine, M. D. S.）の**「軸文法（pivot grammar）」**にも見られる。ブレインは 2 語文期の子どもの連語を分析し，この時期の子どもは 2 つの語群の組み合わせで文をつくる，と考えた。2 つの語群とは，軸（pivots）と X 語（X-words）である。たとえば，X 語「みかん」と軸（語）「ちょーだい」によって「みかん　ちょーだい」という発話が出てくる。

　先述の①，②，③の定義を発展させた理論の成果として，チョムスキーの **LAD**（Language Acquisition Device：**言語獲得装置**）と言語の学習可能性（language learnability）がある。両者とも生得的な言語獲得理論の産物といえる。LAD とは，子どもが脳内にもつと仮定され，言語，とりわけ文法の獲得を可能にするメカニズムのことである。LAD について綿巻（2002）は次のように説明している。LAD は数学やコンピュータ言語の関数に似ている。「X×5」という関数があった場合，X に 3 が入力されると 15 が出力されるように，LAD に日本語が入力されると，日本語文法が出力される。このようにして，それぞれの言語の文法が容易に獲得されるのである。言語の学習可能性についての理論を，またウェクスラー（Wexler, 1982）は 3 つの項目で説明している。3 つとは，ア）文法のクラス（a class of grammars），イ）文法のための情報（information about a grammar），ウ）言語学習手順（a language learning procedure）である。ア）は，人間に学習可能な文法が集まって「文法のクラ

37

第Ⅰ部　言語発達論

ス（集合）」を構成していることを意味している。この集合には，現存する自然言語すべての文法と，現在は存在しないが人間が学習可能とされる言語の文法が含まれている。日本語の文法もこの文法集合の１要素である。学習可能な文法集合の中の特定の文法を学習するには，必ずその文法に関する情報を得ることが必要になる（イ）。また，その情報から特定の文法をつくり出す手順を備えた装置も必要である（ウ）。一連の流れを簡単に説明すれば，子どもには言語獲得のためのプログラムが本来仕組まれていて，特定の刺激が与えられればそのプログラムが自動的に実行されて言語能力が発生するといえる。

　本項で紹介した，文法獲得の理論は基本原理を述べたもので，現在の臨床発達心理学的支援にすぐに役立つとはいえない。しかし，そこに込められた理想，理念は，理解が進むにつれて，現在の臨床発達心理学的支援を考える際に役立つ可能性を秘めている。臨床発達心理学の実践から，将来的には新しい文法モデル（たとえば，生物学的基礎に裏づけられた「ASD（自閉症スペクトラム障害）児の文法」など）が出現する可能性もある。この点は今後の研究で検討されるだろう。

（3）言語発達研究の歴史から見えてくる理論

　言語発達研究の歴史は古く，19世紀の中頃にドイツではじまった（Bar-Adon & Leopold, 1971）。先駆者は哲学者のティーデマン（Tiedeman, D.）で，彼は実子の誕生からの詳細な発達記録を残した。その後，シュルツェ（Schultze, F.）やシュテルン夫妻（Stern, C. & Stern, W.），ビューラー（Bühler, K.），ギョーム（Guillaume, P.）など，優れた研究者が研究を公刊した。この一連の研究は「事例研究に基づく記述研究」と呼ばれている。ほとんどの研究で使われた方法は，身近な子ども，多くの場合自分の子どもの縦断的な追跡である。これらの記述研究の中で，記念碑的なものはシュテルン夫妻の研究とビューラーの研究といえる。「事例研究に基づく記述研究」は現在でも注目する価値をもつ。しかし，この記述研究は1960年前後に終わりを告げた。その終わりを宣告したのがチョムスキーの**生成文法**である。この文法の誕生によって，言語発達研究は質的な変化を遂げた。生成文法誕生を分岐点として，その前の記

述研究を「生成文法以前の言語発達研究」と呼ぶこともできる。そして分岐点以降を「生成文法に影響された言語発達研究」と呼ぶことがある。その代表的な研究を以下に紹介する。

「派生による複雑度の理論（derivational theory of complexity）」では，言語学者が想定した文法が生身の人間の言語行動にもみられるかが検討された。しかし，検討の結果，言語学者が想定した文法の「心理学的実在性（psychological reality）」を証明することはできなかった。その結果，新しい理論が模索された。その1つがビーバー（Bever, 1970）の「知覚の方略（perceptual strategies）」である。ビーバーは，言語を理解する過程を単純ないくつかの方略の組み合わせで説明しようとした。「意味方略」（文を各語の意味的関係から理解する。たとえば，「人」「食べる」「クッキー」の3語があった場合，それらがどんな語順でも「人がクッキーを食べる」と理解する）と「語順方略」（英語児の場合，「名詞　動詞　名詞」が与えられるとその語順から「動作主　行為　対象」と理解する。日本語児の場合，「名詞　名詞　動詞」が与えられるとその語順から「動作主　対象　行為」と理解する）である。この方略研究は，現在では研究されることが少ないが，文法能力が減退した失語症者（ブローカー失語）の言語理解で似たような現象が生じることが知られている。

心理学者も新しい着想で新しい研究を実施し，新しい理論を提出している。代表的なものが，マザリーズ（motherese：現在はCDSが使用される）に関する理論，生物学的適切信号説（BRS理論）とバイアス理論，そしてトマセロ（Tomasello）の研究（次項で詳しく説明する）である。子どもに対する親の言葉かけは，マザリーズあるいはCDS（対子ども発話：child directed speech），IDS（対乳児発話：infant directed speech）と呼ばれている。マザリーズには，①短文で文法構造が単純である，②よく使う語が限定され，繰り返しが多い，③声のトーンが高くなる，④誇張された発音，誇張された表現や動作をともなう，⑤話題は目の前のことに限定される，⑥質問や呼びかけが多いなどの特徴があることが知られている（Snow & Ferguson, 1971）。マザリーズの研究の多くは，親の語りかけと子どもの言語獲得には何らかの関係がある，という予測のもとで進められたが予測を裏づける証拠は十分集まらなかった。その失敗の原因は

第Ⅰ部　言語発達論

どこにあるのか？　この問いに対して，ファーナルド（Fernald, 1992）は，これまでの研究の失敗は親の語りかけの文法的特徴に拘泥しすぎた点に原因がある，と考えた。そして親の語りかけの**韻律**（prosody）に焦点をしぼって研究を進めた。親の語りかけがもつ韻律的特徴のおかげで，子どもは言葉を理解できない段階でも親の感情（たとえば，受容的か否定的か）を理解することができる。また，話せる段階に入ると，韻律は文章の内容や文章構造を理解する際の助けになる。たとえば，親は強調したい語を誇張したピッチで表現し，子どもの注意を喚起するし，文の構造を理解しやすくするために適当に休止を単語間にいれる。

　BRS 理論（理論生物学的適切信号説：biologically relevant signals theory）とは，この親の語りかけの韻律的特徴が進化の過程での自然淘汰によってもたらされた，と考える説である。ファーナルドによれば，独特な韻律は，前言語期・言語初期の乳幼児と効果的な会話をするために特殊化されたもので，このおかげで親は子どもの世話を支障なく進めることができる。そして，独特な韻律は生物学的再生産に寄与することになる。

　バイアス理論の事例として一番わかりやすいものは，ワーカーとマクリード（Werker & Mcleod, 1989）の研究である。18〜30週齢児を対象にしたこの研究によって，大人に向けられた話し方よりも子どもに向けられた話し方に乳児は視線を向けること，子どもに向けられた話し方の場合，男性よりも女性の方が注目されることがわかった。大人より子どもへ，男性よりも女性の方に注目するのは，発達的なバイアスがあるからである，という考えがある。

（4）　3つの問いと臨床発達心理学的支援

　言語発達研究の理論と歴史を踏まえて，岩立（2006, 2016）は言語発達研究の根幹を照らし出す，3つの問いを提出している。

　問1　発達心理学者にとって，現在考えられる言語獲得理論は何か？　あるいは心理学者は何を解決しなければならないのか？

　問2　生得理論は有効か？

　問3　用法基盤の理論は有効か？

第2章　言語の発達

　問1についてまず考えてみよう。おそらく多くの発達心理学者そして臨床発達心理学に関心をもつ実践者は，実際の発達に興味をもち，そこに存在する発達の実際を知りたいと思い，そして知り得た発達の実際を説明する理論を模索する。似た議論として，ブレイン（Braine, 1994）は，言語発達研究には2つの仕事があると述べている。第1の仕事は言語発達での認知的・言語的側面での生得的な基本（primitives）を発見することで，第2の仕事は個体発達を説明することである。生成文法の影響で第1の仕事が優先される中で，ブレインは第2の仕事の重要性を指摘した。臨床発達心理学の立場は，ブレインの考えに近いといえるだろう。

　次に問2について考えてみよう。言語発達での生得理論の人気は時代とともに浮き沈みをしている（岩立，2009，2016）。浮き沈みは，4つの時期に分けられる。

　第1期（1960年代）は生得論が心理学者に最初に夢を与えた時期である。この時期には生得的な文法が心理学的に実際に存在するかが検討され，子ども独自の生成文法が模索された。前項の(3)で述べたように，これらのアプローチは行き詰まり，「知覚の方略」研究へ方向転換することになった。

　第2期（1970年代〜1980年代）は心理学者が生得論から離れて独自の研究に向かった時期である。この時期の代表はスロービン（Slobin, 1985）の比較言語的研究や母親語研究である。第2期の途中から，すでに述べた言語学習可能性の研究が進められ，その成果が第3期の生得論への期待を準備することとなった。

　第3期（1980年代後半〜1990年代）は言語学習可能性の研究と発達心理学の乳幼児研究の発展に呼応して，再び心理学者が生得論にそった言語発達研究を模索した時期といえる。その成果が一連の語意研究とカミロフ-スミス（Kamiloff-Smith, 1992）の「表象の再記述モデル（representational redescription model）」である。カミロフ-スミスによれば，現在の言語獲得理論には対立する2つの立場がある。言語領域の発達を独自の過程と考える「領域固有（domain-specific）」の立場と言語領域の発達を他の領域の発達と共通した過程と考える「領域一般（domain-general）」の立場である。この2つの立場に対してカ

41

第Ⅰ部　言語発達論

ミロフ-スミスは第3の立場を主張している。それが表象の再記述モデルである。このモデルでは，発達初期は領域固有だった知識が，加齢とともに，領域を越えた領域一般の知識に書きなおされる，と仮定する。第3期は生得論にそって，言語学と心理学が融和の道を模索した時期といえる。

　第3期の研究の中で，言語発達とその関連領域の研究が蓄積され，その結果として第4期（1990年後半から現在）が始まった。この期の主なものは，言語発達の個人差・個人内差の研究（岩立，1994；Tomasello, 1992），ヒトとその他の霊長類での心の理論研究の発展（Savage-Rumbaugh, 1990），言語発達の生物学的基礎の研究（Bates & Roe, 2001; DeKeyser & Larson-Hall, 2005; Neville & Bavelier, 1999），障害児の言語発達研究（Tager-Flusberg, 1999），バイリンガルやその生物学的基礎についての研究の進展（Birdsong, 2005; Johnson & Newport, 1989）など，である。第4期は生得論の確認とその限界を明らかにする時期といえるだろう。

　第1期から第4期に至る過程で紹介された研究や理論は，必ずしも臨床発達心理学を念頭においたものではない。しかし，それらの内容は，臨床発達心理学に多くの示唆を与えてくれる。

　最後に問3について考えよう。言語獲得の「用法基盤の理論（usage-based theory）」はトマセロ（Tomasello, 2003）が，それまでの3種類の研究を総合して主張している理論である。

　第1は定型（典型）発達児の縦断的研究とその結果を裏づけるための一連の実験的研究である（Tomasello, 1992, 2001; Akhtar, 2001; Akhtar & Tomasello, 1997; Olguin & Tomasello, 1993）。たとえば，トマセロ（Tomasello, 1992）はトラビスの1歳4か月から2歳0か月までの動詞の発達を詳細に検討し，興味深い事実を発見した。既述したように，大人の文法ではひと括りにされる動詞群が，離れ小島のように各々独立して使用されていた。この結果に対してトマセロは2歳前後のある時期には各動詞は独自の項構造（動詞を修飾する名詞句と動詞の枠組み）をもつと想定した。そしてそれを検証するために，一連の実験を実施した。たとえば，オルグインとトマセロ（Olguin & Tomasello, 1993）は人工的な動詞を複数作成し，各動詞で違う，一定の項構造で子どもたちに提示する実験

を実施した。すると，提示された各動詞の言語環境（たとえば，主語があるか，目的語があるか，など）に合わせてそれらの動詞が使用される傾向があった。

　第2はヒトやその他の霊長類を対象にした社会文化的研究である。特に，共同注意（joint attention）について研究され，トマセロの社会文化的主張の基礎になった（Tomasello, 1999）。

　第3が言語獲得の用法基盤の理論の提唱である（Tomasello, 2003）。この理論では，生得論者の主張する普遍文法（Universal Grammar）の不必要性を強く主張している。そして，言語発達を普遍文法ではなく，1つの仮定と1つの設定で説明をしようとする。仮定とは「子どもには強力な学習メカニズムが存在する」というもので，設定とは「子どもが最終的に到達する言語的な到達点（成人の文法）は，子どもにとって接近しやすい（child-friendly）ものである」というものである。トマセロによれば，子どもの言語獲得で主となるものは意図解読（intention-reading）と認知的・社会的学習スキル（cognitive and social learning skill）で，加えて子どもには単純な連合学習を超えた強力な学習メカニズム（learning mechanisms）が素質として備わっている。また，子どもにとって接近しやすい到達点についての説明の中で，トマセロは，**用法基盤の言語学**（usage-based linguistics）の研究成果（Langacker, 2000）を勘案するならば，大人の言語能力は，生成文法派が主張する形式的なものとは違ったもっと子どもに親しみやすいものである，と考えた。

　トマセロの研究や理論は，彼自身の主張にしたがえば，チョムスキーを代表とする生得論の立場とは相容れないとされる。しかし，臨床発達心理学的支援や実践の今後の蓄積を考えると，将来は，両者の相補的，折衷的な理論や主張が出てくる可能性があるかもしれない。それらの理論は，本章の最初に述べた，言語発達支援に役立つ4つの言語発達研究の特徴の1つである「言語刺激による変化可能性」と深く関わるものということができる。

（岩立志津夫）

第3章　音声の理解と産出の発達

1　コミュニケーションとしての音声

　音声は，大量の言語情報を身体のごく一部を使うだけで，短時間に他者に伝えることができる非常に効率的なコミュニケーション手段である。また，話し手と聞き手の間に，ある程度の距離やさえぎるものがあっても，音声によるコミュニケーションは可能である（小嶋，1999）。さらに，話し手が聞き手に向かって発する音声情報は，同時に話し手自身にも聴覚的にフィードバックされるため，話し手は自らの発声や構音さらには発話内容を即時に調整することができる（比企，2000）。ただし，音声は，時間の経過とともに次々に現れ消失していく情報である。そのため，聞き手には，音声情報を高速で適切に知覚し処理する能力が必要となる。

　このような音声コミュニケーションのシステムを獲得するために，人は胎児期からその準備ともいえる発達を開始している。そして，出生直後から，養育者をはじめとした周囲の人たちとの人間関係のネットワークの中に引き込まれながら，次第に音声によるコミュニケーションの力を身につけていく。

　この章では，音声によるコミュニケーションの基盤である音声の理解と産出に焦点を当てる。まず，音声理解について，聴覚器官の構造と機能，胎児期・新生児期の聴覚および音声知覚の発達について述べる。次に，音声産出に関わる音声器官の構造と機能，初期の音声・調音（構音）の発達について概説する。

2 音声理解の発達

（1）聴覚器官の構造と機能

　図 3-1 に成人の聴覚器官を示した。聴覚系の構造には，外耳，中耳，内耳，聴神経から脳に至る聴覚伝導路の 4 つの部分がある。このうち，音を物理的振動として伝える外耳と中耳を伝音系，電気的信号として伝える内耳と聴神経を感音系というように，音を伝える信号の違いによって 2 つに分けられる。

　外耳は，耳介から外耳道を通り鼓膜に至る部分を指し，音波を伝える空気の通路として集音器の役割を果たしている。また，同時に外耳道の湾曲した管の形状によって音の大きさを増幅する共鳴腔としての役割も担っている。

　中耳は，鼓膜とそれに続く 3 つの耳小骨（ツチ骨，キヌタ骨，アブミ骨）を含む空間部分（鼓室），および耳管からなる部位である。外耳から取り込まれた音波は鼓膜を振動させ，耳小骨を経て内耳の入り口である前庭窓に伝わる。この時，鼓膜に伝わる音の振動はきわめて微細なものである。しかし，関節結合した一連の耳小骨の構造が，てこの役割をして音波を効率的に内耳に伝える。さらに，鼓膜につながっているツチ骨の連結面の面積に比べ，前庭窓に連結しているアブミ骨の連結面が小さいため，鼓膜に伝わった音波の圧力がアブミ骨の先に集中し，音圧が増幅されて内耳に伝わる。このように，耳小骨には音波を増幅させ効率的に内耳に伝える機構が備わっている。

　耳管は，鼓室の下方部ら鼻咽腔へ傾斜してつながっているが，耳管によって外気と鼓室内の空気の入れ換えを行うことで気圧を外気と等しく保っている。また，耳管は，中耳内に分泌される滲出液を排出することで，中耳内を衛生的に保つ役割も果たしている。鼓室内の環境が適切に保たれることで，鼓膜や耳小骨の円滑な動きが可能となっている。出生後 1 年くらいまでは，耳管が成人のように傾斜しておらず水平方向に向いているため，成人に比べ，滲出液の排出や気圧の調整がされにくく，中耳機能の障害が生じやすいという構造上の弱さもある（Palmer, 2005）。

第Ⅰ部　言語発達論

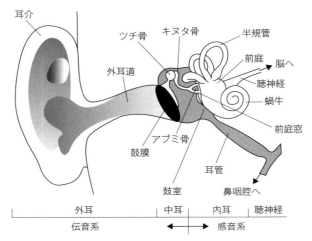

図 3-1　聴覚器官の構造
出所：我妻，2011 より一部加筆

　内耳には，平衡感覚に関与している前庭系の諸器官と聴覚機能に関与している聴覚系の諸器官がある。聴覚機能を担っている蝸牛は，かたつむりのような螺旋構造になった骨状の管で，リンパ液によって満たされている。蝸牛の中には，蝸牛管というもう1つの管が螺旋状になって収まっている。蝸牛管を形成している基底膜という膜の上には，感覚毛をもつ無数の有毛細胞（聴覚神経細胞）が並んでいる。中耳から前庭窓を通って蝸牛に音の振動が伝わると，蝸牛内のリンパ液に波動が生じ，基底膜に複雑な上下振動として伝わる。基底膜の振動は，感覚毛にねじれを起こし，それが聴覚神経細胞に伝わると，細胞膜上にある神経終末器官（コルチ器）が電気的・化学的に刺激されて，神経インパルスが誘発される。神経インパルスに変換された信号は，聴神経路を伝わって大脳の左右の側頭葉に到達するが，この過程で音の周波数や音圧など物理的な情報が分析され，側頭葉の**聴覚野**に伝わる。聴覚野では，周辺の聴覚連合野からの情報とともに再び統合され，高さ，大きさ，音色という心理的属性をもつ音として認知される。

　胎児期から新生児期の聴覚器官の発達を見ると，その構造は胎児期のかなり早い時期から形成されはじめる。外耳は胎生4週頃から形成が始まり，中耳の

耳小骨は胎生16週には化骨が始まって，30週には伝音系の構造は完成している。また，内耳の蝸牛の構造も胎生7週目頃から16週にかけて形成が進み，内耳の聴神経は出生時にはほぼ髄鞘化が終了している。聴覚野に至る神経路や大脳皮質間の神経の髄鞘化は，胎児期に始まり，出生後も思春期まで進行を続け完成に至る（常石，2008）。

（2）胎児期・新生児期の聴覚

　人の聴覚の基礎である聴力は，音の高さと大きさという尺度で表すことができる。われわれは，音波の振動の速度によって，音を高いと感じたり低いと感じたりする。物理的な音の速さは，時間単位に対する音波の振動数として計測し，サイクル／秒，または，ヘルツ（Hz）で表す。成人が感じることのできる周波数の可聴域は，16〜20 Hz から約20,000 Hz といわれている。また，音の大きさは，音を知覚するときの強さであり，デシベル（dB）という音圧レベルで表す。人の耳が感じることのできる音圧レベルは，健聴者がやっと聴くことのできる大きさを0 dB とすると，耳に痛みを感じるほどのレベルは130 dB 程度である（Palmer, 2005）。

　音の高さと大きさを感じる聴力のほか，特定の音を選択的に聞き取る能力，複数の音の違いを認知する弁別能力，音源の方向を定める方向定位能力など多くの能力が統合され，さらに，成長とともに対人的なやりとりを通した経験の中で，聞くという行為が可能となっていく。

　胎児期の聴覚についてみると，聴覚器官が完成し，**聴神経の髄鞘化**も進む胎生30週頃には，胎児は音刺激に反応する能力がある。このことは，胎児期に母親の腹壁を通して音響刺激を与えたときに胎児の心拍数が変化するという研究結果等から確かめられている（DeCasper et al., 1994）。

　それでは，胎児はどのような音環境の中にいるのだろうか。胎内では，母体の血液が流れる音や心臓の拍動の音に混じって，母親の発する声，さらには母親の腹壁を通して外から伝わる音など多様な音に囲まれている。中でも，母親の声は母親特有の韻律パターンをもっているうえ，母体の振動によって胎内に伝わるため，たとえ羊水などを通っていても，乳児は，そのリズムやピッチ，

第Ⅰ部　言語発達論

抑揚，テンポなど韻律的な特徴をとらえていると考えられる（梶川，2007）。

　新生児期の聴覚については，音に対する反応性を見る方法がいくつか開発されている。最も簡便な方法としては，乳児の**聴性反応**行動を観察し評価する方法である。「乳児の聴覚発達チェック項目」（田中ら，1978）から，生後 0 か月と 1 か月の項目を抜粋すると，新生児期の聴覚は，主に，強い音刺激（60〜70 dB）に対するモロー（Moro）反射，眼瞼反射，覚醒反射など反射的運動の有無によって評価し，続く，生後 1 か月では，反射的反応に加えて，声をかけると泣き止む，顔を向けるなど反射以外の反応によって聴覚を確認することができる。

　新生児の聴力検査として，近年，自動聴性脳幹反応検査（AABR）や耳音響放射検査（OAE）などの**新生児聴覚スクリーニング検査**が開発され，以前に比べ新生児の聴覚についての解明が進み，聴覚障害の早期発見にもつながっている。自動聴性脳幹反応は，音刺激による脳波の誘発電位を自動解析する方法であり，現在，新生児聴覚スクリーニング検査（35 dB の閾値）を行っている自治体において最も一般的に使われている方法である。耳音響放射は，耳に音刺激を与えて，内耳から放射されてくる音を記録する検査方法である（三科，2007）。近年，脳の活動にともなう血液変化を計測する近赤外線分光法など，乳幼児にも適用可能な方法が開発されており，胎児や新生児の音声知覚の研究への応用が期待されている（森・皆川，2004）。

（3）音声知覚の発達

　胎児期にはすでに，ある程度の聴覚機能が備わっていることは前項で触れたが，音声を言語として知覚し，理解するための基礎となる音声知覚能力は，乳児が初語を発しはじめる生後 1 歳までの 1 年間に著しく発達する。その際，乳児はまわりから発せられる多くの音声の中から，母語を効率的に学習していくための生得的な音声知覚のメカニズムをもっていると考えられている。

　音声知覚の発達は音韻知覚と**韻律知覚**の 2 つの側面からとらえることができる。音韻知覚は，母音，子音，半母音のように音声を一つひとつの音韻として区別するための情報となる音韻的特徴の知覚である。また，韻律知覚は，語の

第3章　音声の理解と産出の発達

アクセントや発話の抑揚，語や句の強調，発話の速さなど，音声の韻律的特徴の知覚を指している。乳児の音韻知覚と韻律知覚は相互に関連しながら，言語発達を支えていくのである。

①　音韻知覚の発達

　世界中には数千もの異なる言語が存在するといわれているが，たとえば，日本語やフランス語といった一つひとつの固有言語には，それぞれ特有の音韻体系がある。人は，生まれ育つ文化や言語環境の中で，母語の音韻体系を獲得していくが，その発達を支える 1 つのメカニズムが音韻のカテゴリー知覚（範疇的知覚）である。音韻のカテゴリー知覚とは，音声を母語の音韻体系に適合させて知覚するために，音響的特徴の違いを，ある境界地点から明確に 2 つの異なるカテゴリーの音韻として判断するような知覚の特性である。たとえば，英語の /r/ と /l/ は，英語話者にとっては異なるカテゴリーの音韻として知覚されるが，それらの音韻が母語にない日本語話者にとっては 2 つの音の違いを区別することが難しく，「ラ行」という同じカテゴリーの音として知覚される。音をカテゴリーに当てはめて知覚することで，われわれは，話者の違いや語中の音韻の位置などによって生じる音響的特徴の違いを無視して，同じ音として知覚することができるのである。

　新生児期の音韻のカテゴリー知覚については，1970年代から実験的研究が盛んに行われてきた（Eimas, 1971）。実験的研究方法として，吸啜反応や注視反応を行動指標とした**馴化法**や，振り向き反応を用いた**オペラント条件付け**が用いられてきた。

　吸啜反応を用いた馴化法では，乳児が一定以上の頻度でおしゃぶりを吸うと，ヘッドホンから音が聞こえるような装置を使う。刺激音対の一方の音を聞かせると，しばらくは吸啜反応が増えるが，その音に飽きると（馴化），吸啜反応が減少する。そこで，もう一方の音を聴かせると再び反応が増加する（脱馴化）。音声を変えたときに，反応頻度が増加しなければ，乳児は音声の違いに気づかなかったと判断する。注視反応を用いた馴化法は，吸啜反応と手続きは同じだが，点滅するランプへの乳児の注視時間を指標とする。吸啜反応を用い

49

第Ⅰ部　言語発達論

た馴化法は，生後0か月から4か月くらいまで，注視反応は8か月くらいまでが最適な適用月齢だと考えられる（林，1999）。

　振り向き反応を用いたオペラント条件付け法は，定頸後の5か月から12か月くらいの乳児に適用できる。乳児が親に抱かれた状況で，まず，弁別が簡単な背景音と比較音（たとえば /a/ と /i/）を聴かせ，比較音のときだけスピーカーの方を振り向くと音のでるおもちゃが動くということを学習させる。次に，調べたい刺激音対（たとえば /ba/ と /pa/）について同様の手続きを行い，比較音への振り向き反応の正答率を測定する（林，1999）。

　これらの研究方法の開発によって，新生児は母語にはない音韻の違いについてもカテゴリー的に知覚していることが確かめられた。このことから，乳児は生得的に母語・非母語を問わず言語普遍的ともいえるような音韻弁別能力をもっていると考えられている（Werker & Tees, 1984）。ただし，乳児には弁別できない音韻も存在するという報告もあることから，必ずしも言語普遍的とはいえないという立場もある（森・皆川，2004）。また，このような音韻弁別能力は，人間以外の動物にも認められるため（Kuhl & Miller, 1975），人間に特異的な高次な言語処理機構によるものではなく，多くの動物に共通した一般的な聴覚機構で音韻を弁別していると考えられている。

　いずれにしても，乳児初期には，固有言語の音韻体系によらないカテゴリー知覚能力を有しているが，次第に非母語の音韻に対する弁別力は消失していく。母語の音韻体系にない母音は生後6か月頃に，子音は生後10か月頃には弁別できなくなり，さらに，満1歳頃には母語に特化した音韻知覚の再構造化が起こり，母語の音韻体系に基づく音韻知覚特性が獲得される。林（2005）は，言語獲得において，初期の一般的な聴覚処理の機構が，言語処理へと特化していく過程が重要であり，その過程では，母語の聴取経験の量と質，および乳児の認知発達レベルが重要な要因となると述べている。

②　韻律知覚

　胎児は，胎生30週頃には，母語の韻律的特徴をとらえていることはすでに述べた。乳児の韻律知覚能力を調べる一般的な方法として，前述の馴化法に加え

て，**選好聴取法**がある。2種類の韻律の異なる刺激を対提示して，どちらの韻律に，より長く注意を向けたか（選好）ということから，乳児の韻律の弁別能力を推察する。音韻知覚の実験的方法と同様，定頸前の生後3，4か月頃までの乳児では，吸啜反応や注視反応の長さを指標として用いるが，定頸後は振り向き反応を指標として用いる（林，1999）。

選好聴取法を用いた研究によって，生まれて間もない新生児が，胎児期に聞いていた朗読の韻律情報を記憶していることが明らかになっている（DeCasper & Spence, 1986）。さらに，新生児に母語の言語リズムを弁別させた研究結果から，胎児は，すでに母語の言語リズムを胎内で学習していると考えられている。言語リズムには，英語等のストレスリズム，フランス語等の音節リズム，日本語等の**モーラリズム**がある（森・皆川，2004）。新生児には，母語か非母語かにかかわらず，異なるリズムの言語同士の弁別は容易だが，リズムが同類の言語同士の弁別は難しい（Ramus et al., 2000）。しかし，生後，4，5か月頃には，同じ言語リズムでも母語と非母語の弁別が可能になる。つまり，はじめは聞きなれた言語リズムに着目しているが，数か月間，母語の環境で育てられることによって，母語と非母語をより明確に区別するようになるのである。

③　語のセグメンテーション能力

言語獲得の基礎としての音声知覚の発達においては，音韻知覚能力に加えて，語のセグメンテーション能力の発達が重要である。語のセグメンテーション能力とは，大人が発する音声の中から，ある特定の順番で並んで発語される語単位の音韻系列を抽出する能力を指している（林，2013）。近年の研究から，**語のセグメンテーション**には，音韻知覚だけではなく韻律知覚も深く関与していることがわかってきた。

図3-2は，生後1年間の音声知覚発達の過程である。母音，子音の音韻知覚と言語リズムに関する韻律知覚はすでに述べたとおり，生後1年間の前半に発達し，母語の音声体系の学習が進む。音声体系が母語に適合してくると，乳児は語のセグメンテーション能力を示しはじめる。林（2013）は，欧米の研究結果から，語のセグメンテーションの手がかりとして，①語のリズムパターン，

第Ⅰ部　言語発達論

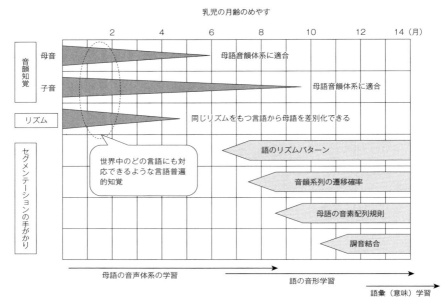

図 3-2　生後 1 年間の音声知覚発達

出所：林, 2013

②音韻系列の遷移確率，③母語の音素配列規則，④調音（構音）結合（後述）を挙げている。乳児は，生後 7 か月頃になると，固有言語で頻繁に使われる語のリズムパターンに，より注目しはじめる。たとえば，英語では，2 音節語で強／弱というストレスの順番の語が多いため，乳児はそれを 1 つのまとまりとして知覚するという。日本語では，「ねんね」「ぶーぶー」のような繰り返しのリズムパターンが，語のセグメンテーションの手がかりとなっている可能性が示唆されている。生後 8 か月頃には，まわりの人たちの話し言葉の中で，となりあう確率の高い音節同士を 1 つのまとまりとして抽出するようになり，さらに，母語に含まれる音素の分布情報を手がかりに，音素配列規則を獲得してセグメンテーションの手がかりとして使用するようになる。さらに，生後 10 か月を過ぎると，ある音が語頭にある場合と語中にある場合との音響的特徴の違いから，語の始まりの位置（語境界）を検出するようになるといわれている。このように乳児は韻律知覚と音韻知覚の両面からの手がかりを増やしつつ，語の

第3章　音声の理解と産出の発達

セグメンテーション能力を精緻化していくと考えられる。

④　音声知覚への文化・社会的影響

　乳児の音声知覚は，母語環境で育っていく中で，はじめは言語普遍的ともいわれる新生児期の知覚様式から，固有言語特有の音声知覚体系へと再体制化されるが，このような音声知覚の発達に寄与する社会的要因の１つが**対乳児発話**である。

　対乳児発話は，社会的やりとりの場面で，乳児に向かって話しかけるときの発話の特徴を指している。対成人発話に比べて，対乳児発話には，高いピッチ，大きな抑揚，ゆっくりした速度，短い発話，という韻律的特徴がある。また，簡単な語彙選択や発話の繰り返し，明確で強調された構音などの言語的特徴をもっている。乳児が，対乳児発話に対して選択的注意を向けることから，乳児の言語発達にとってきわめて重要な役割を果たしていると考えられる。

　乳児は，対乳児発話の韻律的特徴に生後間もなくから反応するが，生後１年の間には乳児の発達とともに反応にも変化が見られる。たとえば，生後０～１か月の乳児は，対乳児発話より，むしろ母親が他の成人と話している音声に興味をもつようである。その後，生後４か月頃から母親の対乳児発話に非常に敏感に反応するようになる（松田，2014）。

　言葉の意味理解ができない発達初期においても，乳児は，単に対乳児発話の音響的な刺激に反応しているだけではなく，音声に含まれる話し手の感情表現の違いに敏感に反応している。たとえば，５か月児に対して外国語の対乳児発話を聞かせた研究では，許可するような語りかけに対しては乳児の微笑みが増し，禁止するような語りかけには不快感情が増したという結果が見られた（Fernald, 1993）。また，養育者の語りかけに快感情がこもっているときには，そうでないときに比べて，乳児がより多く注視するという研究結果もある（Papousek et al., 1990）。対乳児発話の韻律特性には，語りかける大人の豊かな感情表現が反映され乳児に知覚されているのである。

　生後６～９か月頃には，養育者との間に愛着関係が形成され，人見知りが見られるようになるが，養育者は感情表現に加えて，乳児が言語的構造の特徴や

第Ⅰ部　言語発達論

規則に気づきやすいように語りかけ方を調整するようになる。乳児からの発声が活発になり，不明瞭ながら母音様，子音様の音声が発せられるようになると，養育者は，乳児の曖昧な音声を母語の音韻カテゴリーに当てはめて聞くことで，母語の典型的な音声を乳児にフィードバックし，乳児の音声を母語の音韻体系に近づけるようなはたらきかけを行う。人見知りという特殊な関係性は，養育者という特定の話者と乳児との間に緊密な言語環境を作り出し，音声知覚の発達を促進する効果があると考えられる（林，1999）。

　対乳児発話の特徴は，ほとんどの文化・社会において，老若男女を問わず認められるが，その一方，個人差も見られる。対乳児発話の使用に影響を与える社会的要因として，たとえば，親の養育経験が挙げられる。乳児に年長の兄弟姉妹がいる場合，対乳児発話の特徴は強調される傾向がある。また，親の良好な社会経済的状況や子どもの発達に関する親の知識の豊富さなども対乳児発話の特徴を促進する要因である。逆に，親が産後うつの場合など，愛着関係の形成が難しい場合には，対乳児発話は減少する傾向が見られる（松田，2014）。

3　音声産出の発達

（1）音声器官の発達

　音声を産出する音声器官は，呼吸器官，発声器官，調音（構音）器官から構成されている。それぞれの器官は複雑な運動によってその機能を果たしているが，音声を産出するためには，これらの器官をお互いに協調させる必要がある。

①　呼吸器官

　呼吸は，胸郭と横隔膜によって，肺に流れ込む吸気と肺から送り出される呼気を調整する運動である。吸気のときには，呼吸筋群の働きで胸郭と肺が広げられ，肺の中の気圧が下がって空気が肺に流入する。逆に，呼気のときには，主に，広げられた胸郭，肺，横隔膜が自然にもとに戻ろうとする力（弾性収縮力）によって空気が外に押し出される。呼気は，音声産出に必要な声帯振動お

第3章　音声の理解と産出の発達

および口腔内の空気の流れや空気圧を起こすためのエネルギーを供給している。

　安静時には，吸気と呼気は一定のリズムで繰り返されるが，発話をするときには，吸気に比べて呼気はゆっくりと長めに出す必要がある。そのため，肺に貯めた空気が弾性収縮力によって一気に出てしまわないように，吸気筋群と呼気筋群を使って少しずつ呼気を出すように調整している（呼気保持）。呼気の調整には複雑な神経機能が関わっているため，新生児には難しく，呼吸器官の発達にともなって徐々に呼気保持が可能になり，長い発声ができるようになる。

②　発声器官

　発声器官は，気管の上から咽頭までの部位で，甲状軟骨（俗称，のどぼとけ）や輪状軟骨など数種の軟骨に囲まれた喉頭の部分である（図3-3）。喉頭には，母音の音源を作り出す声帯がある。声帯は左右一対のヒダ様の筋肉と粘膜でできており，声帯に挟まれている隙間を声門と呼ぶ。

　発声の開始時には，まず，声門が一旦閉じて声門下圧が上がり，その圧力で声門が押し開けられ呼気が流れ出る。すると，声門の圧力が下がり，声帯が中央に引き寄せられて再び声門が閉じる（ベルヌーイ効果）。この動きが繰り返されて声門の開閉が連続的に起こる。これが声帯の振動である。この時，振動によって空気の疎密波が生じ，これが音声の音源（喉頭原音）となる。喉頭原音は，1秒間に生起する声帯の振動数である基本周波数（Fo）（単位はHz）で表され，振動数が大きいほど声は高いと感じられる。声帯が短く薄いほど細かく振動するため，基本的な声の高さは，成人男性，成人女性，子どもの順に高くなる。また，個人内での声の高さや強さは，喉頭の構えや呼気の強さの調整によって行われる。

③　構音器官

　言葉を発するためには，喉頭で作られた喉頭原音を固有言語の音韻体系にそった音色に加工するという過程が必要である。これを構音と呼び，構音に関わる器官を構音器官という。構音器官の主な部位は，下顎，舌，口蓋（軟口蓋，硬口蓋），歯，歯茎，口唇の各部分と鼻腔である（図3-3）。空気の通過する管

55

第Ⅰ部　言語発達論

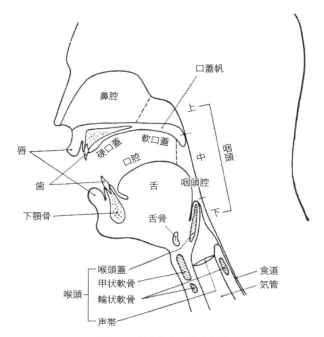

図 3-3　発声および構音器官
出所：廣瀬，2000 より著者作成

である喉頭，咽頭腔，口腔，鼻腔を声道と呼ぶ。

　まず母音の構音のしくみについて概説する。前述のとおり喉頭原音は基本周波数で表されるが，声道という1本の管を通過する時に共鳴して基本周波数の整数倍の周波数をもつ多くの音が自然に作り出される。これを倍音という。これを図示したものが図 3-4-a である。横軸は倍音の周波数，縦軸は音の強さを示しており，これをスペクトルと呼ぶ。たとえば，喉頭原音の基本周波数を 100 Hz とすると，これを第1倍音（H_1）と呼ぶが，第2倍音（H_2）が 200 Hz，第3倍音（H_3）が 300 Hz，第 n 倍音が 100 Hz の n 倍というように倍音が次々に発生する。倍率が大きいほど，つまり音が高くなるほど次第に音圧レベル（音の強さ）は低くなっていく。

　声道を1本の共鳴管と考えると，口腔内で舌の高低位や前後位，顎の開き，口唇の丸め方を変え，管の形を変えることができる。図 3-4-b は基本母音

第3章 音声の理解と産出の発達

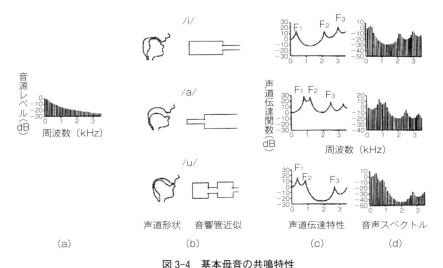

図 3-4 基本母音の共鳴特性
注：(a)声帯振動によってつくられる喉頭原音のスペクトル，(b)基本母音 /i, a, u/ の声道形状と音響管近似，(c)声道の伝達特性，(d)音声のスペクトル
出所：今泉，2014に一部加筆

/i//a//u/ について共鳴特性を示したものである。母音 /a/ の場合は，顎が開き，舌が後方に下がるため口腔内には空間ができて，逆に咽頭腔は狭くなっている。一方，/i/ の場合には，顎は上がって，舌は前方に動くため口腔は狭くなるが，奥の咽頭腔は広くなる。/u/ の場合には，口唇も丸めることで，咽頭部と口唇部の2か所が狭まった管になっている（図3-4-b）。声道は，それぞれの形の違いによって共鳴特性を変え，スペクトルの特定の周波数を増幅したり減少させたりする音声フィルターとしての役目を果たす（図3-4-c，図3-4-d）。増幅されエネルギーが強められた周波数の山の部分をフォルマント，その周波数をフォルマント周波数と呼ぶ。これらのフォルマント周波数成分が重なることによって，われわれには異なる母音として聞こえるのである。主に，第1（F_1）と第2フォルマント（F_2）のパターンによって各母音の音色が決まる。

次に子音について概説する。子音は母音との組み合わせによって音声として知覚される。子音は，構音器官の動きによって，声道のどこかで呼気の流れが一時的に遮断されたり，狭まったりすることで作られる。子音は，構音点（呼

第Ⅰ部 言語発達論

気が遮られる場所），構音様式（どのように遮られたかという方法），有声無声の別（子音構音時に声帯の振動をともなったかどうか）という3要素の違いによって区別される（表2-1を参照）。

構音点の違いによって，両唇音，歯音・歯茎音，硬口蓋音，軟口蓋音，声門音がある。両唇音は，上下の唇の閉鎖や狭めによって産出され，歯音，歯茎音は舌尖や舌端が上の歯や歯茎部との間に閉鎖や狭めを生じさせて産出される。口蓋（硬口蓋，軟口蓋）音は舌背と口蓋による声道の閉鎖によって産出される。声門音は，声門の閉鎖や狭めによって作られる音である。

構音様式には，声道の完全閉鎖と開放（破裂音），閉鎖に続く狭め（破擦音），気流雑音を生じる狭め（摩擦音），鼻腔と口腔の結合（通鼻音），舌の中央を通過する呼気の流れを軽く遮る（弾音）がある。

有声無声の別は，子音に声帯振動がともなうかどうかによって決まる。たとえば，両唇破裂音の /p/ と /b/ は構音点と構音様式は同じだが，/p/ は声帯振動をともなわない無声音であり，/b/ はともなう有声音である。

日本語では，母音（V）または子音と母音（CV）の組み合わせで音節が産出されるが，実際の発話では，音は個々に区切って構音されるのではなく，構音運動は連続したなめらかな動きをしている。そのため，音声の音響学的特徴は前後の音から影響を受けながら滑らかに推移する（平滑化）。これを調音（構音）結合という（廣瀬ら，2005）。

（2）発達初期の音声の発達

乳児は生後1年頃に有意味語の産出を始めるが，すでにその前から自発的に音声を発することで，語音産出のための準備をしている。生後1年間に起こる音声産出の変化について，5つの発達段階（Stoel-Gammon & Menn, 1997；小椋，2011）にそって概説する。

① 第1段階 反射の叫喚と自律的な音―― 0～2か月頃

この時期の発声の大部分は不快な状況での反射的な泣き（叫喚）である。新生児の泣き声は，1秒に1回程度のリズムで，ほとんど抑揚はない（廣瀬，

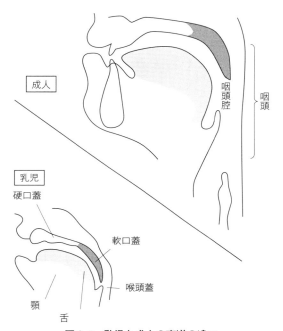

図3-5 乳児と成人の声道の違い
出所：Kent & Murray, 1982（今泉，2013）より作成

2000）。泣きのほか，哺乳や呼吸にともなうゲップや咳といった自律的な音声も発せられる。新生児期の終わり頃には，母音様の音声を出すことがあるが，咽頭腔が狭く共鳴が十分ではない。明瞭な母音のフォルマントは形成されず母音様の音声となる。また，口腔が小さく舌が大きく，発声時に口をほとんど開けないため，音声は鼻音化している（小嶋，1999）。

② 第2段階　クーイングと笑い声 —— 2～4か月頃

図3-5は，成人と新生児の声道を比較した図である。新生児では，喉頭の位置が高く，咽頭には空間がほとんどないが，生後3か月頃には，喉頭が徐々に下がり咽頭腔が長くなるとともに鼻腔と口腔が分離され，成人と同じような構造に変化する（Kent & Murray, 1982）。この構造の変化により，共鳴が徐々に明瞭になるとともに，舌の可動性が次第に確保されてくる。そのため，子音

第 I 部　言語発達論

/k/, /g/ や母音 /u/, /o/ に近い音声が出るようになり,「クー」や「グー」
といった音声が産出される。これを「**クーイング**」と呼ぶ。「クーイング」は,
喃語のように明確な音節ではないものの,声帯の振動と構音を同期化させるこ
とができはじめたことを示している（小嶋，1999）。「クーイング」は快状態で
他者と関わっているときに発せられることが多く,この時期の後半には,連続
した笑い声も出現し,乳児の音声は次第に社会化されたものになっていく。

③　第3段階　音の遊び── 4〜6か月頃

　第3段階は,構音器官の発達が進み,乳児は1人でいるときにも自発的に多
様な音声を発している。いわゆる音の遊びの段階である。発声器官の制御があ
る程度可能になり,高い金切り声や裏声,低いうなり声,抑揚のついた音声な
どを発するようになる。さらに,呼吸器系と喉頭部が協調して声の大きさの調
整も可能になる。また,口腔内の圧力を制御して,呼気を勢いよく出し,口唇
を震わせて音を出すことを楽しんだりする。これらの音の出現順序には個人差
があるが,特定の音が集中的にある時期に発せられる傾向がある（小嶋，1999）。
乳児は,自分自身が発した音声を聴覚的にフィードバックしながら,構音器官
を自発的に試しているように見える。喃語も出現しはじめるが,母音と子音と
のつながりがまだ弱いため,**過渡的喃語**と呼ばれる段階にあり,クーイングと
明確な喃語段階の間の移行期といえよう。

　聴覚障害のある乳児の場合は,音遊びの段階までは活発に発声が聞かれるが,
次第に発声が減少し,次の**規準喃語**の段階に入ることが難しい（Oller et al.,
1985; Stoel-Gammon & Otomo, 1986）。このことから,音遊びの段階での聴覚的
フィードバックが,次の段階への発達に重要であることがわかる。

④　第4段階　規準喃語── 6か月以降

　この段階では,子音と母音が円滑につながり,明確に音節が反復されるよう
になる。これを規準喃語という。規準喃語には,/bababa/ といった同じ子音
と母音の音節の反復による重複喃語と /padabu/ のようにいろいろな子音と母
音の音節による多様喃語がある。重複喃語は第4段階から出現するが,多様喃

語はこの段階ではあまり出現しない。

　規準喃語の産出の時期には，喃語のような反復的な性質は乳児の手のリズミ
カルな動きにも見られる（Thelen, 1981）。また，江尻（2000）によれば，規準
喃語の出現初期には音声とリズミカルな動きの同期が見られるが，規準喃語が
安定してくると，リズミカルな動きは同期しなくなる。乳児は，発声に身体の
運動を連動させることによって規準喃語の産出を促進していると推測される。

　音遊びのような発声が減って重複喃語が増えてくると，養育者は乳児が話し
はじめたという印象をもつようになる。

⑤　**第 5 段階　ジャーゴン──10か月以降**

　喃語の最終段階であり，多様喃語が発せられるようになる。抑揚や強弱もつ
いて，あたかも何か話しているような長い喃語が聞かれるようになる。これを
ジャーゴンまたは会話様喃語と呼ぶ。生後10か月前後には，乳児の非言語的な
伝達行動（要求，応答，呼びかけ，報告など）と音声の抑揚パターンの関連が明
確になってくるため，養育者は乳児が音声をコミュニケーションの手段として
使っているという印象をもつようになる。その後，満 1 歳頃には，初語をはじ
め有意味語も聞かれるようになる。

（3）構音の発達

　初語が出現すると，次第に，語彙は拡大していくが，単語が50語以上になり，
2 語連鎖が始まるようになると，喃語は減少し有意味語が優勢になる。2 歳台
では構音も発達してくるが，音韻の初発年齢，完成年齢，獲得の順番について
は個人差が大きい（加藤，2013）。

　中西（1982）は，10名の子どもの構音発達を 1 歳から 4 歳まで縦断研究した。
その結果，母音，破裂音の /p//b//t//d//k//g/ や鼻音の /n//m/ は早期獲得
音であり，4 歳までに出現総数の90％以上が正しく産出された。一方，構音操
作の難しい摩擦音 /s//ʃ/ や破擦音 /ts//dz/，弾音 /r/ は後期獲得音であり，
5 歳から 6 歳後半でようやく90％以上正しく構音されるようになった。

　このような数年にわたる構音の発達過程では，誤った構音が産出されること

第Ⅰ部　言語発達論

表 3-1　発達途上の構音の誤り

音	誤り方	例
s	t, tʃ, ʃ への置換	「さかな」→「たかな」
ts	t, tʃ への置換	「つみき」→「ちゅみき」
dz	d, dʒ への置換	「ぞう」→「どう」
ʃ	tʃ への置換	「じどうしゃ」→「じどうちゃ」
r	d, j, w への置換，省略	「らっぱ」→「だっぱ」，「あっぱ」
k	t, tʃ への置換	「かめ」→「ため」
g	d, dʒ への置換	「はみがき」→「はみだき」
h, ç, ɸ	省略	「はっぱ」→「あっぱ」

注：子音の表記は慣用的な表記方法による
出所：竹下，2013より一部加筆し作成

もある。そういった誤りは，「省略」「置換」「歪み」の３種類に分類される。「省略」は，子音が抜けて後続の母音だけが聴取される場合である（例：/mikan/ が /mian/）。「置換」は，音が他の音に替わって聴取される場合である（例：/mikan/ が /mitan/）（構音臨床研究会，2010）。「歪み」は，音が目標音からずれて不明瞭な場合である。表3-1は，発達途上によく見られる構音の誤りを示している。後期獲得音に対して，すでに獲得した早期獲得音に置き換えたり，難しい子音を省略したりといった誤りが多い。このような誤りは，ほとんどの場合，６〜７歳頃までに自然に正しい構音へと改善されていく（竹下，2013）。しかし，これら通常の発達過程で起こる誤りではない特異的な構音操作の誤りの場合には，機能的構音障害として学齢期に至る場合もある。

（権藤桂子）

第4章　前言語期のコミュニケーション

1　ことばの前のことば──ことばとは何か

　乳児のことを，英語ではインファント（infant）という。元のラテン語では「話すことができないもの」という意味である。ことばは，長らく動物と人間を分ける境界のように考えられてきた。乳児は，ことばを得てはじめて，「人間の仲間」に加えられた。「はじめにことばありき」という神話もある。ことばのない世界は光も闇もない混沌とした流動的なもので，ことばによってはじめて世界が分けられ認識されるという考えも根強い。ことばの出現が遅いと，周りの人々は特別に心配する。私たちは，ことばがなければコミュニケーションできないかのように考えがちである。

　しかし，コミュニケーションは，ことばがなくても可能である。コミュニケーションとは，本来の意味にもどせば「共同の（コモン）世界をつくる営み」だからである。ことばは，かつて「導管メタファー」によって，情報を他者からインプットし，導管で運び，アウトプットして他者に伝える「情報伝達」の道具とみなされてきた。しかし，ことばは，人と人をむすび，世界を共同で認識する文化的行為としての「**共同行為**（interaction）」を行う媒体である。ことばだけではなく，表情やしぐさや姿勢ひとつでも，私たちは共同行為を行うことができる。

　前言語期のコミュニケーションには，次のような4つの意味がある。

第Ⅰ部　言語発達論

　第1には，文字通り「前言語（プリ・バーバル）」を狭い意味でとらえる見方
で，音声言語が出現する前の音声発達などが主に取りあげられてきた。
　第2には，音声を用いる「ことば」だけではなく，身体を使った「ことば以
外のことば」も含める考え方である。それらは，長らく**非言語的**（ノン・バー
バル）**コミュニケーション**と呼ばれてきたが，マクニール（McNeil, 1985）が問
うたように身体鼓動や表情や身振りも重要なことばの一種と位置づけられる。
　第3には，「ことばの基礎をなすもの」という意味がある。「ことば」は，表
に現れた氷山の一角のようなもので，重要な大部分は海中に沈んでいて見えな
い。ことばの発達の基礎には，対人関係や認識活動や**表象機能**など，全人的な
発達が大きく関与していると考えられる。
　第4には，「前言語」をみることで，「ことばとは何か」という大問題を探求
する立場である。完成した大人のことばから見るのではなく，ことばが生まれ
るすじみち，個体発生の変化プロセスを見ることによって，ことばとは何かが
より明確になると考えられる。
　ここでは，第1の意味だけではなく，ほかの3つも含めた広い意味で「こと
ばの前のことば」としてとらえてみたい。このテーマは，第4に述べた「こと
ばとは何か」という言語観，もっと大きくとらえれば「人間とは何か」という
人間観や研究方法と切り離して考えることはできないだろう。
　人間は，「一人で生まれて一人で死んでいく」と言われてきた。乳児は，孤
独な「個人」として生まれて，ことばを話せるようになって初めて人間らしい
コミュニケーションが可能になると考えられてきた。しかし，本当にそうだろ
うか。人間の子どもは，生まれたときから共同体の中で育まれる社会的存在で
はないだろうか。ヴィゴツキー（Vygotsky, 1956）が言うように，ことばは社
会的コミュニケーションの文脈でとらえなければならない。
　ヴィゴツキーが問題視した原子論（「原子」は「個人」と同語源）的研究方法
は，現在の心理学でも主流で，実験的研究により精緻な知見が蓄積されてきた。
しかし，子どもの視点から子どもをとりまく社会的関係や日常生活全体をてい
ねいに観察する質的研究法で，はじめて見えてくる現象があることを大切にし
なければならない。

64

2 コミュニケーションの基礎——うたう二項関係

(1)「人」への関心

犬は犬に，猿は猿に，人は人に恋をする。人間が絶対的に価値ある生きものだからというよりは，私たちは人間だから人間のことが気にかかり，人間に特別興味をもつのであろう。したがって，人間の乳児が生まれたときから人間に関心をもちやすく，人間と相互行為しあう社会的存在であるのも，考えてみればごくあたり前かもしれない。

かつて新生児は，まだ目が見えず，秩序も安定もない混沌とした世界に住んでおり，生得的な反射をもつだけの無力な存在だと考えられてきた。乳児は，何でも書き込める白版（タブラ・ラサ）のようなものであり，それゆえに，純粋で無垢な存在ともみなされてきた。しかし，多くの研究によって新生児の有能さが証明され，現在では乳児像は大きく変化した（Legerstee, 2005; Mehler & Dupoux, 1990; Vauclair, 2004；山口，2003など）

人の聴力の発達は早く，妊娠後期になると胎内で外の音声に反応する。生れて間もない乳児でも，人の話し声を好み，胎内で聞いていた母親の声を聞き分けている。胎内にいるときから，母親の声のリズムやイントネーションを学んでいるからではないかといわれている。

乳児は，女声のような高音域の声，ゆっくりとしたシンプルで明瞭な声，抑揚のあるイントネーションなどを好む。乳児に話しかけるときには，大人は自然にこのような声を出していることが多い（図4-1参照）。このような話し方は育児語（マザリーズ）の特徴にもなっている。

視力は，生まれたばかりでは0.01程度で，ぼんやりと近くのものしか見えないが，生後半年で急速に発達する。まだぎこちないが，動くものを視覚的に追跡することもできる。

人は，目の前に現れるものを何でも万遍なく受動的に見るというよりは，視覚的注意をひきやすい対象とそうでない対象を選び，注意をひきやすい対象を

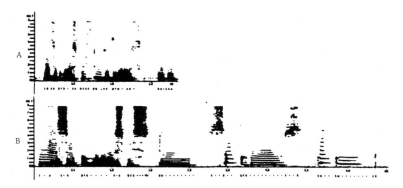

図4-1 大人に向けた発話と乳児に向けた育児語（baby talk）のソナグラム
注："Ja, so groß bist du, so groß, kuckuck"("Yea, so big are you, so big, cuckoo" そう，おおきいネ，おおきいネ，カッコー）母親が上記の同じ話しかけを，大人に向けて言った場合（A）と新生児に向けて言った場合（B）。大人は高音域，抑揚あるイントネーション，長くのばす発声など，乳児に「うたう」ような声で語りかける。
出所：Papoušek & Papoušek, 1981

　探索し，それを特によく見るという知覚の特徴をもっている。また，外界の物理的環境をそのまま見るのではなく，少しの違いを無視して同じものを同じと見る知覚の「恒常性」をもっている。もし私たちが外界の環境をそのまま見るとしたら，遠くのものは豆粒のように小さく，近くのものは巨大に見えるので，それが同じ「もの」とは見えない。しかし，私たちはそれを「同じ」と知覚しているのである。また，壁のような広がりのあるものを背景（地）として，輪郭線で囲まれた「もの」を図として注目しやすい。

　乳児の知覚にも，早くからそのような基本的な特徴がみられる。新生児は，動くもの，白黒のコントラストが強いもの，輪郭線があるもの，複雑なものを注視しやすい。特に人の顔をよく見る。いろいろな顔を見せて実験すると，目や口が正面向いた「顔パタン」を好み，特に目をよく見るようになる。

　生後間もない乳児に，大人が口を開けたりすぼめたり，舌をつきだしたりすると，その動きをまねる「**新生児模倣**」も見られる（図4-2, Melzoff & Moore, 1977）。この感染的な模倣は，やがて消えてしまう。後で発達する意図的模倣とは質が異なるが，その基礎になると考えられている。

　新生児は，微笑みの表情も生得的にもっている。空腹でもなく，心地よく浅

第4章 前言語期のコミュニケーション

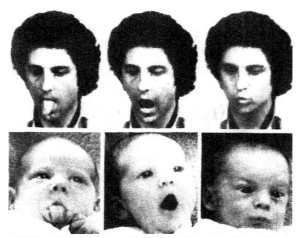

新生児は舌を出したり，口を開閉するなど，自分の目では見えない身体部位の動きをまねる

図 4-2　新生児模倣

出所：Melzoff & Moore, 1977

く眠っているときに，口角が上にあがる表情を繰り返す「**生理的微笑**」である。この微笑は，やがて目覚めているときに外部の音で起こるようになり，生後2か月すぎには人の顔を見て微笑む**社会的微笑**になる。

　生後すぐの乳児でも，他の乳児の泣き声につられて泣き出す「**情動伝染**」も起こる。また，養育者などの声のリズムにあわせて，自分の手足などをダンスのように同期させるエントレインメントと呼ばれる行動もみられる。

　以上のように，生まれたばかりの乳児は，自分で移動できず養育者の世話がないと生きていけないという意味では未熟であるが，知覚は胎生期から発達している。特に「人」の声や顔に注意しやすい認知的しくみをもち，「新生児模倣」「生理的微笑」「情動伝染」「リズムへの同期」などコミュニケーションの原型となる能力をもって生まれてくることは，興味深い。しかし，これらの人としての生得的な能力がベースになるとしても，それは，そのままことばの発達に直結するのではない。ことばによるコミュニケーションには，養育者の社会的な働きかけや，子どもをとりまく文化共同体が不可欠である。

第Ⅰ部　言語発達論

（2）人と人の二項関係
── うたうコミュニケーション（生後2〜4か月頃）

　生後3か月頃の乳児と母親のやりとりを見てみよう（図4-3参照）。乳児は，空腹でも眠くもなく，機嫌が良いとき，母親に抱かれていると，じっと長くあきずに母親の目を見つめる。そして顔を見るたびに，にっこり微笑む。この頃の微笑みは，広く人の顔に対して向けられ「天使の微笑み」とも呼ばれる。この二者関係は，情動的な共鳴行為（co-action）から成っているので，私は「うたうコミュニケーション」と呼んでいる。母親と乳児の2人が，互いの目を見つめながら，自然に微笑みあい，「アーアー」「オーオー」などの声をリズミカルにかわしあっている様子は，まるで「うた」を歌っているようである。母親が乳児にあわせて，高いトーンで語りかけると，乳児も声を出して微笑む。母親は，「あら，この子，私の顔がわかるようになった」と感じて，母親冥利につき，ますます乳児がかわいくなる。日本語の「しあわせ」は，「する」「あわせる」が原義であるが，コミュニケーションの原型にして，しあわせな関係性がここにある。ことばはなくても，十分に共同世界ができている。

　このとき乳児は，何かの欲求をかなえるために，実用的な目的で**二項関係**をつくるのではないことは重要である。「お腹が空いた」「おしめが濡れた」「眠い」などの欲求があるとき，乳児は不快衝動をそのまま表出して泣く。泣く子には勝てないといわれるように，そのほうが素早く，欲求が充足される。ことばの基礎になるコミュニケーションは，実用的な欲求充足の手段や何かを伝える情報伝達の手段というよりも，2人が共にここにいて，共同世界ができることそれ自体が楽しいという心地よい関係性の中で生まれるのである。

　このような関係性をトラバーセンら（Trevarthen & Hubley, 1978）は，「**間主観性**（inter-subjectivity）」と呼んでいる。私は，「主観」と「客観」という二元分割をもとにしたこの用語には慎重である。この用語の前提には，個人と個人が別々に主観をもっており，それらが相互に交わる（inter）という人間観が含まれている。この時期の乳児はまだ「主観」「主体」が形成されておらず，養育者と情動的に共感しあう「心理的場所（ここ）」の中に共存しているよう

に考えられる。また，人とモノとの二項関係の重要性を見逃す恐れがある。人とモノとの関係は「間客観性（inter-objectivity）」とはいえないからである。

乳児は，早期から環境の知覚や情動的な人とのコミュニケーション力には優れているが，自分の力で実践的に外界のモノと関わる操作能力は未熟である。初期のコミュニケーションは，情動や周囲の人々と一体化したむすびつきをもっており，行動も情動伝染で引き起こされる。

図 4-3　人と人の二項関係（うたう関係）

このような伝達は，生存のために効率がよいが，有無をいわさず人をまきこむ力があり，意図的な操作は難しい。ある意味で，乳児は，効率がよすぎる初期の情動的なコミュニケーション能力を手放して，発達していかねばならない。今まで乳児は，個人で生まれてだんだん社会化していくと考えられてきた。しかし，別の観点から見れば，周囲の人々と共同的，融合的で「社会的」すぎる存在から，自己を切り離して区別し距離化していく方向に発達するのだといえる。その「距離化」には，モノとの関係が必要だと考えられる。

（3）人とモノの二項関係──「意図」手段・目的関係の形成

人と共鳴的にうたうコミュニケーションのピークは生後 3 か月頃で，その後は誰の顔を見ても微笑んでいた「天使の微笑み」は消えていく。0 歳後半には，養育者など特定の愛着のある者のみに向けられる微笑みに変わる。愛着のあるなじみの人とそうでない人を区別して，人見知りもはじまる。

乳児は，生後 5 か月頃からモノへの関心を強めていく。もともと乳児は早期から人とモノの違いを見分けている。人には微笑みかけるが，モノに微笑むことは少ない。そのかわり，モノには手をのばし（リーチング）つかもうとする。ある時期，乳児のチャンネルはまるで 1 つしかないかのように，人に関心を向けているときは人だけ，モノに関心を向けているときはモノだけ，どちらにし

第Ⅰ部　言語発達論

ても二項関係しかもてないように見える。

　乳児は，生後5，6か月頃から，ガラガラなど身近にあるモノに手をのばし，つかみ，それを振って音を出すなど，モノの手操作に関心をもつ。モノは人と違って，自分にあわせてくれる相手（コンパニオン）ではなく，自分と対峙する対象（オブジェクト）である。モノとの距離や大きさや重さにあわせて，腕をどのように伸ばすか，両手か片手を出すか，指をどのように使うか，自分自身で何度も調整してコントロールしなければならない。

　乳児は，好奇心のかたまりで，外界にある珍しいものが大好きである。手でモノを操作でき，ハイハイなど移動ができるようになると，外界のモノを自分の身体を使って探索することが楽しくなる。人との関係では相手にも意図があり，相手から働きかけられるので，乳児は，受け身でもよい。それに対して，モノはそれ自体では動かないので，乳児が能動的に関わらねばならない。両手で積み木をつかんで打ち鳴らして音を出すという行動1つでも，「こうすれば，こうなる」という因果関係を理解しなければならない。そのかわりに，原理を認識して操作すれば，同じフィードバックが返ってくる。

　モノは，乳児の意図で働きかけることができる。ピアジェ（Piaget, 1936）が観察したように，乳児は，モノをつかんだり，投げたり，転がしたり，口に入れたり，様々に関わる行為の中で，認知能力を一段と発達させると考えられる。

　乳児が，小さいゴミを発見し，なかなかつかめず，何度もチャレンジしながら2つの指でつかめたときのよろこびは，人との関係で得られる「共同化」のよろこびとは異なる，外界を操作できる「達成感」のようなものであろう。

　特に重要なのは，モノに能動的に働きかける行為の中で，自分の「意図（intention）」が明確になることである。ガラガラに手をのばすというような初期のリーチングにも，意図の芽生えがある。しかし，それはまだ一連の運動シェマの一環の中に組み込まれていて，自分の意志で自由に選択できない。したがって，何でもモノをつかむと，すべて口まで持っていくというようなルーティン行為を行う。

　生後9か月頃になると，ピアジェが手段・目的関係の形成を理論化したように，「目的」にあわせて「手段」を選択できる。「こうしたい」という目的にあ

第4章　前言語期のコミュニケーション

図4-4　人とモノの二項関係（操作関係）
出所：やまだ，1987

わせて，「こうしたらどうか」という複数の手段を自在に組みあわせる。うまくいかなかったときには，別の手段を試してみる。この時期になると，明らかに「意図」的に行動するようになる。

乳児は「音が出る」という効果をつくり出す目的で，鍋や食器や机やイスやガラスなど，いろいろなものをバンバンたたいて，様々な音を出して試してみる。逆に「投げる」という手段を手に入れると，いろいろなものを投げて，様々な目的のために使ってみる（図4-4など）。親から見ると，何にでも手を出すので困った事態も起こるが，それは乳児が自分の手持ちの技能を使って，環境のモノを能動的に試す探索行動を行いながら，モノを新たに認識しながら自分のスキルも磨いているのである。

3　三項関係——指さし，共同注意，やりとりゲーム

（1）三項関係の形成

意味のあることばが出現する1歳頃より少し前，生後9，10か月頃から，乳児の生活全体にわたって革命的といってよいほどの大きな変化が起こる。革命的というのは，個々一つひとつの行動について，○○ができるようになったという変化だけではなく，認識のしかた，人との関係，モノとの関係など，根本的なところが変わるからである。しかも，乳児は一度基本的なルールを身につけると，何にでも応用がきくかのように，生活のしかたを根こそぎ変えてしま

71

第Ⅰ部　言語発達論

う。そのルールの1つが**三項関係**である（山田，1978，図4-5参照。）三項関係ということばには，次の4つの意味が含まれている（やまだ，1987）。

第1には，人の世界とモノの世界の交流である。つまり情動的交流に基づく「人と人の関係」と，実践的な手操作に基づく「人とモノの関係」，2つの異なる文脈の行為を交わらせる関係性ができることである。

第2には，共同注意，やりとり，語りあいの形式としての三項関係の形成である。

第3には，媒介項を含む3つの関係性ができることである。特に前言語的行動としては，「子ども―媒介項（x）―人」という関係づけが重要である。

第4には，表象機能や記号的表示のもとになる関係づけとして，ある行為をもとの文脈から脱文脈化し，あるものを記号化して切り離し，距離化する働きができることである。

トマセロ（Tomasello, 1999）は，この時期の発達を「**9か月革命**」と呼び，多くの研究者の結果が一致していると述べている。彼は，その全体を「共同注意」という用語で代表させ，次のように説明している。

生後6か月の赤ちゃんは物体をつかんだり操作したりするが，その関わり方は二項関係的である。また6か月児はターンテイキングの連鎖で他者と情動を表出しあうやりとりをするが，この関わり合いも二項的である。物体を操作しているときには近くに人がいてもたいていは無視するし，人と関わりあっているときには近くに物体があっても無視する。しかし生後9～12か月になると，一群の新しい行動が創発してくる。その行動は初期の行動のような二項的なものではなく，物体との関わり合いと人との関わり合いを協調させるという意味で，三項的なものである。そこから生じるのは，子どもと大人と，そして両者が注意を向ける物体ないし事象とで構成される指示の三角形である。共同注意（joint attention）という用語は通常，このような社会的スキルと社会的な相互作用が組み合わさってできた全体を指して用いられることが多い（Moore & Dunham, 1995参照）。そして典型的には，赤ちゃんはこの時期にはじめて，柔軟かつ確実に，大人の見ているところを見たり（**視線追従**；gaze following），物体に媒介された大人との相互作用をそれなりに長い間見続けたり（協調行動；

第4章　前言語期のコミュニケーション

図 4-5　三項関係の形成を示す観察例

注：初期に別々の文脈で形成された対人的コミュニケーションへの関心と，対物的・運動的行動様式が結合されて，子どもが何かを媒介として人との関係づけをつくる，「子ども—媒介項（x）—人」の関係ができる。（月：日齢）

出所：山田，1978

joint engagement），大人を社会的な参照点として利用したり（社会的参照；social referencing）するようになり，また物体に対して大人がしているのと同じような働きかけをしたり（模倣学習；imitative learning）しはじめる。要するに，赤ちゃんはこの時期になってはじめて，外界に存在するものに対する大人の注意と行動に「同調する」のである（Tomasello, 2006, pp. 80-81）。

（2）指さしと共同注意

指あるいは手を用いて何かをさし示す行動を**指さし**と呼ぶ。初期には**手さし**になることもある。指さしは，古典的には，モノを取ろうとして出した手が縮まったものとか，モノを取ってほしいという要求を伝達するものなどという実用論的な解釈が中心であった。しかし，詳しく観察すると，初期の指さしは，「あっ，あそこに，あんなものが！」というように，乳児が感動したものや興

図 4-6　人―モノ―人の三項関係
（「共同注意」並ぶ関係）
出所：やまだ，1987

味をもったものを近くの養育者に示そうとする共同注意の場面ではじまる（図4-6参照）。モノが欲しいときは，泣いて手をのばせば養育者が取ってくれることが多い。初期の段階では，指さしは実用的な目的のためには，迂遠すぎ，また間接的すぎる方法である。

　指さしのほかにも，おもちゃなどのモノを養育者に**見せる行動**（showing）や，モノを**手渡す行動**（giving）なども同じ頃に現れる。これらの行動が「何かが欲しい」という実用的な文脈とは異なり，自分が興味あるものを他者に「見せる」行為であることは興味深い（山田，1978；やまだ，1987）。

　その後，指さしや共同注意について，多くの実験的な研究がなされてきた（Moore & Dunham, 1995；大神，2002；大藪，2004など）。トマセロは，ベイツ（Bates, 1975）たちの語用論の用語を用いながら，他者に何かを要求する命令的な指さしよりも，他者と経験や感情を共有する陳述的な指さしが重要と考えている。「なぜならば，それは子どもが単に何らかの結果が生じることを求めているのではなく，大人と注意を共有したいと本当に願っているのだということを特に明確に示すものだからである」（Tomasello, 2006）。

　トマセロは，共同注意行動を，他者が知覚し，行動し，目標志向性をもつ存在であると理解できるようになる「他者理解における革命」としてとらえている。つまりそれは，乳児が「他者を意図をもつ主体と理解しはじめている」ことの現れである。そして，「われわれが他者を理解できるのは，自己とのアナロジーによる」からではないかと以下のように説明している。

第4章　前言語期のコミュニケーション

「他者を理解しようとする際に，ヒトの赤ちゃんは，自分自身に関してすでに経験していることを適用する——そして，この，自分自身についての経験は，初期発達の段階で，特に自分自身の能動性に関して変化をとげる。…（中略）…つまり，個人は，言うならば自分とのアナロジーによって——なにしろ，他者は「自分に似ている」のだから——他者を理解するのであり，その理解の仕方は——自力で動かない無生の物体は人間に比べるとまったく「自分に似ている」度合いが低いので——無生の物体に対する理解の仕方とは異なる」（Tomasello, 2006, p. 93）。

　このような自己理解と他者理解に着目した見方は，「心の理論」にむすびつく見方として興味深い。のちにトマセロ（Tomasello, 2008）は進化による系統発達と統合して「人間コミュニケーションの協力モデル」を提案し，「共同意図・共同注意・相互に想定される協力的動機・コミュニケーション上の慣習」を用いて，コミュニケーションを構造化させて協力するところが，他の霊長類とは大きく異なるという注目すべき見解を提出している。

　他者を「自己に似ている（like me）」と見る感覚は，トマセロが説明するよりも早く生得的にあると考える研究者もいる（レゲアスティ，2005など）。しかし，このような説明は，「個人」「自己」「他者」という概念をどのように定義するかにかかっている。乳児は早期からこれらの意識をもって行為しているのだろうか。これらの概念は，西欧文化では理論構築の前提である。日本語で「共同注意」と訳される用語も，直訳すれば「結合注意（joint attention）」で，個人と個人が先に存在していることを前提にして，「自己の注意と他者の注意を結合する」という意味を含んでいる。

　「三項関係」という用語は，関係づけのしかたの変化に焦点をあてている。したがって，「自己」や「他者」を乳児がどのように意識しているか不明でも，これらの概念を介在させなくても行為レベルで記述できる長所がある。

　指さしは，「人—媒介項（モノ）—人」という3つの関係をつくる典型的な行為である。また，指さしは，「人と人のうたう関係」と「人とモノの操作関係」を結ぶ行為である。「指さし」という手の動作は，モノをつかむときに手を伸ばす行為（リーチング）や指でモノをつつくときなどに用いる運動形を用

第Ⅰ部　言語発達論

いている。しかし，モノを操作するというもとの目的や文脈から切り離して可動化し，それとは異なる目的をもつ「人と人の共同注意や交流」という別の文脈で用いている。

　ことばの基礎としての三項関係には，ただ3つの項の関係づけができるというだけではなく，人と人のコミュニケーション，つまり共同世界をつくる営みが目的になることが重要である。自閉的な子どもに多い**クレーン現象**は，モノ世界のために人を便利な道具のように媒介に使う行為であるから，これも三項関係の一種である。しかし，関心を向ける目的がモノであるところが異なっている。発達には，個人差が大きいので，人志向の子ども，モノ志向の子どもがいてもよい。しかし，人と「うたう」関係ができにくく，人に対する関心がきわだって少ない子どもの場合には，早期からケアが必要だろう。

　初期の「うたう」二項関係は，互いに目を見つめて微笑みあうような関係であり，快感情が直接伝染して融合的な共同世界をつくる。モノを「操作する」二項関係では，モノとの関係に合わせて技能を習熟させる。三項関係は，ピアジェが意図の発生として重視した**「手段・目的関係」**を，道具使用というモノの世界ではなく，コミュニケーションの文脈で達成したものと考えられる。三項関係は，モノとの関係をコミュニケーションの文脈に「うつし（移動し）」，用途を転用して形成される。したがって，三項関係によってコミュニケーションの質が根本的に変わる。人と人が共鳴的に一体化して情動的に共同世界をつくっていた文脈から切り離されて，間接化し，意図的で操作的なコミュニケーションが可能になると考えられる。

　三項関係という用語には，「行動様式（シェマ）をもとの文脈から切り離して可動化する」というより広い意味が含まれていることが重要である。これは，ある文脈で，ある目的のために形成したシェマやスキルを，自由に切り離して可動化して，別の文脈に「うつす（移動する）」ことで，新しい文脈の中で別の目的のために異なる意味で使うことである。

　この「文脈から切り離す」働きは，ことばのように記号媒体と意味内容を分離して自在に組みあわせるためにも，また，他者の動作の一部を切り離して自分の動作で再現して身振りで「模倣する」ためにも使われる。さらには「ごっ

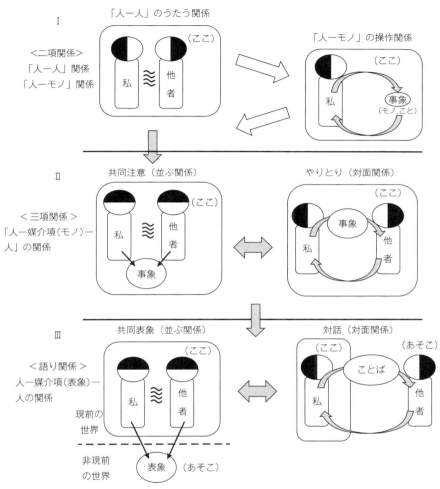

図4-7 二項関係，三項関係，語り関係への発達

出所：やまだ，1987，2005

こ」など，日常動作の一部を切り離して，別の文脈で再現するあそびにも使われる。メタファーの原義は「移動する」という意味であるが，あるものを別のもので置き換えたり，ここにあるものでここにないものを表象したりする働きは，ことばを支える基本的な機能である（Lakoff & Johnson, 1980）。「もとの文脈から切り離して別の文脈へ移動する」という関係づけは，ことばの働きの基

第Ⅰ部　言語発達論

**図 4-8　人─媒介項（モノ）─人の三項関係
（「やりとりゲーム」対面関係）**
出所：やまだ，1987

本的ルールの1つといえよう。

　図4-7は，ことばの発達の基礎となる「二項関係」，「三項関係」，その後に発達する「語り関係」の模式図である。二項関係「人と人のうたう関係（生後2～4か月頃）」がベースになって，「人とモノの操作的関係（生後5か月頃～）」を経て，「人─媒介項（モノ）─人」の三項関係が生まれると考えられる。

　三項関係のうち，原理的な関係性のあり方に2種類があり，「並ぶ（side-by-side）関係」と「対面（face-to-face）関係」がある。共同注意は，共存関係，やりとり（give and take）は，対面関係を基本としている（図4-6，図4-8参照）。

　三項関係は，図4-7に模式化したように，ことばを用いた「語り関係（1歳頃～）」へ発展すると考えられる。ことばによる語り関係も2種類になる。並ぶ関係はここにない（現前しない）イメージを並んでともに見る「共同表象」関係になる。対面関係は自己から離れた他者と対面的にやりとりする「対話」関係になると考えられる。

　原理的にみると，並ぶ関係は，「私たち」という身体の同型性をもとにして，横並びに共感し，共に同じものを見，互いに似た行為をし，似たことばを少しずつズラシながら重ねていく共存的関係である。対面関係は，私（自己）とあなた（他者）の「対話（ダイアローグ，原義は2つに分かれたことば）」関係である。対話は，2つの異なる立場に分かれた自己と他者が，ことばで相手の領域にあるものを互いにやりとりし，相手の領域にあったものを自分の領域に入れる（獲得，所有する）行為である。ことばの発達には，対話的関係だけではな

く，身体の同型性をもとにした共存的な並ぶ関係「かさねコミュニケーション」に着目する必要があると考えられる（やまだ，2004，2005）。

（3）やりとりゲーム

ウィトゲンシュタイン（Wittgenstein, 1953）は，言語の原初的形態として言語ゲームという概念を用いた。言語は，人と人が共同的な相互行為の中で行う社会的ゲームだといえるかもしれない。

「やりとりゲーム」は，生後 9 ～10か月頃から，モノの受け渡し，ボールのやりとり，いないないばぁ，いやいやゲームなど，いろいろな形式で行われるようになった（やまだ，1987）。

いないないばぁは，乳児が好む代表的なあそびで，世界中で様式化されている。これは，顔やものの消失と出現をゲームとして楽しむものであり，「ここ」という現前の場所から「行く（見えなくなる）」，再び「来る（現れる）」という関係づけからなる。

いやいやゲームと名づけたのは，おしめをかえようとするとわざとハイハイで逃げていってたり，「ダメ」と言われるような悪いことをして相手の注意をひき，相手の出方をみながらやりとりする行為である。逃げていっても，無視すると戻ってくるが，追いかけると再び逃げ出すというように，かけひきが行われる。床に落ちたゴミなど日頃「ダメ」といわれるものをつまんで，本当に食べてみたいときは，母の顔を見ない。しかし，ゲームとしてやるときは，母の顔を見て「ダメ」と言わせて，口に入れて笑い，また母に「ダメ」と言わせて，微笑する。

やりとりゲームは，図 4-8 のように，「共同注意行為」と異なる種類の三項関係をつくると考えられる。人と人の語りあいは，一方的な「情報伝達」ではなく，ボールのような媒介項を行ったり来たりさせる「やりとりゲーム」である。媒介項に，ボールの代わりに「ことば」が挿入されれば，会話的関係になる。

2 人で会話するときには，2 人同時に話すのではなく，一方が話し手になったときには一方が聞き手になり，次に話し手だった人は聞き手になる。このよ

第Ⅰ部　言語発達論

```
母　親：ほら！　　　　　　　　　　　　　　　　〔呼びかけ〕
子ども：(絵に触る)
母　親：これは何？　　　　　　　　　　　　　　〔質　　問〕
子ども：(喃語を発声し，微笑む)
母　親：そう，ウサギさんよ。　　　　　　〔フィードバック，命名〕
子ども：(発声し，微笑み，母親を見上げる)
母　親：(笑い) そう，ウサギよ。　　　　　〔フィードバック，命名〕
子ども：(発声し，微笑む)
母　親：そうよ。(笑い)　　　　　　　　　　　　〔フィードバック〕
```

図 4-9　本読み場面における母と子 (1歳1か月) の会話

注：子どもは一言も発していないが交替の「かた (型)」で成立している。

出所：Bruner, 1983

うに，ことばは交互に発話交代 (ターン・テイキング) しながら実行されるやりとりの形式をもっている。

　ブルーナー (Bruner, 1983) は，生活の中で行われる母子のゲームは，言語構造の基礎となる慣習的な秩序をもつことを見出した。それは限られた範囲のおなじみの場面で，一定の形式で繰り返される。

　たとえば母子の本読みフォーマットでは，「注意を喚起する呼びかけ」「質問」「命令」「フィードバック」の4種類だけで養育者のほとんどの発話が説明できた。しかもそれぞれの型のうち90％が一種類の発話でなされており，イントネーションもほとんど変化せず，発話の順序は一定していた。会話には，一定のきまりの体系，慣用的な「かた (型)」がある。図4-9のように，乳児がことばを話せない場合にも，母親はそのような形式で話しかけた。

　やりとりの三項関係は，会話をかわす共同行為の「かた (型)」をつくり，ことばをボールのようにやりとりしながら，互いに少しずつズレを補いあい，意味を共同生成していくためのベースとして働くと考えられる。

(4) ボールのやりとり

　会話はことばのキャッチボールともいわれる。9〜10か月の乳児は，図4-8のようなモノの受け渡しはできるが，離れた距離でのボールのやりとりは難しい。はじめの頃は，ボールをもつことはできても，うまく手離すことができない。日本語の「はなす」は，話す，離す，放すと同語源である。ことばを話す

ことは，自分の領域（ここ）にあったモノを，遠くの相手の領域（あそこ）へと手離すことでもある。モノが大切なものであるほど，受け手との安心した人間関係ができていないと，手離せない。

ボールのやりとりのためには，ボールというモノとの関係でつくられた運動技能を，人との関係の中で使うことができねばならない。ボールを転がしたり，投げたりする技能だけではなく，相手の位置（ポジション）を見つもり，相手を目がけて，相手のところへボールを意図的に行かせることが必要である。ことばも，相手（宛名）にあわせて届けるものである。

乳児にとって難しいのは，ボールがやってくるのを，ここで動かないで待っていることである。乳児は，ボールを転がすと自分もハイハイで追いかけて移動してしまうことが多い。能動的に動くよりも，先を予測してじっと待つことのほうが難しいのである。野球の配球はキャッチャーがするように，会話においても聞き手がコントロールするといわれる。自分はここで動かないで，ボールだけを相手の方に行かせて，ここで待っていれば，またボールが自分の方にやってくるという「行く」「来る」という逆転（リバーサル）のルールを認識できなければならない。

ボールのやりとりでは，「行く」と「来る」が，別々の行動ではなく，「逆転して繰り返す」という一連の行動様式（シェマ）でむすびつけられる。この逆転のルールは，「落とすゲーム」（子どもがモノを落とすので，拾って渡してやると，相手の顔を見ながら，また落とす。拾って渡すと，また顔を見て微笑しながら落とす）など，様々な行動様式で試される。

特に興味深いのは，乳児が逆転ルールを人との関係よりも，モノとの関係の中で熟練するように見えることである。乳児は，おもちゃを箱から出すだけではなく，「出したモノを入れる」など，逆転ルールを試す行動を行う。「モノの出し入れ」は，乳児がモノを個々別々のものとして見るのではなく，関係づけるルールを手に入れたことを示している。世界を束の間の雑多なバラバラのものと見るのではなく，何らかのつながりや関係を見出してまとめる働きが意味作用であるが，乳児の世界は意味あるものへと一歩踏み出したのである。さらに，この行動様式は「元あったところへ戻す」側面を強めると，「お片づけ」

という社会的意味をもつ行為になる。

逆転ルールは，ふたの開閉，扉の開閉，折りたたんだものの開閉，モノをつかんで裏を見るなど，幅広い文脈で試される。「開く，閉じる」「表を向ける，裏返す」「はずす，はめる」などのルールを学ぶには，不確定要素が強い人の世界よりもモノとの関係のほうが適しているだろう。

やりとりゲームは，人との関係を楽しむほうに主眼があり，本気でモノを操作しようと格闘するときの真剣でまじめな姿とは異なっている。新しいものを自己の領域に取り込もうとする認識活動とは違い，やりとりゲームは，おなじみの人とおなじみのルールに基づいたゲームとして行われる。ゲームがあそびにみちた楽しい雰囲気の中で行われるのは，他のやりとりゲームとも，ことばのやりとりとも共通している。やりとりゲームは，外界と闘って「とる（獲得する）」モノ世界の文脈よりも，本質的に人と「うたう」文脈の中で展開されることは重要である。

人の世界では，互いに「うたう」という楽しさが大切になる。モノの世界では，モノとモノの関係を真剣に認識し，操作する課題解決になる。次の観察例（0歳11か月17日，男児）を見ると，モノとの行為が真剣勝負のようであるのに，人を相手にしたときは，やりとりゲームになっていることがわかる。

「ハブラシ入れの容器を見つけると，ゆうはそれを両手に持って，熱心に本体にふたをはめようとする。母の方は全然見ないで，ふたをはめることに熱中している。じっと容器を見つめ，両手を使ってはめ，（注意深く）そっと片手を離すのだが，本当にははめ込まれていないので，ふたが落ちてしまう。するとまた同様の動作を繰り返す。一度偶然にうまくはまると，うれしそうに微笑する。その後も真剣な顔つきで何十回と試みるが，うまくはまらない。失敗すると「アァー」「アァー」という低い（残念そうな）声をたてる。それを数回繰り返した後，母の顔を見て微笑する。そして容器をカチャッと音をたててふたと合わせては（合わせるだけで，先ほどのように何とかはめこもうとする努力はもうしない），母の顔を見て微笑する（母の顔を見て微笑したあたりから，真剣味が減り「あそび」になった）。それを数回繰り返した後，両方とも段ボール箱の中に乱暴に放り込んで，母の顔を見，再び取り出しては放り入れて，母を見て笑

うという行動を繰り返す」（やまだ，1987，p. 180）。

4　ことばと意味世界の発生——子どもと大人の共同生成

（1）ものの意味づけ——慣用操作

　ことばは，大人が使っている音声や外から教えた名前をそのままオーム返しで，一対一対応のように模倣するという単純なプロセスによって発達するのではない。ミラー（Miller, 1981）によれば，英語のわずか10語以内の組み合わせの文章でさえ，1文につき1秒の速さで覚えたとしても100年かかっても暗記できない膨大な量になるという。図4-10に示した1歳2か月児のように，ことばを話しはじめた最初の頃，固有名詞のような単純なことばでさえ，子どもに一つひとつ教えこもうとしても，うまくいかない。

　ことばの基礎には，子ども自身が世界をまとめあげ意味づける働きが育たねばならない。ことばの基本的な働きの1つは，意味作用（signification，記号作用ともいう）である。子どもは，それによって，世界を個々バラバラのものではなく，カテゴリー化し，体系づけて認識できるようになる。

　ことばが生まれる1歳前後には，子どものモノの使い方にも大きな変化がみられる。それは，「探索行動から慣用操作へ」という変化である。探索とは，好奇心いっぱいに多様な操作を試す行動である。それに対して，慣用操作とは，子どもが属する文化で使われている一定のやりかた（方，型，形式）でモノを扱う行動である。

　身のまわりにある多くのモノは，文化的に慣用化された役割や意味をもっている。大部分のモノは，「スプーン」などと名づけられる前に，使い方によって行動的に意味づけられている。それは，手でもって机をたたくものではなく，食事のときに，柄の部分をもって食べ物をすくって口に運ぶ道具である。そして金属でもプラスチックでも大きさや材質や色など様々な物理的形状は無視されて，「スプーン」という同じカテゴリーに入れて認識される。

　慣用操作は，「これはあれと同じだ」というように，同じモノをまとめる方

第Ⅰ部　言語発達論

サシャの母親：サシャ，スヴァン（子どもの名）と言いなさい！
　　サシャ：[piːʃ]
　　母　親：サシャ，これはスヴァンですよ。スヴァンと言いなさい！
　　サシャ：[piːʃ]（少し笑う。）
　　（2時間後，もう一度会う。）
　　母　親：サシャ，スヴァンと言いなさい！
　　サシャ：[piːʃ]（まじめな顔付きで。）
　　母　親：スヴァンですよ！（声を大きくして，少しいらだった風に。）
　　サシャ：[ppiːʃ]（非常に明白な帯気音をともなって。）
　　（3時間後，もう一度会う。）
　　母　親：サシャ，スヴァンと言ってみなさい！
　　サシャ：[piːʃ]
　　母　親：スヴァン！　スヴァンですよ！（興奮して。）
　　サシャ：[piːʃ]（軽く笑う。）

図 4-10　母子の会話の例

注：子どもは親の音声の直接模倣ではなく，「ピーシュ」というような発声の
　　自分流のルールで話す。ことばを外から正しく修正したり，指導しようと
　　試みても，必ずしもうまくいかない。
出所：Oksaar, 1977より作成

向性をもつ。しかも，文化的に決められた一定の型にあわせるというやり方で
カテゴリー化される。この点で，慣用操作は，ある文化で共通した「意味」を
もつことばと機能的に共通点をもつ。

　探索行動は，自分の意図どおりにモノが動くかどうか，モノとの闘いであり，
変わった効果や多様な変化が生まれるほど楽しい。それに対して，慣用操作は，
自分も大人と同じことができる，同じ人間になるよろこびに支えられている。
子どもは身近なモノを，単なる物理的事物としてではなく，人間的な意味をお
びたもの，文化的な意味世界の構成物として認識しはじめるのである。ここに
も，物理世界のモノを人間世界の文脈へ「うつす（移動する）」働きがみられ
る。

（2）名づけるということ

　ことばのもとにある意味作用によって，世界はまとまりのあるものとして認
識され，名づけられていく。1歳頃から乳児は，「マンマ」「ブーブ」など意味
ある片言を話しはじめる。

　名づけるということは，外部にある個々の具体的なモノ，一つひとつにラベ

ルをはるような作業だろうか。そうではない。そうであるならば，ラベルはいくつあっても足りなくなる。

たとえば同じ「車」でも，厳密にいえば見るたびに見かけの姿は変わる。材質も形も大きさもいろいろで，テレビの映像や絵本の絵もある。子どもが，それらを「ブーブ」と名づけるとき，子どもなりに「車なるもの」という概念でまとめているのである。ことばは，実体そのものではなく，実体をイメージ化してまとめた意味概念に代わるものである。ことばは，いわば文化的な記号（sign）の体系である。記号は記号媒体（signifant；能記）と意味内容（signifié；所記）に区別される。

記号的な行動は，ことば以外にもたくさんある。たとえば，指さしでは，指そのものには意味がない。指（記号媒体）によって別のもの（指さされるもの）が示される。バイバイの身振りでは，手振り（記号媒体）が「さようなら」（意味内容）を伝える。ごっこ遊びでは，木の切れ端（記号媒体）が自動車（意味内容）に見立てられる。

ことばは，それだけ単独で発達するのではない。ことばの働きは，生活全体に関わる意味作用の一部である。だから，日常生活の文脈でモノを文化的意味で慣用的に使うことができたり，「こうしたら，こうなる」という生活の手順がわかったり，人に会ったときや物事のはじまりや終わりに身振りであいさつができたり，文化的な世界の「仲間」に参入して慣習的行動ができることも，音声言語に劣らず大事なことである。また，様々なやりとりゲームで対人交流の機微を磨いたり，身振りやごっこ遊びなどで豊かな表現ができることは，音声言語の発達と同じように大切である。音声言語の発達は一本道ではなく，個人差もたいへん大きいので，三項関係ができたらすぐにことばに直結するわけではない。生活の中で，関連する様々な共同行為や社会的働きかけを多様にし豊かにしていくことが重要である。

（3）身体による記号化——指さしと身振り

指さしは，「共同注意」をつくる典型的な三項関係の行動であるとともに，「指すもの」と「指されるもの」が分化している記号化のはじまりを示すとい

第Ⅰ部　言語発達論

う意味でも，重要な前言語的行動である。しかし，指さしは，ことばの最も重要な機能の1つである表象（representation）を欠いている。

　指さしで「車」を指すときには，犬や本や机など，同じ指で様々なものを指すことができる。指は，何かを示す道具にすぎず，指そのものには特定の意味内容がない。

　ことばには，「ブー」という音声（記号媒体）で指される意味内容（車なるもの）がある。「車なるもの」のイメージは人によって違うかもしれないが，それでも人に通じる程度には共通している。「ブー」で「犬」を示しても通用しないことが多いから，「犬」をさすときには，「ワンワ」など別のことばを使わなければならない。

　また，指さしで示すことができるのは，基本的に「今，ここ」という現前のものに限られる。ここにないものを指さしで示すのは不可能ではないが至難である。表象とは，ここにないものを再び（re-）現前させる（present）働きである。ことばは，今ここにないものをイメージ化することによって，ここの現実を超えていくことができる。ことばは，現前の世界を超えて，過去や未来の世界を描くことができ，ここにない世界をつくりだすことができる。

　このように指さしとことばの違いからは，指さしがもつ前言語的行動としての役割にも気づかされる。ことばで人に伝えようとすれば，発音形式（能記）と意味内容（所記）の複雑な記号体系を理解しなければならない。外国へ行ったとき，ことばならば翻訳が必要だが，指さしならば，それ1つでどこでもすぐに通じる簡便な道具になる。乳児は，まわらない舌で片言を話すよりも，とりあえず指さしを覚えたほうが，日常生活で有用なコミュニケーションができる。

　指さしは，「これ」「あれ」など，文脈の中で位置を示す**直示体系**（deixis）へと発展する。指さしは，行動の中の関連するものに注目させ，それを他のものとどのように関連させるかという働きをする。このように，モノを位置づけたり，関連させる（referent）働きも，言語機能の基礎になる。

　指さしは，自分の身体を使う「身のことば」ともいうべき身振りの一種で，その後も「比較」「照合」「連結」「指定」など多様に用いられる（やまだ，

86

1998)。しかし，1歳台に発達するほかの身振りとは違っている。バイバイの「手振り（記号媒体）」は「さようなら（意味内容）」を示し，イヤイヤの「首の横振り（記号媒体）」は，「否定（意味内容）」，あいさつの「おじぎ（記号媒体）」は，「こんにちは（意味内容）」など，多くの身振りは慣用化した文化的意味をもっており，よりことばに近いからである。

　しかし，身振りは，指さしと同じように，媒体として生身の「身体」が関わっているので，基本的に「現前する世界」で使われる。ことばは，身体をもたない「空の記号媒体」であるゆえに，軽々と現前の世界を超え，非現前の世界，バーチャルな世界を表すことができる。

（4）共同世界から生まれることば

　どこの国の子どもも，話しはじめは，片言の幼児語である。そして養育者である大人も，子どもと話すときは，自然に幼児の言語水準にあわせて幼児語を使う。日本では特に発達しているが，幼児語はどこの言語圏でもみられる。

　幼児語には特徴がある。犬は「ワンワ」，猫は「ニャーニャ」，車は「ブーブ」のように，名詞は鳴き声や音声に転写されて表現されるから擬音語に似ている。大人のことばの一部を使うものも，「ナイナイ（ない）」「クック（くつ）」など，反復した語音をもつので，擬音語のような語感になる。この語感は，幼児の「うたう」身体リズムによくあう。

　養育者が子どもに語りかけるときの育児語にも同様の特徴がある（Clark & Clark, 1987など）。育児語は，幼児が発音しやすい短い語音からなり，何度も繰り返し反復されて，強調される。呼びかけの名前や感嘆詞，調子の極端な変化も多く用いられる。文法も省略された限定したかたちで使われる。また，たとえば「私があなたに」ではなく「ママがゆうくんに」というように，代名詞は固有名詞に変えられ，話し手の視点からではなく相手の視点にあわせて話される（日本語では，大人も同じルールが適用される）。

　育児語は，「ゆうくん，ほら！　あそこ，ワンワンいるよ，ワンワ，ワンワいるね。ほら，ゆうくんのほうへ来るね。ワンワ，大きいね」というように，子どもの注意を引きやすく，子どもに理解しやすい口調で話される。そして，

第Ⅰ部　言語発達論

今，ここで目の前で見ているもの，ともに体験していることを共同で眺め，子どもの立場で語られる。

　育児語のしくみは，乳幼児期だけの特殊なものだろうか。そうではない。育児語の場合だけではなく，大人の会話でも，相手にあわせて微妙に語り口を変えているはずである。会話は本来的に話し手と聞き手の共同作業なのである。

　養育者の語りかけに対して，子どもも自然に調子をあわせるように片言を発する。養育者は，子どもの片言に対して，たいへん共感的で許容的である。間違っていても，いちいち修正しない。ただ子どもが何か，ことばらしきものを言ったというだけでよろこぶ。そしてそれに合わせて，何倍ものことばで惜しげもなく応える。そのような「やりとり」があきれるほど繰り返される。

　子どもは単なる音声のシャワーを浴びて育つのではない。子どもは万人向きの一般的なことばではなく，自分の興味や行動にあわせて語られる自分のための密度の高いことばを聞いて育つのである。

　子どもは自分のレベルに近い親近感のあることば，自分の片言ではいえない少し先んじた発達の近接領域にあることば，足場かけ（スキャホールディング）をしてくれる補助的なことばに，繰り返し接する。ことばの出はじめの時期の子どもに意図的にことばを教えたり訓練したり模倣させたりすることは難しい。しかし，それは養育者と子どもがつくりだす共同世界，共感的な「ここ」という場所で自然に生まれる音声模倣の役割を軽くみてよいということではない。

　ことばは，養育者と子どもがともにいる「ここ」という場所で，ともに見，ともに行い，ともに感じていることがらについて，共同体験していることをともに語りあう行為から共同生成されるのである。

　今まで言語獲得（language acquisition）という用語が当然のように使われてきたが，ことばは外界から「獲得する」ものだろうか。大人と子どもがお互いに「うたい」，同調し共同世界をつくる共同行為の中から「生まれる」ものではないだろうか（やまだ，1987）。

注
　本書では「言葉」という字で統一されているが，この章では「ことば」と表記した。

88

日本語の「ことば」は本来，「言葉」よりも広く「こと（事）のは（端）」を意味する。「こと」は，「もの」が一般的に形を備えた物体を基本としているのに対し，そういうものの働き，性質，あるいはものとものとの関係，形がつかみにくい現象などを表現する語である。ことばは，言語をさすだけではなく「できごと」「ものごと」「ことがら」「すること（行為）」などの一端でもある。この章では「ことばは海面下に大部分を沈めた氷山の一角である」という言語観に立っているので，「ことば」とした。

　また日本語の「もの」も，「物，者，霊」など広い意味をもち，「もの狂おしい」「もの悲しい」「もののけ」など得体のしれないものも意味する。この章では，一般的な「もの」にはひらがなを用い，「物体（object）」という意味では「モノ」とカタカナで表記した。

（やまだようこ）

第5章 話し言葉の発達

1 初期発話期の発達

（1）語の出現

　語は意味を伝える単なる音のセットや身振りではない。指で何かを指さしても，指さしは語ではない。語はシンボルであり，何かを表している。語は人間がつくりだしたもので，表す対象の間の関係は恣意的といわれ，有縁的な関係はない。たとえば，同じ対象について日本語ではりんご，英語では apple，フランス語では pomme などというように，語は各言語体系に基づいてつくりだされたものである。

　オグデンとリチャーズ（Ogden & Richards, 1967）は「言語記号と，それによって表される事物とは直接結びついているのでなく，人間の精神作用が媒介することにより関係づけられている」としている。図 5-1 に示すように，たとえば，「バス」という語は "basu" という音声と，それが意味する「バス」のイメージ（表象）と結びついている。言語学者のソシュール（Saussure F, de）は言語の意味作用は語の音声のもつ聴覚表象（能記：意味するもの）と，それによって指示される対象（所記：意味されるもの）の表象関係からなるとしている。表象関係を理解できる認知能力（**象徴機能**）が言語には必要である。

　また，子どもの発する音声が語として同定されるには音声の形が大人の語に

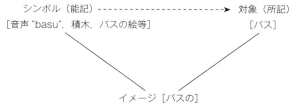

図 5-1 オグデンとリチャーズによるシンボル（象徴）・対象・イメージの関係
出所：小椋，1997

類似しているかという形態面と，事物，場面との関連で一貫して使用されているかという機能面の両方の基準が条件となる（Vihman & McCune, 1994）。

子どもの発する音が言葉として真の命名に移行していく時期として3つの時期が挙げられる（小椋，1997）。個人差は大きいが，第1の時期は，9〜10か月頃であり，慣用的な音を発し，また，言葉を理解しはじめ，**初語**出現の時期である。この時期は物を渡す，指さし，見せるといった意図的なコミュニケーションの身振りが出現する時期でもある。喃語のマンマンマンに食べ物の意味が付与された「マンマ」や動作にともなう語（例：ヨイチョ）やインタラクションの語（例：ハーイ）が表出される。伝達手段として音声が使用され，音声—意味の対関係が成立してくる時期である。第2の時期は12〜13か月頃に「ワンワン」「バータン」などの指示対象，指示事象が明確な叙述や命名の語が出現する。第3の時期は14〜18か月頃に「ココ」「コレ」「コッチ」などの指示詞が出現し，語彙が急増し，単語で自分が表現したい意味を伝えるようになる時期である。図5-1に示した音声（能記）とそれにより意味されるもの（所記）の関係が成立してくる時期である。

（2）いつ頃どんな語がわかるようになるか？

言葉の発達には「言う」（表出面）と「わかる」（理解面）の2つの側面がある。言葉の理解は表出面より先行している。5か月頃から子どもは自分の名前がわかる。たとえば，子どもはまわりで話されている会話には関心がないが，自分の名前が言われるとふりむくという観察や，自分の名前の音声刺激，自分

第Ⅰ部　言語発達論

表 5-1　早期理解語20語

順位	語彙項目	50%到達月齢	50%到達月齢時点の出現率（%）	平均出現率（8〜18か月）（%）	カテゴリー	幼児語の場合のカテゴリー
1	バイバイ	10か月	62.4	79.0	日課とあいさつ	
2	（イナイイナイ）バー	11か月	58.3	74.6	日課とあいさつ	
3	ちょうだい	12か月	67.7	65.7	日課とあいさつ	
4	マンマ（食べ物）	12か月	62.2	64.8	幼児語	食べ物
5	だめ	12か月	61.4	65.2	日課とあいさつ	
6	おいで	12か月	55.9	56.5	その他	
7	ワンワン（犬）	12か月	51.2	60.5	幼児語	動物
8	自分の名前	13か月	61.9	60.7	人々	
9	ネンネ	13か月	61.2	58.9	幼児語	動作語
10	パパ	13か月	57.6	45.4	人々	
11	あーあっ	13か月	56.8	60.4	幼児語	感嘆
12	ママ	13か月	54.7	47.3	人々	
13	ありがとう	13か月	52.5	48.7	日課とあいさつ	
14	どうぞ	13か月	52.5	49.6	日課とあいさつ	
15	だっこ	14か月	69.4	53.7	幼児語	動作語
16	はい	14か月	68.5	50.9	日課とあいさつ	
17	ごちそうさま	14か月	66.7	51.1	日課とあいさつ	
18	いただきます	14か月	65.8	50.0	日課とあいさつ	
19	ごはん（食事）	14か月	64.9	51.2	日課とあいさつ	
20	アイタ（いたい）	14か月	61.3	52.0	幼児語	ようす・性質

出所：小椋ら，2016より20語抽出し作成

の名前と同じストレスパターンの他の人の名前，異なるストレスパターンの他の人の名前の音声刺激が提示されたときに自分の名前の音声刺激を好んで聞くという実験結果（Mandel et al., 1995）が証拠として提示されている。ただ，これは意味を理解しているのではなく，よく聞く自分の名前の音のパターンを認識していることを示しているだけである。

　子どもは，日常生活で話されている言葉（フレーズ）を身振りや表情，イントネーションなどを手がかりに理解していく。日本の子どものコミュニケーション・言語発達を親の報告から評価する日本語マッカーサー乳幼児言語発達質問紙（日本語 CDIs と以下略記）（小椋・綿巻，2004；綿巻・小椋，2004；小椋ら，2016）の標準化データの結果では，「ダメダメに反応する」（たとえば，やっていることを一瞬やめる。言った人の顔を見る）は 8 か月で75.5%，10か月でほぼ90%の子どもが理解していた。また，「こっちへおいで」という言葉は10か月

第5章　話し言葉の発達

の子どもの55％が理解していた。「こっち」「おいで」という語を各々正確に理解して反応しているのでなく、全体としての文の意味を話し手の非言語行動を含めて、文脈全体の中から理解しているからこそ適切な行動をとることができるといえる。個々の語の理解は、よりあとに可能になる。日本語 CDIs の 8 〜18か月の各語彙項目の出現率を算出し、50％の子どもが到達した月齢を理解時期とすると、「こっち」は17か月で、「おいで」は12か月で理解ができるようになる。日本語 CDIs「語と身振り」版1,230名の標準化データから早期理解語20語を50％に到達する月齢が早い順に取り出し、表 5-1 に示した。

　早期理解語についての語彙カテゴリーをみると、人とのインタラクションに使われる「バイバイ」「ちょうだい」「だめ」「どうぞ」「ありがとう」「ごちそうさま」「はい」の「日課とあいさつ」の語彙カテゴリーに含まれる語や、「マンマ」「ワンワン」「ネンネ」「だっこ」の幼児語、「自分の名前」「ママ」「パパ」の語が早期に理解されていた。早期に理解される語と次に述べる早期に表出する語で重複しているものも多い。一方、動作を表す語は次に述べる早期表出語にはなかったが、「ネンネ」や「だっこ」のように動作を表す幼児語が早期理解語には含まれていた。子どもの生活に密着した語が早期に獲得されていくことがわかる。

（3）いつ頃どんな語を話すようになるのか？

　子どもは通常、10〜15か月の間に最初の語を発する。これらの最初の語はある特定の文脈に結びついた語であることが多い。たとえば、ある子どもは自分の家で飼っている犬だけに対して「ワンワン」といい、道でみかけた犬には「ワンワン」といわない例はよく観察される。特定の文脈だけに結びついた語から、いろいろな文脈で共通な意味をもつ語として使われたときに真の語となる。

　表出（言う）について日本語 CDIs の 8 〜36か月の標準化データ4,091名の各語の出現率（小椋ら、2016）、小林・永田（2008）の「goo ベビー」の Web 日誌による投稿からの早期出現語、小山（2009）の一女児の毎日の記録から早期表出語20語を取り出し表 5-2 に示した。3 種類のデータ収集の方法は異なるが、

第Ⅰ部　言語発達論

表5-2　データ収集方法を異にする日本の子どもの早期表出語20語

順位	日本語 CDIs 横断データ 小椋・綿巻（2008）		Web 日誌 小林・永田（2008）		一女児の縦断データ 小山（2009）	
	語彙項目	50%到達月齢	語彙項目	平均獲得月齢	語彙項目	出現月齢（月：日）
1	マンマ（食べ物）	15	まんま	14.4	マンマ	12：06
2	（イナイイナイ）バー	15	はい	15.6	ハーイ	13：11
3	ワンワン（犬）	15	ばー（いないいないばー）	15.6	ニャー	13：17
4	あーあっ	15	ママ	15.8	あった	14：06
5	バイバイ	16	パパ	15.9	ママ	14：07
6	はい	17	わんわん	16.4	テッテッテ(手)	14：16
7	ブーブ（車）	17	バイバイ	16.5	イタタタ	14：17
8	アイタ（いたい）	17	ないない	16.5	ジャージャー	15：04
9	ネンネ	17	おっぱい	16.8	ワンワン	15：17
10	ニャンニャン（ネコ）	17	ねんね	16.9	パパ	16：09
11	バーバ・ババ（祖母）	17	よいしょ	17.0	パンマン	16：16
12	クック（靴）	18	ニャンニャン	17.5	バーチャン	17：16
13	ないない（片づけ）	18	くっく	17.8	ジー	17：21
14	ママ	18	たっち	17.8	プリ（ン）	18：01
15	パン	19	おかあさん	18.1	ギュニュー	18：02
16	あった(見つけた時に)	19	アンパンマン	18.3	ジージー	18：08
17	だっこ	19	おとうさん	18.4	ポーン	18：08
18	お茶	19	どうぞ	18.5	ジャー	18：08
19	牛乳	19	パン	18.7	キティ	18：12
20	手	19	いや	18.7	ブーン	18：12

出所：小椋，2011

　初語が「まんま」であるのは 3 データで一致し，また，共通の早期語は小椋・綿巻と小林・永田の結果は20語中11語が一致，小椋・綿巻と小山で10語，小山と小林・永田は 7 語で，3 種類のデータで一致した語は 5 語（マンマ，はい（はーい），ワンワン，ママ，ニャンニャン（ニャー））であった。また，縦断観察の小山のデータは初語 3 語に達する月齢が13か月と早いが，日本語 CDIs，とWeb 日誌ではほぼ15か月で，20語に達した月齢は 3 種類のデータで18〜19か月であった。日本の子どもの早期表出語の内容はデータ収集方法が異なっていても，かなり共通性が高いといえる。

（4）理解（わかる）と表出（言う）

　子どもの中には語を理解しているが，言えない子どもがいる。語彙理解と語

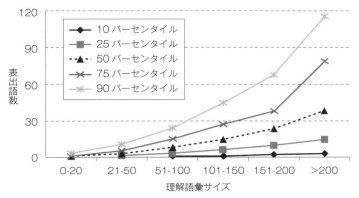

図 5-2　理解語彙サイズの違いによる表出語彙のパーセンタイル値
出所：小椋ら，2016

彙表出の関係はどのようになっているかみてみよう。日本語 CDIs の「語と身振り」版の標準化データから 8 〜18か月の表出語数と理解語数の年齢推移をみると，年齢にともない，表出語数も理解語数も上昇し，また理解語数のほうが表出語数よりも多い。また，8 〜18か月児の語彙理解と語彙表出の相関は .666であり，年齢の影響を除いた場合の偏相関も .508と高かった。このことは，語彙理解と語彙表出は密接に関連しているが，言語の領域で，表出するためには，理解のうえに他の能力が必要なことを示している。

　理解と表出が極端に乖離している子どもたちもいる。いずれの年齢もあわせて，理解語彙サイズを 0 〜20語，21〜50語，51〜100語，101〜150語，151〜200語，201語以上のグループに分けたときの表出語数の10，25，50，75，90パーセンタイル値を図 5-2 に示した。10パーセンタイルに位置する子どもは，理解語彙サイズが 0 〜100語までは表出語数が 0 語，理解語彙サイズ101〜150語の表出平均語数が0.7語，理解語彙サイズ151〜200語で表出平均語数が 2 語，理解語彙サイズ200語以上でも表出平均語数が 3 語であった。理解と表出の乖離が大きい子どもは，語の表出に必要な構音器官の微細な運動能力の遅れがあることも考えられる。また，フェンソン（Fenson et al., 1994）では理解と表出の乖離が大きい子どもは乖離が小さい子どもに比べて模倣が少ない，注意深いといった特徴があるかもしれないとしている。語の表出には子どもの気質も関

第Ⅰ部　言語発達論

係している可能性がある。

2　概念，意味の発達

（1）語の過大般用と過小般用

　子どもは時には「ワンワン」を犬だけでなく，ねこ，うま，うしなどのあらゆる四足動物に使ったり，大人の男性を「パパ」といったりするように語を大人の語の適用範囲よりも広く使う。これを過大般用（over-extention）という。反対に特定の文脈だけに限定された単語の使用，たとえば，自分のコップだけを指し示すのに「コップ」という場合は，過小般用（under-extention）という。このような現象は単語の意味について子どもが大人と同じ概念をもっていないことを示している。子どもが大人と同じ単語の意味（単語の概念）を獲得するためには，大人の概念と一致するかたちで事物，人物，出来事やそれらの関係についての概念を発達させなければならない。たとえば，子どもが「ネコ」という言葉を理解するためには，──①その単語が四足の毛に覆われた尻尾とひげをもつ「ニャーニャー」という声を出す生き物であることを知っている。②状況や文脈が若干異なっても，たとえば，その子どもが飼っているネコも道を歩いているネコも「ネコ」であることを知っている。③他の単語と組み合わされたときにもその単語の意味がわかる。たとえば，大きい，小さい，かわいい，こわいといった言葉が「ネコ」と組み合わされたときもその違いを理解している。④「ネコ」という単語は，他の語と共通した特徴（四足で，生きている，動くなど）から「動物」というカテゴリーに入ることを知っている。──という4つのことが必要である。子どもがもつ単語の概念と大人の概念が一致するようになるには就学頃までかかる。子どもが話したことに対して大人が応答するなどの周囲の環境からのフィードバックは，子どもが単語の意味を調整するのに大きな役割を果たしている。

（2）日本の子どもの理解語彙と表出語彙の意味分野の発達

　子どもが獲得する意味分野は年齢によりどのように変化していくのであろうか。小椋ら（2016）は理解語彙と表出語彙の意味分野の発達を次の3つの方法で検討した。第1の方法は日本語 CDIs の「語と身振り」版の語彙チェックリストの20のカテゴリー別語数，および「語と文法」版の22のカテゴリー別語数が各カテゴリーのリスト語総数に占める割合から，第2の方法は50％の子どもたちが到達する月齢からみた早期表出語50語，早期理解語50語から，第3の方法は普通名詞，述部，閉じた語類，社会語，幼児語の語彙カテゴリーの種類別の語数の総語数に占める割合から検討した。3つの方法での結果は一致していた。ここでは第3の方法で行った5つの語彙カテゴリーが総理解語数，総表出語数に占める割合の年齢変化について紹介しよう。5つの語彙カテゴリーはカセリら（Caselli et al., 1995）やベイツら（Bates et al., 1994）を参考に以下のようにまとめたものである。普通名詞（common noun：名詞カテゴリー〔動物の名前，乗り物，おもちゃ，食べ物と飲み物，衣類，体の部分，家具と部屋，家庭用品のカテゴリーの語彙〕），述部（predicate；〔動詞カテゴリー〕と形容詞〔ようす・性質のカテゴリーの語彙〕），閉じた語類（closed class；代名詞，質問，位置・場所，数量のカテゴリーと文版では接続語），社会語（日課，会話語のカテゴリーの語彙），幼児語の語彙カテゴリーを設定した。

　図5-3に5種類の語彙カテゴリーの総理解語数に占める割合の年齢推移を示した。13か月までは総理解語数に占める比率が高いのは社会語と幼児語であるが，14か月から普通名詞が占める割合が一番高くなり，また，16か月からは述部の占める割合が普通名詞の次に高くなった。閉じた語類は8～18か月を通じて総理解語数に占める割合は一番低かった。

　次に表出語彙のカテゴリーについて，10～18か月の「語と身振り」版の結果からみてみよう。紙面の都合で図は省略するが，18か月まで幼児語が総表出語数に占める割合は第1位である。第2位は17か月までは社会語であったが，18か月で社会語と有意な差はないが普通名詞が第2位となった。第3位は17か月までが普通名詞，第4位は述部，第5位は閉じた語類であった。

第Ⅰ部　言語発達論

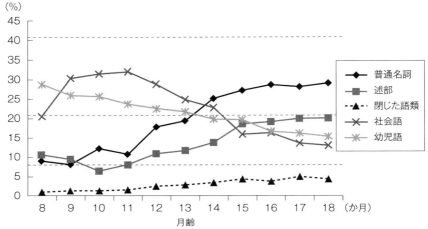

図5-3　5種類の語彙カテゴリーの総理解語数に占める割合の年齢推移（「語と身振り」版）
注：点線は総リスト語数に占める語彙類の割合（上から普通名詞，述部，閉じた語類を示す）
出所：小椋ら，2016

　「語と文法」版の16〜36か月児の表出語彙の5種類のカテゴリーの総表出語数に占める割合の年齢推移を図5-4に示した。18か月までは総表出語数に占める割合は幼児語が第1位，社会語が第2位であったが，19か月，20か月で幼児語と普通名詞の割合がほぼ同じとなり，21か月で総表出語数に占める普通名詞の割合が第1位となり，21か月から36か月まで普通名詞が総表出語数に占める割合は第1位であった。第2位は23か月までは幼児語であったが，24か月から述部の語彙類が占める割合が第2位となり，その後，36か月まで述部の語彙類は普通名詞に続き第2位を占めていた。幼児語は16〜19か月では第1位であったが，その後減少し，31か月からは5つの語彙類で有意に一番低い割合となった。社会語は16か月では幼児語に続き，総表出語に占める割合は第2位であったが，年齢にともない減少し，19か月から21か月までは第3位，23か月から36か月まで第4位であった。閉じた語類は16か月から28か月までは最下位であったが，29か月で第4位の幼児語が総表出語に占める割合と有意な差はなくなり，31か月からは普通名詞，述部に続き第3位の割合であった。

　日本の子どもの語彙カテゴリーの発達をまとめると，理解語彙，表出語彙とも，幼児語の獲得が早期になされていた。理解，表出とも獲得早期には幼児語，

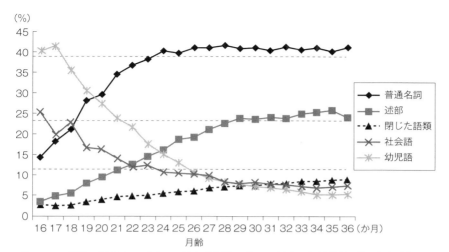

図5-4　5種類の語彙カテゴリーの総表出語数に占める割合の年齢推移（「語と文法」版）
注：点線は総リスト語数に占める語彙類の割合（上から普通名詞，述部，閉じた語類を示す）
出所：小椋ら，2016

社会語の語彙カテゴリーの語が総語数に占める比率が高いが，事物の名前をあらわす普通名詞が理解では14か月から，表出では21か月から有意に高くなった。幼児語は理解，表出とも年齢にともない総語数に占める比率は減少した。表出で31か月からは幼児語は5種類に分けた語彙カテゴリーでは最低の比率となった。述部の理解は16か月からは名詞の次に総理解語数に占める比率が高くなり，表出では総表出語数に占める比率は25か月から名詞，社会語の次の第3位であった。閉じた語類は総理解語数に占める割合は8～18か月で一番低かった。総表出語数に占める割合も30か月までは一番低く，31か月からは第4位であった。

（3）物の名前は動作を表す語よりもはやく獲得される

英語圏をはじめ，いろいろな言語を獲得する子どもの観察や質問紙調査でも早期に獲得される語の中では，名詞の占める割合が高いことはたくさんの研究で報告されてきた（Bornstein et al., 2004; Ogura et al., 2006など）。

ゲントナーとボロディツキー（Gentner & Boroditsky, 2001）は，①初期の子どもの語彙では，"人や物のような具体的概念"を記号化する名詞は，活動概

第Ⅰ部　言語発達論

念を記号化する動詞よりも認知的に利用するのが容易である（自然分割仮説：Natural partition hypothesis），②われわれが知覚世界を語彙化するとき，動詞や前置詞のような関係を表す語の意味は言語ごとに決められたシステムがあり，名詞類にくらべ，言語による差異が大きい，③動詞は概念から語への対応関係が多様であることからいろいろなマッピングの可能性があり，言語により自由度が高い。子どもが動詞や関係を表す語を学習するには，彼らの言語がどのように知覚世界の要素をむすびつけるかを発見しなければならない（関係相対性仮説：Relational relativity hypothesis）ので，名詞よりも獲得が難しいとしている。

　名詞が獲得しやすい語類であることは，**指示対象と語のマッピングを容易に**し，事物カテゴリーの形成を促進するバイアス（bias）や制約（constraint）を子どもがもっているという立場からも説明できる。子どもが生得的に有する事物全体仮定（whole object assumption：新奇な語を聞くと，その語は事物の部分や，属性や，あるいは活動ではなく，事物全体を指示すると仮定する）やカテゴリー仮定（taxonomic assumption：その語は，もとの事物と同じカテゴリーの事物に拡張できる）（Markman, 1989），**名詞―カテゴリーバイアス**（noun-category bias：語彙獲得過程において，最初に事物に割り当てられた語がその事物やその種類の他の事物を指示していると解釈するバイアス；Waxman, 1991）や，**形バイアス**（shape bias：可算名詞を聞くと事物の形に注目し，名詞を同じ形をもつ物に結び付けるバイアス；Landau et al., 1988）といった認知的制約は名詞獲得を容易にする。一方，動詞学習の問題は動詞が符号化している基底にある概念を学ぶことよりも行為や事象に動詞をマッピングすることにある。ゴリンコフとハーシュパセック（Golinkoff & Hirsh-Pasek, 2008）によれば，**動詞のマッピング**のいくつかの側面は子どもにとって難しい。第1に動詞は本来，関係を表すものであるが，関与する行為者と事物の方が通常は関係を表す行為そのものよりも目立っている。第2に，動詞は知覚的手がかりを利用できないものが多く（たとえば know とか want），また，関係のわずかな違いが大きな意味の違いを生ずる場合も多い（たとえば，chase〔追いかける〕と flee〔逃げだす〕）ので，子どもは動詞を学ぶのに社会的手がかりや言語的手がかりなどを必要とする。第3に動詞が命名す

る事象は言語で異なっている。プーリン・デュボワとグラハム（Pouline-Dubois & Graham, 2007）によると，動詞を学習するには子どもは現在起こっている事象のどの側面が指し示されているのかを判断しなければならない。動詞は動きの様態（歩く／走る），話者に関係する方向（行く／来る），必要とされる道具（スプーン／ペダル），あるいは達せられた結果（一杯／空）などのようなたくさんの意味的要素から解釈しなければならない。さらに，子どもたちが動詞の意味獲得に対する指示対象の妨げを乗り越えるには，子ども自身の意味理解や統語理解に頼るのと同様に，行為者の意図や話者が意味する意図を解釈しなければならない。

　一方，マグワイアら（Maguire et al., 2006）は，動詞，名詞は概念的観点から二分的カテゴリーシステムに分類されるのでなく，むしろ連続体として処理されるという考えを提案している。語学習に寄与する要因として，形（shape），個別性（individuation），具体性（concreteness），心像性（imageability）を挙げ，これら4つの要因の頭文字をとって命名したSICI連続体（SICI continuum）で，動詞と指示する事象のマッピングの複雑さを説明できるとしている。図5-5にSICI連続体を示した。動詞は一般にSICI連続体のより抽象的な端に位置し，マッピングは曖昧で，意味を推測するのにたくさんの手がかりを必要としている。

3　意味を推測するための手がかり

　音声と意味を一つひとつ連合させて子どもが語を学習しているならば，1歳半をすぎた多くの子どもに観察される語彙の急増は起こらないだろう。子どもはどのようにして，単語の意味を獲得していくのだろうか。次に子どもの語学習（word learning）のメカニズムについてみてみよう。

　ホリッチら（Hollich et al., 2000）は語の意味は，乳児に賦与されている生得的な制約と環境との相互作用の結果，創発してくると考え，語学習のいくつかの過程を想定した創発連立モデル（emergentist coalition model of word learning：ECMモデル）を提案している。最初は注意／連合過程（知覚的に目立つ，時間

第 I 部　言語発達論

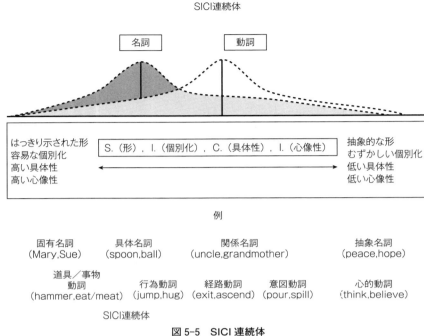

図 5-5　SICI 連続体
出所：Maguire et al., 2006をもとに作成（小椋，2011より転載）

的な随伴，新奇性など）ではじまるが，次第に社会的手がかり（視線，指さし，話し手の意図など）に依存する過程になると考えている。創発とは部分間の局所的な相互作用の結果，全体が現れ，その全体が部分への環境となり，それによってあらたな秩序が形成されるプロセスである。語意も，乳児に賦与されている生得的な制約と環境との相互作用の結果，創発されると考えられる。ホリッチら（Hollich et al., 2000）は図5-6のような発達にともなう語獲得の原理を示している。第1の層は12か月頃に現れ，指示（語は事物，行為，事象にマップされる）；拡張（語はもとの指示物だけを指しているのでなく，むしろ事物，行為，事象のカテゴリーを指示する）；事物の範囲（語は事物の部分よりも事物全体，また，行為よりも事物を指示する）の原理であり，マークマン（Markman, 1989）が提案した生得的な認知的制約の原理に対応していると考えられる。

　第1の層の原理から，次の3つの原理——N3C（新奇な名前は新奇なカテゴ

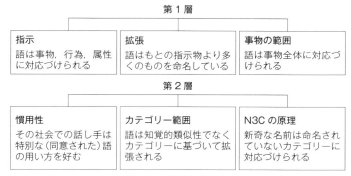

図 5-6 語学習の原理
出所：Hollich et al., 2000をもとに作成（小椋, 2005より転載）

リーをラベルしている），カテゴリー範囲（語は分類学的カテゴリーをラベルしている），慣用性（物事に対して社会で同意された名前を使用する）――が生じる。第2層のこれらの要素が語彙急増により特徴づけられるように，成熟した語学習へ子どもが発進するのを助ける。原理自身は発達とともに変化をし，語学習の経験といくつかの生得的なバイアスが結合することにより出現する。現実の世界では，子どもたちは社会的，注意，認知，言語の手がかりを新しい語を学習するときに用いるので，このモデルは語学習に影響を及ぼす様々な要因が組み入れられている。使用される手がかりは発達にともない変化し，図5-7に示されるように，子どもははじめ，知覚的に目立つとか，時間的に接近しているといった注意の手がかりを使用し，視線のような微妙な手がかりは後になって用いられるようになる。

　語学習の原理は早期の発達での語学習を可能にする知覚的めだちやすさ，時間的接近，新奇性のような注意／連合要因の産物である一方，次に続く発達のエンジンとなる。ホリッチらは12か月，19か月，24か月児に横断的に一連の実験を行った。その結果から，12か月児は視線のような社会的手がかりに比べ知覚的に目立つ手がかりに敏感だった。一方19か月児では依然として知覚的手がかりが優位だったが，社会的手がかりも重要になり，24か月では社会的な情報が知覚的な手がかりよりも優先されるようになった。語の学習に寄与する手がかりの重みづけは発達とともに変化していく。言葉が発せられたとき，子ども

第Ⅰ部　言語発達論

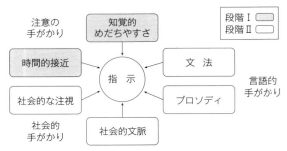

図 5-7　指示（reference）に対して実行される連立モデル
注：指示とは語とそれが表す物，行為，出来事，特性との関係のこと。たとえば，「inu」という音声（語）を聞いたときに実世界の「いぬ」という物体（指示対象）と対応づけること。
　　段階Ⅰは語を学習しはじめた子どもが頼る手がかりで，段階Ⅱはより経験してきた語学習者が頼る手がかり。
出所：Hollich et al., 2000, p.24をもとに作成（小椋，2005より転載）

は発せられた状況の中で大人の視線や表情を手がかりとして大人の発話の意図を推測していく。社会的手がかりが利用できるようになるのはホリッチら（Hollich et al., 2000）の実験では1歳半以降だということになる。子どもが社会的な意図の重要さに気がつき，話し手の視点（perspectives）から語を事物に対応づけることができるようになると，熟達した語の学習者となる。語の学習に寄与する手がかりの重みづけは発達とともに変化していくのである。

　前述の2．（2）でみてきたように早期に獲得されると紹介した幼児語は，ホリッチら（Hollich et al., 2000）の語学習の原理から考えると，幼児語は事物の一部を含む擬音語・擬態語の語が多く，指示している対象の推測が容易で，音声面では言語入力において音の繰り返しや入力の際の周波数が高く注意の手がかりが有効に働くと考えられる。また，社会語は日常場面で繰り返し入力される語であることから獲得が容易とも考えられる。

　ホリッチらの実験では社会的手がかりは1歳半以降で子どもが使用するようになったが，他者の注意が向けられている焦点がわかる追随注視（gaze following）は重要な人間の社会的技能であり10か月頃に可能になることが多くの研究で報告されている。たとえば，ブルックスとメルツォフ（Brooks & Meltzoff, 2005）は9，10，11か月の乳児と実験者が対面して目を閉じてターゲットを見

たときと，目を開けてターゲットを見たときの反応を比べ，9か月児は開眼と閉眼の区別はできていなかったが，10か月頃から他者の目が重要であることを子どもが理解しはじめていることを示している。また，10，11か月で発声をともない視線追従した子どもは追跡14，18か月時点の指示理解，語彙理解の得点が高かったことも報告している。他者の視線の理解と随伴する子どもの発声がその後の言語発達を予測するといえる。

　認知的制約と社会的手がかりを知る能力は子ども側の要因である。これらはヒトという種にプログラムされている能力であるが，これらが発揮できるように，また，うまく働くように調整しているのはまわりの養育者である。大人が子どもに話しかけるときには何を指示しているか子どもがわかるように，子どもの言葉の発達に応じて指さしなどの身振りや視線を使い，抑揚をつけてはっきりと話しかけてあげることが言葉の発達を促していくと考えられる。

　さらに子どもは統語の発達により，統語知識を使って新しい語の意味を推定するようにもなる。この現象は**統語的初期駆動**（syntactic bootstrapping）といわれている。たとえば，「パンをフェップ」という言葉を聞いたときと，「フェップを食べる」と聞いたとき，前者のフェップは動詞範疇の語を意味する，後者のフェップは名詞範疇の物を意味していると推測するであろう。子どもは文法的な知識をもつようになると統語的な手がかりから語の意味を子どもは推測するようになる。

4　構文の発達

（1）二語発話の出現

　子どもが単語だけ言ったときには聞き手である大人が，子どもの言いたいことを子どもの表情，身振りなどの場面の手がかりから推察する。二語をつなげて発することができれば，子どもは自ら言いたいことの意味を明確に相手に伝えることができるようになる。**構文の発達**は，単語をつなげたり，単語に助詞をつけることからはじまる。日本語 CDIs「語と文法」版には，「お子さんは

第Ⅰ部　言語発達論

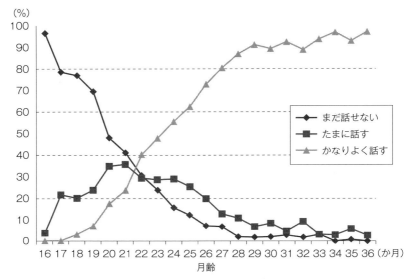

図 5-8　語結合の年齢推移
出所：小椋・綿巻・稲葉，2016を改変

　もう二語文がはなせますか。たとえば，「お母ちゃん　だっこ」「ねんね　する」「ブーブー　乗った」などです。」の質問に「まだ話せない」「たまに話す」「かなりよく話す」のどれかを選択する項目がある。各項目の16～36か月の出現率を図5-8に示した。「まだ話せない」の出現率は19か月が69％であったが，20か月で48％に減少し，「たまに話す，かなりよく話す」と答えたのが20か月で52％，24か月で84％だった。「かなりよく話す」は24か月で55％であった。2歳の誕生日を迎える頃には多くの子どもが語を結合するようになる。
　語結合の発達でも個人差が大きく，年齢よりも子どもが話す語彙数のほうが語結合と関係があるといわれている。表出語数が50～100語（一般的には18～20か月）になると，2つの語をつなげることができるようになる。日本の子どもの語数と語結合の関係は語彙サイズが50語以下で1割弱の子どもが語を結合しはじめ，100語を超えると80％以上の子どもは語結合を言うようになる。
　二語発話が可能になることにより，きわめて多くの意味関係の叙述が可能となる。綿巻（2001）は二語発話で表現される10個のよく使われる統語─意味関

106

第5章 話し言葉の発達

表5-3 二語発話の主要な統語—意味関係

統語=意味関係	例　文	年　齢					計	占有率
		1:8	1:9	1:10	1:11	2:0		(%)
これ＋物の名称	これ　ウサギ	1	8	23	81	10	123	14
行為者—行為	フミちゃん　帰った	4	17	20	29	33	103	12
存在物—存在・発見	写真が　あった		3	25	23	14	65	8
対象—行為	さかな　食べた	6	9	6	29	13	63	7
非有生主体—動き	ニュース　終ったね	1	8	8	15	15	47	5
要求対象—要求	リンゴ　要る	6	9	7	16	9	47	5
所有者—所有物	お父さんの　おズボン	4	3	9	5	7	28	3
交換対象—交換	お薬　もらった		5	7	6	9	27	3
行先—移動	公園　行こう	1	1	6	2	7	17	2
場所的対象—行為	ブブ　乗ると	1	1	2	9	3	16	2
計（異なり発話数）		24	64	113	215	120	536	62
当月の二語発話数（異なり発話の数）		29	89	194	345	208	865	

注：占有率は各統語—意味関係の発話数を「当月の二語発話数」で割った値
出所：綿巻，2001

係を挙げている。表5-3に日本語での例とともに表示した。1歳8か月から2歳までの1人の女児の二語発話の意味関係をみると，「これ＋物の名前」（たとえば，「これ　ウサギ」）が二語発話に占める占有率が一番高く，次が「行為者—行為」（たとえば，「フミちゃん　帰った」）であった。

（2）幼児の構文の発達

大久保（1984）は構文の発達とは以下の4つであるとしている。
① 一文が長くなること：一文節から多文節への方向で一文が長くなる。
② 文構造が複雑になること：二文以上が従属の関係あるいは挿入の関係で連結して一文を構成するようになる。
③ 単語の種類が増えること：使用語句が増えるとともに，文の中で適切な位置で使えることである。たとえば，a．身のまわりの語から文化的・社会的語へ，具体名詞から抽象名詞へと使用される語彙が広がる。b．用言の活用部分は連用形から仮定形の方向で発達し，受身・可能・使役・推量等をあらわす述語部分（助動詞）や文末の終助詞が使えるようになる。c．関係をあらわす助詞は格助詞から接続助詞，副助詞への方向で使用するこ

第Ⅰ部　言語発達論

とができるようになる。

④　報告・判断などを述べる平叙文が多くなること：呼びかけ・感嘆・抗議・応答・要求・命令・質問・反復・練習・ひとりごとなどの一語文ですませていた発話に替わって自分の気持ちやその場の状況あるいは自分の判断を述べる平叙文（多語文・従属文）で多く話すようになる。状況依存的な文が少なくなり，言葉だけで他人が理解できるように表現することが可能になる。

　2歳前後に二語文を話すようになり，助詞，助動詞の使用がはじまり，過去のこと，自分の意志，否定，願望などの表現ができるようになる。

　2歳半前後には多語文，従属文が使われるようになり，また接続助詞を使った従属文が言えるようになる。たとえば，「パパト　アラッタカラ　ダイジョウブ」「オバチャン　ココニ　オイタラ　ツカナイヨ」「マタ　ケンカスルカラ　イヤナノ」などの例を大久保は挙げている。

　3歳前後は文章構成期で，接続詞の「それで」「だから」「そしたら」「そして」を使い文と文を結合するようになる。一度に発話する文の数が多くなり，しかも互いに関連をもった「段落＋段落＋段落＝文章（談話）」を構成できるようになる。大久保は3歳女児の例として以下の発話を挙げている。

　「キョウ　ママゴト　シテネ，ミーチャント　オニワデ　アソンデ　マックロクシテネ，オウチ　ハイッテキテネ，オネェチャン，フイテッテ　フイテモラッタンダ。ソシテ　オネェチャン　オコラレチャッタ」。

　大久保は3歳台を母国語習得の一応の完成期とみている。日常場面で自分の気持ちを述べ，要求し，質問することができるようになるからである。綿巻（2001）によれば，文法知識の獲得には古い知識を利用して新しい知識を獲得する戦略と，文法の種子ともいえる文法要素をまずたくさん手にいれ，次にそれを育てる戦略が使われるとしている。

（3）日本語獲得児の文法要素の獲得

　語と語を一定のルールに従って結合し，構造化された発話をすることは人間言語の最も重要な特徴である。文法とは言語を構成する諸要素の間にみられる

第 5 章　話し言葉の発達

法則性を指し，形態論（語形規則）と統語論（統語規則）を含んでいる。形態論は語レベルでの構造の分析を含む。語をつくり，いろいろな言語文脈で意味を変えるために，どのように形態素（意味の最少単位）が統合され，結合されているかに焦点をあてるものである。英語では複数 s，過去形 ed のような接尾辞（suffix）や undo の un のような接頭辞（prefix）を含んでいる。これらは拘束形態素（bound morpheme）と呼ばれている。もう 1 つの文法の側面は統語（syntax）で，語のレベルをこえて，節や文のレベルの構造に焦点をあてている。統語の研究は語順のような文法構造を支配する原理を明らかにすることである。英語などと異なり日本語のような膠着型の言語（独立した単語を，助詞や助動詞によってつなぎ合わせることで，文章を表現する言語。助詞や助動詞が膠のような役割を果たすことに着目して，膠着型と名づけられた）では語形規則が文法の中核を占めているので，日本語児の文法発達では，語形，つまり助詞や助動詞などの文法形態素の発達を検討することが重要になる。

　次に日本語の文法発達の重要な側面である助詞や助動詞などの文法形態素の発達を日本語 CDIs「語と文法」版の結果からみてみよう。

①　助詞の獲得

　日本語 CDIs「語と文法」版では格助詞 9 項目（「が」「の」「に」「を」「で」「へ」「から」「って」「と（格助詞・接続助詞）」），係・副助詞 4 項目（「は」「も」「だけ」「しか」），接続助詞 6 項目（「や」「たら」「から」「ので」「のに」「て（接続助詞・終助詞）」），終助詞 6 項目（「ね」「よ」「の」「わ」「か」「かな」）の計25項目の助詞について子どもが言うかを尋ねた。項目の提示にあたっては，たとえば，「が（お母さんが）」のように，当該の助詞の後ろに，例となる単語に付加した場合の実例を提示した。16か月から36か月の各月齢で何パーセントの子どもが当該の文法項目を使うか（言うか）を表す比率を算出し，50％の子どもが言う月齢をその文法項目を言う到達月齢とした。綿巻（2016）は，日本語CDIs の25項目の助詞の発達の早さ，意味・語用機能，文法機能について表5-4 のようにまとめている。

　相手とのコミュニケーション関係をより緊密にする助詞（聞き手から共感や

第Ⅰ部　言語発達論

表 5-4　発達経過からみた助詞の下位型と意味文法上の特徴との関係

意味・語用カテゴリー	早さ	50%到達月齢	助詞（全使用者率）	表現される意味内容	助詞種	質問紙掲載例
社会・対人関係	早 早	21 24	の (71.9) と (59.8)	所有者 仲間，共同行為者，共同性	格 格	パパの お母さんと
伝達態度	早 早 早 早 早 	22 24 24 29 27 33 >36	ね (63.9) て (62.3) よ (48.9) か (39.4) の (37.9) かな (27.8) わ (12.5)	共感獲得，情報共有，共同性 依頼，請求，命令 コメント，主張，新情報 質問，疑問，勧誘 質問，訴えかけ 不確定，疑問，弱い願望 女性言葉	終 終・接 終 終 終 終 終	きれいね 取って 熱いよ 食べようか もらったの 行こうかな かわいいわ
命題	早 早 早	24 25 27	も (58.8) は (52.0) って (43.3)	同類提示，並立，付加 主題，提題，焦点 引用内容，説明内容	係・副 係・副 格	ママも パパは ガチャンって
認知（動きの主体）	早	27	が (46.5)	主格，行為者，動作者	格	お母さんが
認知（時空間）	早 早 	27 27 34 >36	に (39.4) から (41.0) から (20.3) へ (17.9)	行き先 時間（先行事象，順序） 空間（場所，時間），起点，起源 方向，場所	格 接 格 格	お外に 食べてから 会社から 公園へ
認知（事物）		30 36	で (29.2) を (18.0)	道具，手段 行為・作用を被る対象	格 格	鉛筆で パンを
認知（焦点）		30 >36 36	だけ (31.4) や (14.2) しか (14.0)	限定 列挙，並列 限定	係・副 接 係・副	ごはんだけ リンゴや パンしか
認知（接続・条件，論理）		30 33 >36	たら (30.2) のに (23.7) ので (3.9)	条件（仮定） 条件（逆接） 条件（原因，理由），因果	接 接 接	食べたら 入れたのに 落ちたので

注：「早」が付された助詞は50%到達月齢からみた発達の早い助詞であることを示す。
　　助詞全使用者率は16〜36か月児の子どもが「言う」の出現率。
出所：小椋ら，2016より一部改変

同意を得やすくするための終助詞「ね」，語調を緩和する「の」，報知／コメントの
「よ」），「**発話内の力**」（illocutionary force）をより明示的に表現するための助詞
（依頼／命令の「て」），社会関係に関する知識を言語化するための助詞（所有者
が誰であるかを表す「の」，仲間，共同行為者，共同性を表す「と」）は早くから発
達し，文法のはじまりは社会的知識や社会関係を表現するものとしてはじまる
としている。これらに加えて，統語構造の発達と密接に関連し，言及対象を話
題（トピック）として提示する「は」，言及対象を同類の事物として提示する
「も」，ある行為や動きを行う動作主を示す「が」，時空間に関する概念の中で

110

も行き先／在りかを示す「に」，時間／順序が先行することを示す「から」も相対的に早くから使われていた。一方，相対的に遅れて使われはじめたのは，時空間に関わる概念の中でも方向を表す「へ」，出発点／起点を表す「から」，また行為・動作がなされる対象を示す「を」，道具を示す「で」，対象範囲や焦点を限定する「だけ」「しか」，言及対象を複数のものへ広げる「や」，出来事や観念を一続きの条件関係，接続関係として提示する仮定の「たら」，逆接の「のに」，理由「ので」等であった。子どもが認知した周囲の出来事や事物をより精緻に，より論理的に言語化するための助詞は相対的に遅く発達していた。

② 助詞の誤用

横山（2008）は，子どもの助詞の誤用を報告している。個人差はあるが，誤用の特徴として，置換誤用（本来使われるべき助詞のかわりに他の助詞が用いられている。例：シンカンセン<u>ガ</u>　ノリタイ（2歳2か月3日）[ニ → ガ]）が一番多かった。さらに置換による誤用について本来使われるべき助詞の種類と誤用している助詞の種類の関係をみると，格助詞が他の格助詞に置換されている誤用がほとんどであった。次に多い誤用が付加誤用（①用言や連体詞が体言を修飾する際，修飾語であるそれらの語と被修飾語である体言の間に，本来必要がない助詞のノを挿入する誤用（例：マルイ<u>ノ</u>　ウンチ（2歳0か月26日）[不要なノの付加]），②不要な助詞を付加させる誤用（例：カミナラ<u>モ</u>　コンナカニ　ハットーヨ（2歳9か月19日）[不要なモの付加]）で，①のような連体修飾において修飾語のあとに「ノ」を付属させる誤用が高い割合を占めていた。

もう1つの誤用は接続誤用（例：オーキー<u>ハ</u>　ココ　オキマス（3歳1か月14日）[大きいのは]）で，この誤用はわずかであった。これらの誤用は正用が現れている時期にも一貫して現れていた。助詞の誤用は最初から現れるわけではなく，少数の正用の助詞が出現したあと，1歳台の末から正用と共存して現れ，その後，消失して正用だけが産出されるようになると考えられる。

横山は誤用には2つの要因が関与しているとしている。第1は誤用される助詞と本来用いられるべき助詞，あるいは異なる助詞によって構成された修飾語と被修飾語の間に見られる「文法的類似性の要因」，第2は発達的に先行して

第Ⅰ部　言語発達論

現れた特定の「自立語＋助詞」を１つの固定的なセットとして，そのまま文法関係の異なる発話にも適用する「模倣・機械的適用の要因」が関与していると考えられる（横山，2008）。

③　助動詞の獲得

　助動詞は用言につき，いろいろな意味を加え，叙述を助けたり，体言その他の語につき，叙述の意味を加える働きをもっている。助動詞を使用することにより，子どもは自分が表現したい心的態度を表現できるようになってきたことを示している。

　日本語CDIs「語と文法」版の標準化データの結果から助動詞の獲得についてみてみよう。日本語CDIs「語と文法」版では30項目の助動詞について子どもが言うかを尋ねた。30項目の内訳は丁寧４項目（「～ます」「～ました」「～ましょう」「～ません」），平叙体２項目（「～る」「～た」），使役６項目（「～させる」「～させた」「～させない」「～せる」「～せた」「～せない」），否定３項目（「～ない」「～ん」「～なかった」），勧誘２項目（「～よう」「～う」），意志３項目（「～たい」「～たかった」「～たくない」），受け身・可能６項目（「～られる」「～られた」「～られない」「～れる」「～れた」「～れない」），推量１項目（「～でしょう」），断定３項目（「～です」「～だ」「～じゃない」）である。助詞の場合と同様，「～られる（食べられる）」のように当該の助動詞の後ろに例となる単語に付加した実例を提示した。16か月から36か月の各月齢で何パーセントの子どもが当該の文法項目を使うか（言うか）を表す比率を算出し，50％の子どもが言う月齢をその文法項目を言う到達月齢とし到達月齢が早い順に助動詞を表5-5に表示した。

　綿巻（2016，2017）によれば，２歳前期（月齢24～27か月）に，動詞の最も基本的な形ともいえる非完了相の「る」，完了相の「た」に加えて，時に関わる表現として行為や事象の持続，状態を表す「てる」が獲得される。また，願望「たい」，否定「ない」の助動詞が獲得される。次の２歳中期（月齢28～31か月）には，意志「う」「よう」と断定「だ」が獲得される。これらに加えて，助動詞と助動詞を複合させた複合助動詞の過去／願望「たかった」，否定的断定「じゃない」も獲得される。さらに次の２歳後期（月齢32～35か月）になると，

第5章　話し言葉の発達

表 5-5　助動詞の獲得月齢

助動詞	50％到達月齢	全使用者率	表現される意味内容	日本語 CDIs 掲載例
C05「〜る」	24か月	57.6	非完了（現在／未来）	食べる
C06「〜た」	24か月	57.7	完了	食べた
C13「〜ない」	25か月	49.2	否定	食べない
C18「〜たい」	26か月	50.1	意志／願望	食べたい
C16「〜よう」	29か月	33.8	意志／勧誘	食べよう
C29「〜だ」	29か月	33.7	断定／完了	パンだ
C30「〜じゃない」	29か月	33.7	否定	パンじゃない
C17「〜う」	31か月	31.4	意志／勧誘	飲もう
C19「〜たかった」	31か月	27.3	意志／希望・完了	食べたかった
C25「〜れた」	32か月	26.6	受け身／可能・完了	食べれた
C20「〜たくない」	33か月	24.8	意志／希望・否定	食べたくない
C21「〜られる」	33か月	22.0	受け身／可能	食べられる
C24「〜れる」	33か月	21.2	受け身／可能	食べれる
C26「〜れない」	33か月	22.7	受け身／可能・否定	食べれない
C15「〜なかった」	35か月	22.4	否定・完了	食べなかった
C22「〜られた」	35か月	17.4	受け身／可能・完了	食べられた
C23「〜られない」	35か月	18.9	受け身／可能・否定	食べられない
C07「〜させる」	36か月	16.4	使役	食べさせる
C01「〜ます」	＞36	16.0	丁寧	食べます
C28「〜です」	＞36	15.6	丁寧	パンです
C14「〜ん」	＞36	15.2	否定	食べん
C10「〜せる」	＞36	14.8	使役	飲ませる
C11「〜せた」	＞36	12.8	使役・完了	飲ませた
C08「〜させた」	＞36	11.6	使役・完了	食べさせた
C02「〜ました」	＞36	11.0	丁寧・完了	食べました
C03「〜ましょう」	＞36	9.2	丁寧・意志／勧誘	食べましょう
C27「〜でしょう」	＞36	8.6	丁寧・推量	食べるでしょう
C04「〜ません」	＞36	7.3	丁寧・否定	食べません
C12「〜せない」	＞36	6.5	使役・否定	飲ませない
C09「〜させない」	＞36	5.8	使役・否定	食べさせない

注：＞36は36か月になっても50％の出現率に達しなかったことを示す。
　　全使用者率は16〜36か月の子どもが「言う」の出現率。
出所：小椋・綿巻（未発表）

受動／可能の「れる」「られる」が獲得される。このほかにも，「たくない」「なかった」「られない」「れない」「れた」「られた」など，受動／可能や願望と否定を組み合わせたもの，受動／願望と過去を組み合わせた複合助動詞も獲得される。そして，3歳初頭には，使役助動詞「させる」が獲得される。「です」「ます」の丁寧表現の使用は低く，やがて3歳以降になってから，「ます」

第 I 部　言語発達論

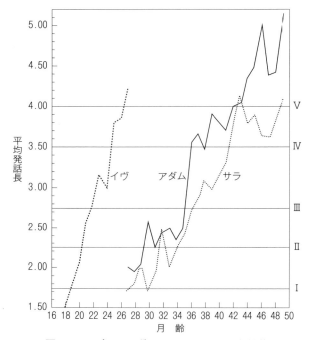

図 5-9　アダム，イヴ，サラの MLU の月齢推移
出所：Brown, 1973（綿巻, 2001）より作成

「です」の丁寧表現が獲得されるであろうことを示唆しているとしている。

④　文法の発達を評価する指標としての平均発話長

　統語発達の指標として**平均発話長**（Mean Length of Utterance：**MLU**）が英語圏では頻繁に用いられている。MLU はブラウン（Brown, 1973）が考案した文法指標で，発話資料から取り出された100個の発話サンプルが1発話あたり，平均何個の形態素を含んでいるかを表したものである。形態素とは意味をもつ最小単位で，英語で例を示すと unkindness は un, kind, ness で形態素数を3，went は形態素数を1とカウントし，wanted は want と ed で2形態素とカウントする。ブラウンが調べた男児アダム，女児イヴ，女児サラの MLU の増加は図 5-9 のように個人差はあるが，年齢増加にともない MLU が増大している。

　前述のとおり，日本語は膠着言語であるため，英語ほどには意味の最小単位

第 5 章　話し言葉の発達

表 5-6　4 歳までの平均発話長（MLU）発達と助詞の使用

段階	平均発話長	最大発話長	月齢のめやす	特徴	助詞の初出使用例
Ⅰ 初期	1.05〜1.50		19〜23か月	初期の語結合が出現	ね，の
Ⅰ 後期	1.50〜2.00	5	24〜26か月	語の屈折辞のいくつかが出現	終助詞（の，よ，って，て） 格助詞（の，が，に，で，と） 係助詞・副助詞（は，も，か） 接続助詞（て）
Ⅱ	2.00〜2.50	7	27〜30か月	文法使用が活発化	格助詞（って） 接続助詞（と）
Ⅲ	2.50〜3.00	9	31〜34か月	単文がかなり使える	
Ⅳ	3.00〜3.75	11	35〜40か月	複文使用開始	
Ⅴ	3.75〜4.50	13	41〜46か月	等位接続による重文開始	

出所：Brown, 1973；綿巻，1991（秦野，2009 より引用）

である形態素区切りの単位が明確でないことなどの問題がある。たとえば，英語では wash の過去形の washed は wash と ed の 2 形態素，不規則動詞の ate は 1 形態素で平均発話長算出の際の形態素の最小単位が明確で，ルール化が容易である。一方，日本語の場合，たとえば，「たべた」を 1 形態素とみなすのか，「たべ」「た」の 2 形態素とするのか意味の最小単位をどのようにするかについては，まだ，見解は一致していない。

　英語圏の子どもを対象としたブラウン（Brown, 1973）の MLU の測度を日本語獲得児に適用した綿巻（1999, 2001）の研究をもとに、平均発話長の発達とその特徴をまとめたもの（秦野，2009）を表 5-6 に示した。

　ブラウンは初期の文法発達を MLU から 5 つの段階にわけ子どもの文法発達の重要な点と対応させている。マラッツォス（Maratsos, 2014）からブラウンのMLU について説明しておく。段階Ⅰ（MLU = 1.75）は，"more"，"get ball"，"I sing" のような一語発話や意味規則に従った初期の多語連鎖で特徴づけられている。段階Ⅱ（MLU = 2.25）は文法的形態素の出現により特徴づけられ，進行形 ing や複数形 s，過去形 ed のような語形変化，屈折が表れる。段階Ⅲ（MLU = 2.75）では英語で否定や疑問の中核となる助動詞，連結詞（主語と述語をつなぐ語，主に be 動詞）が表れ，発話は長くなり，種々の文型が使用されはじめる。段階Ⅳ（MLU = 3.5）では埋め込み文（例：I think he will come）も言うようになる。段階Ⅴ（MLU = 4.0）では文や句の接続（例：She cooked the rice,

115

第Ⅰ部　言語発達論

and I ate it and I saw trees and bushes there）がさかんにいわれるようになる。

　先述したように日本語獲得児の文法発達の助詞，助動詞の語形変化，屈折の発達が活発化するのは段階Ⅰ後期から段階Ⅱで，ほぼ英語圏の子どもと一致している。段階Ⅲは，日本語獲得児では助動詞の受動／可能や願望と否定を組み合わせたもの，受動／願望と過去を組み合わせた複合助動詞が出現する時期であり，英語獲得児の否定や疑問の中核となる助動詞の獲得と一致している。段階Ⅳ，段階Ⅴについては，日本語獲得児では平均発話長と対応させた文法発達研究はほとんどなく，今後の研究課題である。

（4）文法発達を可能にするもの——用法基盤モデル

　文法を言語の本質と考えるアメリカの言語学者のチョムスキー（Chomsky, N.）は，人間には生まれつき**言語獲得装置**（Language Acquisition Devise：LAD）が備わり，通常の人間であれば誰でも言語を使いこなせるようになると考えている。このような文法獲得に対する生得的な考えに対して，環境との関わりを重視するアプローチの中で注目されている理論にトマセロ（Tomasello, 2003/2008）らが提案する用法基盤モデル（usage-based model）がある。森川（2006）によれば，用法基盤モデルは単一でなく，それらに共通なことは，「個人が言語知識を構築するための基盤は，言語を実際に使って発話したり，他者の発話を理解すること」という考えである。発話とその意図されるコミュニケーション機能の組み合わせが繰り返し使用されることによって，漸進的にその中から共通する文法的パターンが形成される。慣習的な表現を繰り返し聞いたり，産出したりするにつれその表現が定着する。定着により，まず，独立した形での個々の語や文の表現がうまれる。その後，その中から機能的類似性が認められるものが認識され，その間で般化が起こり，一般的なルールが獲得される。たとえば岩立（2005, 2008）は他動詞概念が「ローカル・ルールからグローバル・ルールへ」という流れで獲得されることを主張している。「強いローカル・ルール」の段階では，各動詞は独立した形で使用される。次の「弱いローカル・ルール」の段階では，複数の動詞がまとまった部分的な共通性をもちはじめる（たとえば，「ガ＋ヲ」の語順は獲得されていても（例：「○○ちゃんがリ

116

ンゴを」，「○○ちゃんがボールを」，「ぼくがほんを」の語順は獲得されている），まだ「たべる」「なげる」「よむ」の動詞を最後にもってくる点では不安定）。最終の「グローバル・ルール」の段階になると，ある時点で部分的な一般的なルールが獲得される（たとえば，「ガ＋ヲ＋動詞」の安定した語順を獲得し，他動詞概念をもっている（例：「○○ちゃんがりんごをたべる」「○○ちゃんがボールをなげる」「ぼくがほんをよむ」））。

　岩立の考えはトマセロの「動詞島仮説（verb island hypothesis）」とも共通している。トマセロ（Tomasello, 2003）は弱いローカル・ルールが最終的に大人のグローバル・ルールへ変容するのは子どものもつ「意図解読」と「認知的・社会的学習スキル」という 2 つの強力な学習メカニズムに依拠していると考える。トマセロの考える意図理解能力やパターン認識能力が語彙や文法の獲得を可能にしているといえる。子どもは話し手の意図を読むことで，様々な統語構文および構成素を具現する発話上の意味を理解する。それから，スキーマ化や類推により，項目に依拠した構文（item-based constructions）から共通なパターンを発見する（Tomasello, 2003/2008）。語彙，文法は，子どものパターン発見や意図読みの認知能力と環境からのインプットとの相互作用により獲得される。初期の構文獲得は，母親の言語入力への依存度が高く，高い頻度で使用される言語項目は獲得が早く，子どもは記憶した形式を保持する傾向が強く見られる。大伴ら（2015）は 3 組の母子を対象に母親の動詞語尾形態素を分析し，子どもの形態素獲得順序が母親の形態素使用頻度およびタイプ数と相関していることを報告している。高頻度の例示は形態素の聴覚的，文法的，意味的特徴を学習する機会を豊富に提供し，母親からの入力が子どもの動詞語尾形態素のレパートリーの拡大に関連している。語彙だけでなく文法の形態素の獲得においても養育者の言語入力が重要な役割を果たしているといえる。

（小椋たみ子）

5　ナラティブの発達

　ナラティブ（narrative：語り）とは意味づける行為（acts of meaning; Bruner,

第Ⅰ部　言語発達論

1998）であり，語られるものは，そのときどきの個人の意味づけの仕方によって変わる常に新たな経験である。ブルーナー（Bruner, 1999）は，人間の思考を2つの型に区別している。1つは命題思考（paradigmatic thinking）であり，科学的で客観的な説明で用いられるのに対して，ナラティブ思考（narrative thinking）は信念や疑い，意図，情動をともない，経験を話すときに使用されるものである。したがって同じ客観的事実に関することであっても，個人個人によって，また個人の中でも時間によって同じものではあり得ない。ナラティブの話し手である自己（self）は「単なる記憶することができる存在物でなく，むしろ多様な心的過程によって構築された複雑な心的組織である」（Bruner, 1994）。私たちが自己の生活経験を意味づけ，対人関係に対処し，関係を調整するのはナラティブ思考によるのであり，科学的因果性や論理操作に基づく推理は，そこでは補助的な役割を果たすに過ぎない（岡本，2009）。

　たとえば子どもが幼稚園や保育園での出来事を母親に語るのは，客観的な事実を伝えるというよりも，子ども自身にとっての意味を母親との間で共有するという意味合いが強い。次のやりとりは，2歳のK児の保育園からの帰り道の会話である。

　　K児：Kちゃんな，きょうプールはいってん（はいったの）。
　　　母：ふーん，そうか。
　　K児：お水パシャってなって，こわかってん（こわかったの）。
　　　母：あー，こわかったんや。
　　（しばし沈黙）
　　K児：Kちゃんな，きょうプールはいってん。
　　　母：ふんふん。
　　K児：お水パシャってなって，こわかってん。
　　　母：そうか，こわかったの。
　　（以下同じやりとりが10分間に4度続く）

　客観的な事実としてみれば，K児が保育園でプールに入ったこと，顔に水が

かかったことを母親に説明しているだけのことであるが，聞き手（母親）との
やりとりの中での自己の経験の意味づけという，ナラティブの特徴が萌芽的な
かたちでよく現れているのではないだろうか。

（1）パーソナルナラティブ（体験談）

K児と母親のやりとりは，K児が自らの視点から経験を意味づける行為であ
るだけでなく，母親にとっては，そのような語り方によって自らの経験を物語
る自己としてのK児が立ち現れる場でもある。パーソナルナラティブが重要な
のは，子どもが自らの経験を意味づけるのと同時に，周囲の者にとってはその
子らしさがかたちづくられる媒体ともなるからである。

パーソナルナラティブの発達については多くの研究が取り組まれてきたが，
親子で経験が共有されている場合には，早ければ1歳台の終わり頃から，子ど
もたちは過去の経験について話しはじめることが知られている（Fivush et al.,
1987）。もちろん，最初は情報の多くを養育者が提供し，養育者からの質問に，
子どもがyes-noで答えるようなやりとりが行われるのみであるが，その後，
子ども自身が生活の中で繰り返される経験に共通するスクリプト的な内容，さ
らには一回性の高い経験への言及が行われるようになる（Eisenberg, 1985）。ま
た，自らの感情についても，初期には単にそれを言語化するだけであったもの
が（たとえば「怖かったの」），理由や結果の方向づけ（「～したので怖かった」
「怖かったから～した」）のような内容が加わるようになる（Dunn et al., 1987）。
さらに，3歳台になれば過去形を用い，「設定」「出来事」「評価」「解決」など
の構造をもった体験談を語ることができるようになる（南，2006）。

（2）空想の物語

空想の物語の場合も，十分に親しんでいる内容について，養育者からの手助
けがあれば，2歳台の幼児であっても語ることは可能である。また，3歳台に
なれば，定型的な表現を用い（むかしむかし，めでたしめでたし），また過去形
を用いて物語ることができるようになる。次の例は2歳のT児の語る桃太郎で
ある。

第Ⅰ部　言語発達論

> T児：むかーしむかーし，あるところに，おばあさんと……だれが，だれ
> 　　　……おるんやったっけ？
> 母親：おじいさん。
> T児：おじいちゃんとおばあちゃん。それからなに？　だれおるんやったっ
> 　　　け？　おばあちゃん？
> 母親：うん。どこいくの？　おじいさんとおばあさんは。
> T児：おじいちゃんは，やま……やまへとびこんだ？
> 母親：（笑う）やまへしばかりに。おばあさんは？
> T児：かわ……やまにとびこんだ？
> 母親：うん。

　さらに一貫した物語を作るためには，物語を展開させる基本的な枠組みとなる知識，各エピソードを一貫した因果関係のもとに全体へとまとめあげるためのプランニングの能力，話をしながら横道に逸れて行ってしまわないようにするための評価やモニターの能力の３つが必要である（内田，1995）。

（3）語りの形式（語り方）を身につける

　さらに，子どもたちは場面や目的に応じて話し方（用いる語彙や文法，声の調子など）を変えることもできるようになる。このような，一定の決まった話し方が適用される範囲をレジスター（言語使用域）と呼ぶ。古屋（1996）は，幼児が家庭で母親と一対一で絵本を読む場面について，発言内容および語り形式の分析を行っているが，過去形の使用や「です・ます体」を使用する物語口調は２歳前半より出現しはじめることを明らかにしている。

　また，病院ごっこや学校ごっこのようなごっこ遊びでは，演じているときの口調と，設定について相談しているときの口調がしばしば異なることが知られている。設定について話し合っている間は普段話しているようにその地方の方言で話し（「ここ，病院やねんな。たくさん病気の人，来はんねんな」），ごっこが始まると標準語を使いはじめるのである（「あんたー，ちょっと早く病院連れていったら？」）（加用ら，1996）。

（4）聞き手の役割

　T児の桃太郎の例からもわかるように，子どもの年齢が低い場合は，聞き手としての母親が積極的な役割を果たしている。母親の聞き出し方には2つのスタイルがあることが知られている。1つは精緻化の程度の高いスタイル（high elaborative style）と呼ばれる。このスタイルの母親は，母親の方から「誰がいたか」「何をしたか」といったオープンエンドの質問や，「はい」「いいえ」で答えられるような質問を多く行い，また，子どもの言ったことについて賞賛したり積極的にそれを評価していく。精緻化スタイルでは，母親側の発話にも多くの情報が含まれるだけでなく，様々な言い換えがあり，積極的に新しい情報が付け加えられる。また，「すごいね」「よかったね」などの評価的な表現も含まれやすく，やりとりも長く続く傾向がある。もう1つのスタイルは，反復スタイル（repetitive style）と呼ばれる，精緻化の度合いが低いスタイルである。このスタイルの母親の発話は繰り返しが多く，子どもから多くの情報を引き出すようにはなっていない。母親は前の質問を繰り返したり，子どもの発話を繰り返して確認するにとどまる。発話は短く，母親の方から与えられる情報も少ない。横断的な研究からも，縦断的な研究からも，精緻化スタイルの方が子どもの語りは洗練され，多くの情報を含むものとなることが示されている（Reese et al., 1993）。

（5）文化差の存在

　こうした親子の会話には文化差があることも知られている。日本の子どもは北米の英語話者の子どもと比べ，発話量が全体に少なく，1つの話題について話し続けることも多くはない。また，母親による評価的な発話も少ない。同様の傾向は中国や韓国の子どもたちについてもみられる（Minami & McCabe, 1995）。また，北米の子どもたちの語りが自らの経験を詳細に語り，それを肯定的な経験として意味づける傾向があるのに対し，台湾も含めた中国や韓国の子どもたちの語りと母親の聞き出し方は，経験を社会的な（あるいは道徳的な）規範に結びつけていくことが多いという点に大きな違いがある（Han et al.,

第 I 部　言語発達論

1998; Miller et al., 1997）。ナラティブの能力を身につけるということは，個人的な経験について，そもそも何を語るべきなのかという点から話題の選択を行うことであり，それを，それぞれの文化で価値があると暗黙のうちに考えられているスタイルで語れるようになっていく過程として考えるべきであろう（Miller et al., 1997）。

（高橋　登）

6　語用論の発達

（1）語用論的能力とは

　日常の言語使用では，発話の表面に表れた意味（文字通りの意味，表面上の意味）と発話から解釈される意味（発話意図）は一致していない場合がある。音をつなげると語を作ることができ，語をつなげると文ができるが，この文が発話として提示されたときの意味の解釈や，文の集まりである談話のレベルでの解釈では，語や文の表面的な意味とは異なる解釈がしばしば要求される。こうした人間の実際の言語使用における意味解釈の際に必要となるのが，**語用論**的能力である。

　たとえば「この部屋は暑いですね」というような文（ことばとして発せられた場合は発話とも呼ばれる）の意味はどのように解釈されるべきか。単純に考えると「この部屋の温度は高いので私は暑く感じますよ」というような意味になるであろう。しかし通常この発話はそれだけの意味と受け取られることはまずない。部屋に誰か他の人がいる場合には，その人に対して発せられたと推測されるだろう。その人は「たしかに暑いですね」と単に共感を述べるかもしれないが，自分がエアコンのスイッチの近くにいて，「この部屋は暑いですね」と言った人が自分の方を見たと感じたならば，この視線という非言語情報も利用して解釈し，「（私が）エアコン入れましょうか？」などと返す可能性が高い。実はそもそも最初に「この部屋は暑いですね」と言った人は，単に自分の状態を述べたのではなく，エアコンのスイッチを他の人に入れてほしいと考えてそ

う言った可能性が高い。つまり，自分の状態を述べていたようにみえて，実際は依頼をしていたことになる。

オースティン（Austin, 1962）は，言語を発することを行為（speech act）ととらえ，次の3つの行為を区別した（加藤，2016）。

① 発話行為（locutionary act）：言葉を用いること，言語形式を用いて発話による表現行為を行うこと。
② 発話内行為（illocutionary act）：発話を行うことを通して，ある種の機能をもつ意図伝達行為を行うこと。
③ 発話媒介行為（perlocutionary act）：発話を行うことによって生じる効果・結果。

先のエアコンの例でいえば，「この部屋は暑いですね」は，発話そのものであり，①の発話行為にあたる。この発話は，実は「エアコンのスイッチを入れてください」という意図伝達を行っており，②の発話内行為は「依頼」であると考えられる。結果としてこの発話を聞いた人がエアコンのスイッチを入れたとすると，この行為は③の発話媒介行為と考えられる。

トマセロ（Tomasello, 2010）は，人間は要求を命令の形で述べる（たとえば「エアコンを入れてください」）ことを避け，自分の状態を述べるだけで他の人は（ことばにはしていない）自分の要求を推測し行動してくれるはずだと信じている，と述べている。人間のコミュニケーションの特徴は「協力的（cooperative)」であることであり，援助と共有（helping and sharing）を行うことが前提となっているとする。またなぜこうしたコミュニケーションのスタイルをとるかについて，トマセロは，「人が自分の状態を述べるだけでその人を助けようと他の人が協力的行動をすると，助けた人は推論能力が高い，気遣いのできる人だということで社会的評判が上がり，さらに助けた人が良い評判を築くことを助けたということにより，自分の状態を述べた人自身の評判も上がるから」（Tomasello, 2010）という議論を行っている。人のコミュニケーションでは言語の表面的意味の向こう側にある真の意味（意図された意味）を推測することがきわめて重要であることから，語用論的能力は，人間のコミュニケーションの本質的な部分を可能とする能力といえる。

第Ⅰ部　言語発達論

（2）共通基盤から発話意図を推測する

　発話意図を推測するために必要なことは，暑そうに見える状態，自分への視線，自分とエアコンの位置関係，といった非言語情報だけではない。共通基盤（common ground）と呼ばれる多様な知識もきわめて重要である（Clark, 1996）。発話は一般に多くの省略を含むことにより，素早く効率的に行われるが，この際に利用されているのが共通基盤の知識である。

　次の会話は友人同士である A，B 2 人の大学生により行われたとする（A1，B1 は発話番号を示す；図 5-10）。

　　A1：映画行かない？
　　B1：明日試験なんだ。
　　A2：わかった。

　A1 では，「いつ行くか」が言われていない。が，それを言っていないのは，おそらく放課後でこれからすぐ行こう，と提案しているからである。もしたとえば昼休みであれば，「今日授業終わったら映画行かない？」と言うはずだ。ここには，大学生の一般的な生活に関する知識（授業がなければそれ以外のことに時間を使える，など）に加え，これまでの 2 人の行動パターンに関する知識，すなわち，映画に一緒に行くと決めたあとで何を観に行くか（あるいは映画館に行ってからかもしれない）決める，というような会話者間だけで通用する個別的な知識も利用されている。

　ところが，B1 は，A1 に対する直接的な返答になっていない。映画に行くとも行かないとも言わず，まったく別のことを述べている。B は，まったく別のことを言っても，A は正しく解釈すると信じているのである。ここにも一般的な知識（試験の前日は勉強のために多くの時間を使う，など）に加え，B に関するこれまでの互いのつきあいから共有されている B の考え方や行動パターン（試験のための勉強には真面目に取り組む）という個別的な知識も利用されている。B はこのように簡単に言うだけで，A は十分納得してくれるだろうと予想して

いる。果たして，AはB1を完全に適切な返答とみなし，A2のように短く了解している。

（3）会話の規則から発話意図を知る

先の会話ではさらに会話の規則も，発話意図の推測のために重要な役割を果たす。グライス（Grice, 1975）は，人間は互いに協力的なコミュニケーションを行っており，会話において協力的であるために使っているとするルールをまとめ，「会話の協調原理（conversational cooperative principle）」として示した。

①量の原則：適切な量の情報を提示する。
②質の原則：正しいと思っている情報を提示する。
③関連性の原則：関連する情報を提示する。
④様式の原則：適切な様式により情報を提示する。

図 5-10　共通基盤により可能となる会話
イラスト：東宮祥子

量の原則により，人は余計な情報を入れない発話をすることになる。A1の発話でいえば，「今日の放課後，一緒に映画に行こうと私は思うが，君はどう思うか。何を見るかはまだ決めないで，とにかく映画に行けるかを教えてくれ」という，意図をそのまま記述するような発話を行っていない。行っていないということは余計な情報だと思うから入れていないのであって，つまりは簡素な発話はそうした情報を補って解釈すべきものだということになる。

先のB1「明日試験なんだ」は，一見A1への適切な回答，すなわち映画に行けるかどうか，に関する回答とはなっていない。しかし人間は現在進行中の会話について関連性のあることを言っているはずであり，実は関連性があるという観点からこの発話を解釈しなければならない。そこで，「明日試験がある」→「試験の前日はその勉強のために多く時間を使う（共通基盤の知識）」→「勉強に多く時間を使うためには映画に行くとそれができなくなる（共通基盤の知識）」→「今日映画に行くことはできない」という推論を行うことで，B1は

125

第Ⅰ部　言語発達論

A1 に十分関連性がある発話となっている。

　他の原則も含め，会話のルールは発話をどう構成すべきかを教えるだけではない。このように，会話参加者が互いに遵守しているはずだという前提のもとで，発話意図の推論にも重要な役割を果たすことができるのである。

（4）関連性理論による推論から発話意図を知る

　「関連性の原則」すなわち「関連性のあることについて述べる」ということを幅広く人間のコミュニケーション全般の特徴とし，「**関連性理論**」として理論化したのが，スペルベルとウィルソン（Sperber & Wilson, 1986, 1995；Wilson & Sperber, 2006）である。

　「関連性の理論」は，関連性の原則のみならず，グライスの他の原則も結局は関連性で説明できるとし，会話の原理，さらには人間のコミュニケーションの原理をより一般化して示した点で注目される。関連性の理論には，次のような原理が含まれている。

　「話し手は聞き手に対し ostensive communication（直示コミュニケーション，意図明示的コミュニケーション）を行う。意図明示的コミュニケーションは次の特徴をもつ。
　・　話し手は，聞き手の認知資源の改善を行うような情報を提示する。
　・　話し手と聞き手は，最小の努力により聞き手の認知資源の改善を最大に行うことができるような情報を提示する」。

　「最小の努力により最大の情報が伝達できること」を，スペルベルとウィルソンは「最大の関連性があること」と呼ぶ。この原理から，結局量の原則も説明されることになる。

　適切な量の情報とは，多すぎる情報ではない。それは聞き手の認知資源の改善は行えても，聞き手と話し手による最小の努力により行うのではないからである。無駄に多くの時間相手がしゃべるのを我慢して終わるのを待っているのは，明らかに無駄な努力をしていることになる。もちろん話し手にとっても，

無駄に多くの時間をしゃべることに費やすのは得策ではない。

　質の原則への違反，つまり話し手が真実ではないと考えていることを話すことは，当然「聞き手の認知資源の改善」につながる情報提示ではない（むしろ認知資源の改悪につながるだろう）。

　様式の原則への違反もまた，「最小の努力により聞き手の認知資源の改善を最大に行う」ことにつながらない。曖昧な話し方をするのは社会的要請上必要な場合もあるが，不必要に曖昧な話し方をすることは，明確化の努力を要するなどが生じ，最小の努力に違反することになる。このように，関連性理論はGriceの原則を一般化して説明できる理論となっている。

（5）関連性の伝達原理

　さらに興味深いことは，関連性理論は単に発話のルールをより一般的に述べるだけにとどまらない点である。関連性理論は，語用論における理論として，人間のコミュニケーションの本質を述べている点で重要である。スペルベルとウィルソンは，「コミュニケーション上の刺激」の性質について，次のように述べている。

「Communicative Principle of Relevance
Every ostensive stimulus conveys a presumption of its own optimal relevance.
(Wilson & Sperber, 2006：612)」
「関連性の伝達原理
発話を含めた意図明示的な刺激は，それ自体が最適な関連性を持つものであることを期待させる（松井訳，2016）」。

　この原理は，話し手が意図明示的コミュニケーションをしていると聞き手が認識することが，発話プロセス開始のために非常に重要であることを示す。意図明示的なコミュニケーションであるならば，関連性が最大になるような発話となっているはずであり，それが確認できてはじめて人間は発話解釈プロセスを開始することができるのである。意図明示的なコミュニケーションをしてい

第Ⅰ部　言語発達論

ると聞き手が認識できるかどうかは，発話意図解釈に決定的に重要な影響を与える。たとえば先のA，B2人の会話で，Bが映画に誘ってくれたAを見ながらではなく，近くにいた別のCに「明日試験なんだ」と言ったとしよう。この場合は，Aへの意図明示的コミュニケーションの手がかりである視線が送られていないため，Aは自分の発話への関連性が高い発話か判断できず，「ということは，今日映画は行けないということ？」などとBに対して確認をしなければならない。発話の意図解釈はB1の発話だけでは行えないこと，そのために確認が必要であることを伝えなければならないのである。このように，話し手が聞き手に伝達意図がある発話をしようとしているということの認識が，発話の意図解釈プロセスのためにきわめて重要であり，関連性理論は人間のコミュニケーションの根源的過程を示しているといえる。

（6）コミュニケーションの手がかりに気づく

　人間の子どもは前言語期から意図明示的コミュニケーションの手がかりに気づく能力をもつことが知られている。そもそも乳児は，意図明示的コミュニケーションを可能にするような下位能力を早期に発現させる。たとえば乳児は大人と表情によるやりとりを行うだけでなく，自分の反応に対し大人の表情と声かけが随伴的かどうかに気づくことができ，自分の反応とは随伴しない録画された表情や声かけが提示された場合は不機嫌になる（Murray & Trevarthen, 1985）。周波数が高く抑揚の豊かな「乳幼児に向けられた発話」（IDS：Infant Directed Speech，「子どもに向けられた発話」〔CDS〕ともいう。）には，それ以外の発話よりもよく注意を向ける（Snow, 1986）。この傾向があることにより子どもは，環境から効率よく自分に向けられた発話を抽出できると考えられている。また新生児期から目らしい形状のものがある顔のパターンをよく注視する（Goren et al., 1975）だけでなく，自分に向けられた視線か他に向けられた視線かを区別し，自分に向けられた視線の方を好む（Farroni et al., 2002）。こうした能力が，自分に対して何事か価値あることを伝えようとする意図明示的コミュニケーションの手がかりに気づくための，前段階の能力となっていることは間違いない。

第 5 章　話し言葉の発達

　大人により提示される意図明示的コミュニケーションの手がかりは，周囲の環境へどう子どもが注意するかにも影響を与える。千住とチブラ（Senju & Csibra, 2008）は，大人の意図明示的なコミュニケーションの状況と非意図明示的なコミュニケーションの状況では，生後 6 か月の子どもの事物への視線が異なっていたことを示した。千住とチブラの実験では，女性がまず子どもの方をしっかり見て，その後，両脇に 1 個ずつ置かれた 2 個の事物のうちの一方を見る。もう 1 つの条件では，女性は最初に子どもを見ずに下を向いている。その後，先と同様に 2 個のうちの一方を見る。指標として，女性が事物を見たときの子どもの視線が測定された。結果は，女性が最初に子どもの方を見た場合は，見ていなかった場合に比べ，子どもは後で女性が見た事物を，より長く注視したことがわかった。前者の状況は意図明示的（ostensive）な状況，後者は非意図明示的（non-ostensive）な状況と想定された。乳児は自分に最初に視線が向けられた場合は，後でその視線を向けていた他者が見たものを，より長く見ることになる。このことにより，乳児は環境への自らの注意のしかたを変え，ひいては環境の状況に関して随伴的に発せられた発話にも気づきやすくなると考えられる。自分を見る視線は，「これから私はあなたに意図明示的コミュニケーションを始めますよ，よく見ていてくださいね」というシグナルとして働く。果たして，子どもは大人が自分を見た後に発した「あ，鳥さんだ！」という発話を，自分が見ていた対象物と結びつけやすくなるだろう。

（7）コミュニケーションの手がかりから語の意味を推測する

　言語の意味を知るためには，他者が何を言おうとしているかという意図を正しく推測しなければならない。そこで，発話意図の推測は，先の例にもあるように，そもそも単語や文を学ぶためにもおおいに活用される。このように，単語や文の意味理解するために語用論的能力は発揮されなければならない。

①　視線・指さしから語の意味を推測する

　意図明示的手がかりが言語ラベル獲得とどう関係するかを実験的に調べたのが，ボールドウィンである。ボールドウィン（Baldwin, 1991, 1993a）は子ども

第Ⅰ部　言語発達論

が大人による対象指示の意図を自ら能動的に抽出できるかについて調べるために，子どもに2つの目新しい玩具を見せた。そしてそのうちの1つを子どもに与え，もう1つは実験者のそばに置いた。子どもが与えられた方の玩具に注意を集中させて遊んでいることを見計らって，実験者は，もう一方の玩具を注視しながら "A toma!"（トーマだ！）と叫んだ。すると，生後18か月以上の子どもの90％以上の子どもが，新しいラベルを聞くとすぐに実験者の顔を見た。後で実験者が先ほど見せた2つの玩具を再び見せてトーマを探すように教示すると，子どもは自分が集中して遊んでいた玩具ではなく，「トーマ」と聞いたときに実験者が見ていた方の玩具を正しく選ぶことができた。ボールドウィンらの研究は，語意の獲得において，他者の視線や身体の向きなどの非言語的手がかりを子どもが使うことが重要であることを示している。意図明示的コミュニケーションは，語の意味を知るという言語獲得の基本的な課題においても必須のものであるといえる。

②　関連性から語の意味を推測する

　言語発達のメカニズムを説明するうえで認知・語用論的アプローチをとるトマセロら（Tomasello & Haberl, 2003）の実験では，幼児は他者が特定の情報を知らないことに気づくことができ，そのことが言葉の意味解釈につながっていることを示している。彼らの実験では，まず実験者2人が幼児と2個のおもちゃで遊ぶ。しばらくしてうち1人の実験者が部屋を退出する。その実験者がいない間に残っていた実験者は新しいおもちゃ1個を加え，3個のおもちゃで子どもと遊ぶ。遊んでいるところに先ほど退出した実験者が戻ってきて，驚いた表情を示し，「あら，すてきね！　それをくれる？（"Woo! Cool! Can you give it to me?"）」と子どもに言う。視線は3個のおもちゃに対し等分に向ける。テストを行うと，子どもは正しく後に追加されたおもちゃを先ほどの発話をした実験者に手渡すことができた。この能力は生後12か月で萌芽的にみられ，18か月までには十分可能になったという。これとは別の実験で「トーマ」などのような無意味語を使って実験者が「トーマをちょうだい」と言っても同様の反応であった。

130

ではなぜ子どもは「トーマ」という語が一度も事物と結びつけられて提示されることがなくても理解できたのだろうか。ここには，「戻ってきた人が驚いた顔をしたのは，新たな事物が加わっていたからであり，人は一般に新しいものを見ると，驚いたり特別に注意を払う」という，人に関する知識の関与がある。さらに人は会話において関連性のある情報を述べているはずなので，「すてきね，（トーマを）ちょうだい」と言っているのは，たとえ魅力的であっても以前一緒に遊んで十分わかっているおもちゃについて述べているのではなく，新たに加わった，現在発話者が関心をもっているはずのおもちゃについて述べているのだ，と推測することになる。いわば，子どもがこの課題ができたことは，子どもながらに発話における関連性を関知する能力をもっていたからだと考えることができる。

（8）皮肉の理解

言葉の表面上の意味と発話者の意図とは異なることを理解するのは，社会で他者と適切につきあううえで欠かせない能力である。自分の大事な試験の当日に台風のような強風と大雨になったとき，「まあ，素晴らしいお天気になりましたね」と言われたら，「素晴らしいはずがないでしょう，私は試験会場へ行くのに大変なんです！」と怒ってはいけない。相手は皮肉にユーモアを含め，むしろ自分に対し同情を込めて言っているのだと気づき，「よりによって試験の日にね」などと苦笑混じりの笑顔で対応することが社会的に期待されるだろう。

こうした皮肉の理解は，幼い子どもでは難しい。松井（2013）は自身の3歳児の息子がまったく片付けないのに対し，どうすべきか考えあぐねて「Sちゃん，お片付け得意だもんね，お部屋がきれいになってうれしいね」と言ってみたときのエピソードを紹介している。子どもは「うん」とうなずいて得意そうに片付けを始め，親の手助けさえ嫌がり，本当にほめられたと感じて行動したようだ，と述べた。このように，部屋の片付けをしなさいと子どもに言ったのにまったく片付けていない場合に，親が上手にお片付けできたと言ったとすると，これは明らかに皮肉である。事実とは逆のことを言うことにより，片付け

第Ⅰ部　言語発達論

図5-11　日常場面で実際にあり得る状況
出所：Filippova & Astington, 2010の実験状況を利用・再構成
イラスト：東宮祥子

ないことに対して暗に自分を批判しているのだ，ということにこの子どもは気づいていない。もし子どもが親は自分をほめてくれたのだ，あるいは親は何か勘違いをして間違ったことを言ったのだと考えたならば，言語の表面上の意味だけしかわかっていないことになる。

このようにとりわけ言葉の表面上の意味と発話者の意図が異なった場合，そのメッセージが何を伝えようとしているのかを正確に理解することは難しくなる。聞き手は単に言語の意味を知るだけでなく，本当は何を発話者が言おうとしているのか，さらには，なぜわざわざ状況にそぐわないことを発話者は言っているのかという，発話者の動機をも適切に推測しなければならない。

フィリポヴァとアスティントン（Filippova & Astington, 2010）は5歳から9歳の子どもに，ストーリーと，それと関連したイラストを示し，事実と反対のことを発話者が述べたときの解釈を調べた。ストーリーは，ビリーという名前の男の子がお母さんに頼まれて食洗機から食器を取り出して棚へしまうお手伝いをしていたが，誤ってお皿を割ってしまう。そこでお母さんが，「なんて素晴らしいお手伝いかしら！（"You sure ARE a GREAT helper!"）」（反事実に対する賞賛）と言うか，あるいは「この家をぶち壊そうとしてるのね！（"You sure KNOW how to WRECK the house!"）」（事実への誇張された批判）などとビリーに言う（図5-11）。子どもは，発話者の言葉の意味，発話者の意図などに関する質問に回答した。たとえば動機に関する質問，「お母さんはなぜそう言ったのか」についての子どもの回答は，表5-7のようにスコア0からスコア4までに分類された。

フィリポヴァとアスティントンは，発話者の言葉の解釈において，意味，信念，意図，動機のそれぞれを適切に理解できているかを調べた。5歳児は全般にまだ理解が不十分であり，7歳，9歳で理解が進んだものの，意味・信念に

表5-7　発話者の動機に関する子どもの回答の分類とそのスコア

- ・スコア0　（発話者の動機に関し無関連の回答）：「間違えて言った」「わからない」
- ・スコア1　（表面上の理由付け）：「お母さんは怒っていたから」
- ・スコア2　（他者の行動への言及）：「お母さんはもうビリーにそうして欲しくないから」
- ・スコア3　（他者の内的状態への言及）：「失敗した子どもを励まそうとしたから」
- ・スコア4　（他者や状況に対する話し手の態度への言及）「冗談を言っている」「ユーモアを言って その場を明るくしている」

出所：Filippova & Astington, 2010より作成

比べ意図と動機に関する理解は難しい傾向があった。さらに「誇張された事実」（「この家をぶち壊そうとしてるのね！」）よりも単なる「反事実」（「なんていいお手伝いをしてくれるんでしょう！」）のほうが，子どもの理解はむしろ容易であったと報告した。一般に，表面上の意味と状況との乖離が大きいほど，子どもはなぜ発話者はそう言ったのか推論を多くめぐらす必要があるといえる。この観点から見ると，反事実のほうが，意味がまったく逆なのだから，乖離は大きいと言えるかもしれないが，反事実をあえて言う発話者の意図や動機が学齢期になるとわかりはじめるようになることは，子どもの語用論的能力がこの時期着実に伸びることを示すといえよう。

（9）優しい嘘と皮肉の区別

　嘘もまた言葉の表面上の意味と事実が相反する言語表現である。やってはいけない，と言われたことをした自分の行動について嘘を言うこと（たとえば食べてはいけない，と言われたお菓子を食べてしまったのに「食べていない」と言う）は，3歳ぐらいから始まる（松井，2013）。しかし，他の人の気持ちを傷つけないようについた優しい嘘（white lie）を理解することは，5歳児でも容易ではない（Bloomfield et al., 2002）。ウィナーとリーカム（Winner & Leekam, 1991）は，子どもは皮肉と優しい嘘（white lie）を，状況と言葉のイントネーションから区別できるかを5歳から7歳の子どもを対象として調べた。母親に「部屋を片付けないと外で遊んではいけません」と言われた兄弟のストーリーでは，さっさと兄が自分の部屋を片付けた後で，ストーリー展開は2つあり，1つ目の状況（優しい嘘）では，弟が部屋をまったく片付けていないのに，それを知っている兄が，部屋とは別の階下にいる母親に「ピーターは部屋をすごくきれいに

第Ⅰ部　言語発達論

片付けたよ」（"Peter did a great job cleaning up."）と，楽しげで誠実なイントネーションで言う。もう 1 つの状況（皮肉）では，母親は兄と一緒に弟の部屋を見ていて，兄が同様の言葉を嫌みっぽいイントネーションで言う。2 つの状況でイントネーションを同じとする条件も設け，イントネーション自体の効果も調べた。

　テストで子どもたちは，兄はお母さんに，「すごくきれいに片付けた」という自分の言葉とは裏腹に，弟の部屋が本当は散らかっていることを気づいてほしいかどうかという「意図」の質問と，兄は弟に対して，意地悪だったか優しかったかという「態度」の質問に答えた。この 2 つの質問は，優しい嘘か皮肉かを子どもは区別できるかを調べるものであった。優しい嘘なら，「お母さんに本当のことを気づかれたくない意図をもつ」はずであり，兄は優しい態度からそれを言ったと考えられる。一方，皮肉なら，「お母さんに本当のことを気づいてほしい意図をもつ」はずであり，兄は意地悪な態度からそれを言ったと考えられる。結果は，7 割の子どもが意図を正しく理解し，そのうち 7 割の子どもが意図と態度の両方の質問に正しく答えられた。態度の質問には，声のイントネーションからも情報を得られたはずであるが，それは難しかったらしいとしている。この結果から，小学校低学年頃では優しい嘘と皮肉を正しく区別する能力が育ちはじめているといえる。状況や他者の心の状態の推測，声のイントネーションなどの情報を統合することにより，大人の精緻な能力に向けて発達を遂げていくと考えられる。

＊

　以上，意図明示的コミュニケーションへの気づきからその精緻化への道筋を，乳児期から学童期まで辿った。語用論的能力は，人間のコミュニケーションの本質であり，その精緻化は，社会性の発達と人間の豊かなコミュニケーションの発展に対し，重要な寄与を行うといえる。

（小林春美）

第5章 話し言葉の発達

7 バイリンガルの子どもの言語発達

日本における日本人の人口割合が少子高齢化の影響もあり減少傾向にある中，日本国内における外国人の子どもの割合が増加の傾向にあるようである。「学校基本調査」（文部科学省）によると，2013年には小学校の在籍者数6,676,920人中，外国人児童数は41,249人の約0.62％であったのに対し，2016年には，在籍者数全体は6,483,515人と減少したが，外国人児童の数は49,622人（0.77％）と増加しており，2013年から2016年の4年間，このような状態が続いている。このような状況からも，日本語と日本語以外の言語を聞いて育つバイリンガル，もしくはマルチリンガルの子どもはこれからも増加することが予想される。ここでは主に日本における子どものバイリンガルの言語の発達や心理について解説する。

（1）バイリンガルの分類

2つの言語を話す人を**バイリンガル**と呼ぶ。様々なバイリンガルの種類を表す用語や分類が存在するが，ここでは日常的に2言語を使用する者をバイリンガルと呼ぶこととし，特に言語の獲得の観点から重要な言語接触の時期や両言語の能力をもとにしたバイリンガルの分類（山本，2014）を紹介する。

① バイリンガルの分類——時間的観点から

言語接触の時期はその言語が第一言語（母語）として獲得されるか，第二言語（外国語）として獲得されるかを決める重要な要因である。そこから，(a)同時バイリンガルと(b)継続バイリンガルという分類が生まれる。生後から同時に2つの言語に接する機会があり，同時に両言語を獲得しはじめる者は(a)に分類される。たとえば，国際結婚の家庭で両親がそれぞれ異なる言語を子どもに話しかけて育てた場合，その子どもは同時バイリンガルに分類され，日本語ももう1つの言語も時間的観点からみれば母語となる。その一方で，第一言語がある程度習得された段階で第二言語に接触し習得した，または現在習得している

135

第Ⅰ部　言語発達論

者は(b)継続バイリンガルと呼ばれる。たとえば両親が外国語を使用する家庭で育つ子どもは，保育所に入る頃あたりから家庭外の社会の主流言語を学びはじめることから，早期の継続バイリンガルと呼べるだろう。マクロフリン（McLaughlin, 1984）は第一言語としての二言語獲得（BFLA：Bilingual First Language Acquisition）と，第二言語としてのバイリンガル獲得（BSLA：Bilingual Second Language Acquisition）を区別しており，3歳までに第二言語と接触した場合は母語のように獲得されると想定している。

②　バイリンガルの分類――両言語の能力的観点から

　一方，両言語の相対的な能力の違いをもとにした分類には以下のようなものがある。

　1）　二重バイリンガル（ambilingual）
　2）　均衡バイリンガル（balanced bilingual）
　3）　偏重バイリンガル（dominant bilingual）
　4）　（二重）限定バイリンガル（(double-) limited bilingual）

　1）は，二言語それぞれの能力が各言語のモノリンガルと同様の能力である状態にあるバイリンガルを指す。しかし，実際にはこのようなバイリンガルは存在しない。1）と同様に2）は両言語の能力の差がほとんどない状態で，各言語の能力が低くても同程度であればこのタイプと分類されると想定されている。しかし，2つの言語間には能力の偏りが生じるのが普通である。よって，一般的にはバイリンガルのほとんどが3）に分類される。この分類では，2つの言語能力に差があり，優勢言語と非優性言語に分かれる。社会の主流言語と家庭内で話されている言語（少数言語）が異なる場合，このような状態になりやすい。たとえば，日本では主流言語は日本語であり，その他の言語は少数言語であるので，国際結婚家庭であろうと外国語家庭であろうと，二言語の入力および使用，そして能力に偏りが生じる。4）の分類は，2つの言語がどちらも各言語のモノリンガルのレベルに達していない状態を指すが，何がそもそもモノリンガルのレベルなのかの定義がなく，いささか偏見のある分類であるともいわれる（山本，2014）。しかし，後述するように，2つの言語のどちらを用

いても十分な認知的レベルに到達せず，学校での学習に困難を覚えたり，認知的に高度な思考ができない段階に停滞してしまう場合も多い。このような状態は，子どもの教育において大きな障害となる。

　完璧な２）は存在しないが，２）〜３）の間にも様々な能力のバイリンガルが存在し，幼い時期のみならず生きていく中で，二言語の能力とそのバランスは変化し続ける。特に，言語獲得の**臨界期**と呼ばれる10歳頃までのバイリンガルの子どもの二言語の能力は，良くも悪くも環境からの影響を強く受ける。

（２）バイリンガルを生み出す言語環境

　家庭内言語環境と家庭外（外の社会）の言語環境との関係からマーハ・八代（1991）は日本におけるバイリンガル家庭の言語環境を①国際結婚型，②在日外国語家庭型，③帰国邦人型，の３種類に分類している。ここでは特に①および②のタイプについて概観する。

①　どちらかの親が日本語を母語とする言語環境——国際結婚型
　国際結婚型はさらに以下の４つに分けることができる。
　a）　バイリンガル型：親のそれぞれが日本語と外国語の両方を用いる。
　b）　バイリンガル型：両親ともか，どちらかの親が日本語と外国語の両方
　　　　　　　　　　　を用いる。
　c）　モノリンガル型：主流言語型——日本語のみ用いる。
　d）　モノリンガル型：少数言語型——外国語のみを用いる。
　a）やb）の場合，二言語の同時バイリンガルとなる。特に，英語と日本語のような，どちらも日本において社会的価値が高いとみなされる言語の組み合わせの場合は，二言語ともが用いられる場合が多い。しかし，国際結婚型でも，一方の親の言語があまり社会的価値が高くないとみなされる場合や，日本語母語話者である方の親がその外国語の知識がないような場合，c）寄りのモノリンガル環境になることもある。d）の少数言語のモノリンガル環境はあまり多くないが，言語が喪失されないよう両親が家庭内では少数言語を意識的に使用する状況で一時的に生じる場合がある。たとえば，日本で暮らすと日本語がど

第Ⅰ部　言語発達論

うしても優性になることを知っている親が、あえて家庭内では英語のみを用いるようにしているといったケースがこれにあたる。しかし多くの場合、子どもの日本語使用が多くなり、家庭内でも日本語が用いられるかたち、つまり、a）に移行する場合が多い。

②　どちらの親も外国語を母語とする言語環境——在日外国語家庭型

在日外国語家庭型はさらに以下の3つに分けることができる。
　a）　バイリンガル型：一人二言語型——親が自分の母語と日本語の両方を用いる。
　b）　モノリンガル型：主流言語型——親が日本語のみを用いる。
　c）　モノリンガル型：少数言語型——親が自分の母語のみを用いる。

　a）は親が二言語を用いるわけだが、多くの場合、親の日本語の能力は低く、子どもの日本語力がすぐに上回るため、うまく機能しなくなる場合が多い。b）のケースはほとんど存在しないといわれている。これに対して、c）では、少数言語である親の母語の獲得機会が多く、困難な少数言語の母語維持には効果があるとされるが、実際に日本で暮らしながら完全な外国語のモノリンガル環境を維持することは不可能に近い。

　さらに最近では異なる母語をもつ外国人同士の国際結婚も増えており、外国語家庭環境の言語環境はさらに多様になっている。

③　言語環境の変動

　国際結婚家庭か外国語家庭であるかの分類は変動することにないが、家庭内での言語使用のあり方は変化することが多い。国際結婚型のバイリンガル環境a）であったとしても、親や子どもの言語能力や教育方針によって、家庭内の使用言語は一言語になったり、二言語になることもある。

　外国語家庭の場合、子どもが保育園に入園し主流言語が強くなっていく中で、少数言語話者の親は、様々な理由から主流言語を用いて子育てをするようになる場合が多い。子どもが家庭内にとどまっている間は、親は自分の母語のみを話しているが、日本語を併用したり、母語は控えて主に日本語のみを使うよう

になるといった変化はよくみられる。たとえば，子どもにきょうだいがいる場合，家庭内でも子ども同士は主流言語である日本語を主に話すようになる。さらに，日本滞在期間が長期化するにつれ親の日本語能力も伸び，ほぼ日本語しか話せない子どもとのコミュニケーションに親も日本語を用いるといったケースが多くみられる。

（3）バイリンガル独特の言語の発達

ここではバイリンガル独特の言語発達の特徴について述べる。

①　言語発達の遅れ

同時バイリンガルの子どもが初語を発する時期は12〜13か月でモノリンガルと差がないことがわかっている（Patterson & Pearson 2004）。しかし，一般的にバイリンガルの各言語の語彙数はモノリンガルよりも少ない。なぜなら，バイリンガルの体験や経験は，二言語に分割されてしまうからである。たとえば，国際結婚家庭であっても，片方の親の母語（少数言語）の言語を聞く経験は主に家庭内に限定される場合が多い。外国語家庭で育つ子どもならば，このような経験の偏りはさらに大きい。実際，バイリンガルの子どもが獲得する語彙の種類には偏りが生じることがわかっている。家族では少数言語を話し，家庭外で英語で教育を受けているバイリンガルを含む子どもたち（3〜10歳）の約900名分の語彙理解データを分析した研究（Bialystok et al., 2010）では，総合的にバイリンガルの子どもたちの英語の語彙数が英語モノリンガルの子どもたちより劣っていること，そして，その原因が家庭場面で用いられる英語の語彙の少なさによるものであることを明らかにしている。

一言語の語彙数のみをみると言語に遅れがあると考えてしまうが，実は，バイリンガルの子どもの二言語の語彙の総数は，モノリンガルの語彙数よりも多い。バイリンガルの場合は，2つの言語で同じ意味や概念を示す語である二言語間同義語（山本，2014）が存在するが，実際には20〜30％前後しか二言語間同義語ではない。これが意味するところは，二言語間の対応ラベルは同時には獲得されておらず，二言語で別々に獲得したラベルを統合する作業が必要だと

第Ⅰ部　言語発達論

いうことである。それゆえに，初期の語彙の獲得にはモノリンガルより時間がかかるのかもしれないが，このような作業を行っていく中で言語に対する洞察が深まり，言語そのものに対する知識（**メタ言語**知識）も高まると考えられる。

②　言語能力の大きな変動

　バイリンガルの幼児の親がよく報告してくる現象として，「受容バイリンガル」が知られている。受容バイリンガルとは，一方の言語は理解も産出もできるが，もう一方の言語は理解しかできない状態を指す。この現象は入力と使用の機会の大きな変動によって生じるものであり，子どものバイリンガルの言語では頻繁に観察される。

　たとえば，国際結婚型（日本語─英語）の家庭であっても，夏休みの間等に一方の親の実家に帰省し，英語使用環境にどっぷりつかると，流暢であった日本語を話そうとしなくなり，日本語で話しかけても英語で返すといった受容バイリンガル状態になることがある。それでも国際結婚型の場合は，難しいながらも親が家庭内での使用言語をコントロールすることが可能なため，完全な喪失は免れ，また日本語の獲得が継続される。逆に，休暇が終わり日本に帰国すると，今度は伸びていた英語の能力が失われるといった変化を繰り返すこともある。こういった具合に，獲得中の二言語の能力は環境から多大なる影響を受ける。

　外国語家庭型の継続バイリンガルの場合，環境の影響は，本来の母語の喪失や能力の低迷につながる可能性が高い。外国語家庭の子どもは保育所に通いはじめる時期から急激に日本語の語彙が増加する。親と子どもが過ごせる時間が多くある場合や，親の母語が英語等のように社会的にも経済的にも価値が高く，その言語で教育を受けることが可能である場合（たとえばインターナショナルスクールに通学させる）や親自身の言語教育に対する意識が非常に高ければ，親の母語を維持させることは可能である。しかし多くの場合，家庭でしか用いられていない親の母語は体系的に学習される機会がなく，家庭の外の日本語と同レベルで獲得されることは困難であり，親の母語は理解できても話せない，もしくは理解もおぼつかないというレベルの受容バイリンガルが在日外国語家庭

第5章　話し言葉の発達

型で多くみられる。後述するが，移民の世代間の継承語の喪失は一般的であることからも，外国語家庭型における子どもの受容バイリンガルの状態は恒久化してしまう可能性がある。

（4）外国語家庭の子どもの日本語と母語の能力

　幼い子どもの二言語（多言語）獲得は，言語獲得と言語習得の隣接領域である。言語獲得とは，第一言語，一般的に母語の獲得の過程についてのもので，言語習得は外国語の習得過程についてのものである。

①　日本語は外国語なのか？――第二言語と臨界期

　幼少期のバイリンガルにとってどちらの言語が第二言語なのだろうか。外国語家庭に育ち，親の母語の少数言語が第一言語だった場合，保育所に通うようになってから接触した社会の主流言語は，時間軸的な観点からみれば第二言語となる。1つの目安として，先に紹介したBFLAとBSLAの分類に沿うならば，3歳頃以降に追加された言語は外国語として獲得されると考えることができる。これは，脳の側性化の時期とおおむね一致し，母語獲得の臨界期でもある。しかし，この時期以降に，外国語と接触しはじめたとしても，ほぼ母語話者と変わらない能力を獲得する場合も多くある。

　たとえば，発音については，年齢効果（早く接触するほど母語のようにできる）があることがある程度証明されている。オヤマ（Oyama, 1976）では6～10歳までの間に移民した者は母語話者同様の発音をしていると判断されている。さらに，自然な獲得環境（特別な訓練や授業を受けていない環境）において，その臨界期は6歳頃（Asher & Garcia, 1979）や10歳前後（Thompson, 1991）とされている。しかし，文法や語彙といったその他の言語の側面に同じような臨界期があるかという点についての議論の決着はまだついていない。文法獲得の年齢効果があることをジョンソンとニューポート（Johnson & Newport, 1989）は示しており，具体的には3～7歳の間に英語と接触しはじめた場合，英語母語話者と同様のレベルに到達できたことを報告している。その一方で，カミンズ（Cummins, 1981）をはじめとする研究者は，年長者のほうが年少者よりも文法

141

第Ⅰ部　言語発達論

能力が優れているという結果を得ている。文法や語彙の獲得においては，ある程度第一言語で知識が確立していたほうが，第二言語での獲得に有利に働くようである。

②　みせかけの日本語の流暢さ

　幼少期に日本に移住した外国語家庭の子どもの日本語も，聞いただけでは外国人が話しているとは思えないほど流暢である。しかし，学校の勉強で使われる言葉になると，理解があまりできないといった学習上の問題がしばしばみられる。たとえば，算数の問題文をすらすらと読むことはできても，意味がわからないので，解くことができないというような状態である。ここで，家庭で使われている本来の母語で説明すればわかるのかというとほとんどの場合そうではない。どちらの言語でもわからないといった困ったことが起こる。

　このようなことが起こる理由として，学習や思考に必要な言語能力が獲得されていない可能性がある。カミンズ（Cummins, 1984, 2000）は，継続バイリンガルの子どもたちのこのような言語能力のアンバランスさを理解するために言語能力を，具体的で抽象度の低い基本的で簡単なコミュニケーションに必要な言語能力である「伝達言語能力」（BICS：basic interpersonal communicative skills）と，より高度で抽象的な思考に関連する言語能力である「認知言語能力」（CALP：cognitive academic language proficiency）とに分類している。中島（2009）では，さらにカミンズ（Cummins, 2000）の認知力必要度と場面依存度の関係からみた言語活動の4領域と，コエーリョとリヴァース（Coelho & Rivers, 2004）による領域での言語活動能力に必要な学習時間を紹介している。ここでは中島で紹介されているカミンズとコエーリョとリヴァースのモデルを統合した図5-12を用いて解説する。C領域には，場面からの情報は少なく，認知能力も低くても遂行できる言語活動が含まれる。たとえば，単に単語や文章を書き写すような活動がそうである。A領域には，場面依存の情報が多くあり，必要な認知力が低くても行えるような言語的活動が属する。地図やガイドブックをみせて場所を聞く等といった活動である。これに対してB領域には，場面依存が高いが高い認知能力が必要な言語活動が属する。たとえば，理科の実験等の授業は，

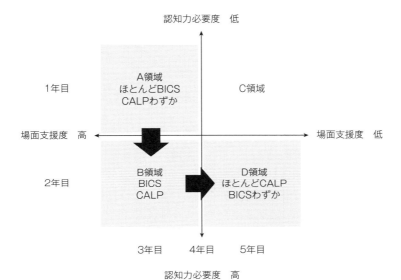

図5-12 言語活動の4領域と必要な言語能力と学習時間
注：年数は言語を学習しはじめてからの長さを示す。

実験を目の当たりにできるが，手続きや結果を言語化するのは認知的に難しい。D領域には，場面依存度が低く，高い認知力を必要とする。たとえば，本を読む，自分の考えを言語化しレポートや口頭で発表するといったものが含まれる。特に，このD領域の活動は高いCALPを必要とし，学校での勉強の多くがこの領域に属す。A領域の活動のように表面的な流暢さは1～2年で習得が可能であるが，D領域となると，母国で8歳以降の移住であれば5～7年，現地生まれを含む8歳以前に移住した場合は7～10年かかるとされる。認知発達的な観点からみると，8歳頃まで本来の母語の環境で「具体的操作期」を終え，「形式的操作期」へ移行する段階に入っていれば，母語で抽象的な思考が可能となり，その能力は外国語にも転移されやすいが，母語での認知的基礎ができあがっていなければ，その外国語でレベルまでに達するのにそれなりの時間がかかるということである。この考え方はバイリンガルの言語能力が相互に依存している「二言語共有説」（Cummins & Swain, 1986）とも呼ばれる。

特に，外国語家庭である場合親が日本語をあまり得意でないことが多く，子

どもの CALP が十分であるかを見定めることが非常に困難であり，教師であっても表面的な流暢さに惑わされてしまいがちである。各言語の本質的な能力を見極めたうえでの支援が必要である。

（4）外国語家庭の子どもの母語の心理的な重要性

　多言語を話す子どもの言語の母語は，変動する各言語の能力を用いながら，可変的な言語環境や社会環境と相互作用を通して形成される。

①　子どもにとっての「母語」とはなにか？

　ここまで「母語」＝（時間軸的観点からの）「第一言語」といったとらえ方で解説をしてきたが，スクトナブ-カンガス（Skutnabb-Kangas, 1989）は基準として次の4つを設けている（訳は高橋，2013より）。①接触時期：人が最初に学んだ言語，②運用能力：人が最も良く知っている言語，③機能：人が最もよく使用する言語，④アイデンティティ：（内的）人が自分のものだと認識する言語，（外的）他者によってその言語のネイティブスピーカーだと認識される言語。

　モノリンガルの日本人にとっては，この4つの側面すべてで日本語が母語といえる場合が多い。しかし，どのようなタイプのバイリンガルであっても二言語を聞いて育つ子どもにとっての「母語」は，一言語のみではない。①の接触時期以外の側面は，すべて，言語環境と言語能力とともに変化する。特に外国語家庭において，子どもの母語は，機能的，運用能力的，そして**アイデンティティの側面でも日本語になる場合がある**。つまり自分の親とは異なる「母語」をもつようになる。

②　「母語」の心理的役割
——親との情緒的なつながりとアイデンティティの形成

　多民族国家アメリカでは，全人口の5分の1が英語以外の言語を家庭で話し（Shin & Kominski, 2010），外国から移住してきた親の多くが自分たちの母語のほうが話しやすいと感じる一方で，子どもたちは英語のほうが流暢で話しやす

いと感じている（Costigan & Dokis, 2006）。したがって，移民の多くが3世代目にはもともとの親の母語（継承言語）を完全に喪失する（Sharma, 2006）。これは世代を重ねる中で，人々が移住した社会や文化に馴染んだ結果ととらえることもできるだろう。しかし，親子で「母語」が異なるとどのようなことが起こるのだろうか。

　外国語で心や感情について話すレベルに達するのは非常に難しいことである。子どもの親の母語が未熟で，さらに，本来流暢ではない主流言語を親が無理して用いていると情緒的な事柄についてのやりとりが不十分になり，親があまり援助的でなかったと子どもが感じることが報告されており（Chen et al., 2012），感情の発達や社会化にも影響を及ぼす可能性がある。

　さらに，自分の親の言語が話せない，親の文化やそれに属する人々に対しての親密性や己の文化的アイデンティティの形成が困難となる。特に母語獲得が不完全な時期（8歳頃まで）に来日したならば，いずれの言語も学習言語レベルにならず，勉学を続けることや進学することが難しくなることがある。結果的に家庭でも社会でも居場所がみつけられない，心理的に不安定な状態におちいることもある（中島，2013）。これはニューカマーの家庭の子どもに起こりうる問題として意識しておかなければならないことである。

　外国語家庭の子どもについては，日本語の発達の遅れや問題に注目しがちであるが，親と母語で話し続けられること（母語維持）の心理的な重要性を忘れてはならない。

（5）バイリンガルのメリット──経験から獲得される言語以外の特徴

　一昔前は，幼少期にみられる言語の遅れや移民に対する偏見から，幼少期からの二言語獲得は言葉自体の発達や学校での学習に悪影響があると考えられてきた。しかし，近年の研究の多くが，二言語を聞いて育つ子どもはモノリンガルよりも認知的に優れていることを示している。特に，二言語使用は前頭葉の**実行機能**系の発達を促進する（詳しくは，久津木，2014のレビューを参照のこと）。さらに，2つの言語間のみならず，2つの文化間を常に行き来するバイリンガルの子どもは人に対する観察力が高く，他者の心の理解の能力が高い可能性も

第Ⅰ部　言語発達論

示唆されている。しかし，前節まで見てきたように，二言語使用には様々な状態があるため早期から外国語を学んでいれば上記のようなメリットがあると考えるのは早計である。まずは1つの言語，できれば本来の母語で認知的な基礎を確立することが最重要である。

　二言語が話せることは子ども自身にとっても財産であるが，国際化が急速に進む社会にとっても貴重な財産である。この能力が健やかに育つような環境作りや支援が必要である。

（久津木　文）

第6章　読み書きの発達

　国際的な流動化が進む現代社会では，日本で暮らす外国人児童のように，家庭では日本語以外の言語を話しつつ，学校等で日本語の読み書きを学習する子どもが増えている。あるいはその逆に，海外で現地の言葉で学びつつ，家庭や補習校などで日本語の読み書きを学ぶ子どもも多い。そうした意味で，日本語の読み書きを学ぶ子どもたちの環境は多様化している。ただし本章ではそこまで範囲を広げることはせず，まずは日本で暮らす日本語母語話者の読み書きの習得過程に限定して論じることで，日本語の読み書きの発達について基本的な知識を提供することにしたい。また，本章では必要に応じて，英語圏の研究を中心に日本語以外の言語の研究も参照することにする。異なる言語と比べることによって，読み書き獲得の一般的な特徴が明らかになるだけでなく，日本語の固有性もまた明らかになるだろう。本章は子どもたちの読み書きの習得過程を包括的に説明するものではないが，読み書き習得の一般的な特徴と，その中での日本語に固有の特徴の両方について，バランスの取れた記述を目指したい。

　文字が身近な環境である日本のような社会では，子どもたちは幼児期の早い時期から文字の存在に気づき，子どもなりの理解をしつつ，遊びを通じて文字の世界に接近していく。ただし，書き言葉と呼ばれる，話し言葉とは異なる特徴をもった言語を十全に身につけるためには，学校で系統的な教育を受ける必要がある。この2つの段階を経て読み書きを獲得するのが，日本だけでなく，読み書きが普及した社会で育つ子どもたちに共通する道筋である。一方，日本

第Ⅰ部　言語発達論

語で特徴的なのは，平仮名と漢字のように複数の表記システムを身につける必要がある点である。しかも，この2つの表記システムは習得に要する時間が異なるだけでなく，読み書きに果たす役割も異なっている。このことが他言語にはない日本語の読み書きの特徴となっている。

1　萌芽的リテラシー

　萌芽的リテラシー（emergent literacy）とは，読み書きを身につける前の子どもたちが遊びの中で示す，あたかも読み書きができるかのようにふるまう様々な活動のことである。文字の読み書きができなくても，図6-1のようなものを書く子どもは多い。何と書いてあるのか尋ねると，読んでくれることもあるし，自分で書いているにもかかわらず，こちらに読んでほしいと言うこともある。この時期の子どもたちは，私たちとは少し異なる文字理解をしているようである。

　この時期の文字理解の特徴をよく示すものとして，カード移動課題（moving word task）が知られている（Bialystok, 1992; Takahashi, 2012）。字がまだ読めない子どもに単語が書かれたカードを見せ，読み方を教える（たとえば，ねこと書かれたカードを見せて「ねこ」と読むことを教える）。そのカードをネコの絵の下に置き，何と読むか再度尋ねると，子どもたちは「ねこ」と答える。次に，そのカードが，風が吹くなどして偶然に，あるいは実験者によって意図的に，隣に置かれた椅子の絵の下に移動してしまう。そのようになった後で，再度そのカードは何と書いてあるのか尋ねると，「いす」と答える子どもが多いのである。子どもたちは，同じ文字列であっても状況によって読み方が変わるものだと考えているようである。

　また，この時期には，「ゾウ」と「アリ」を文字で書くと言って，「ゾウ」は大きく「アリ」は小さく「文字らしいもの」を書いたり，「ヘビ」という字を書くと言って，くねくねとした横長の線を書くこともある。子どもたちなりの工夫としては微笑ましいが，大きさや長さのような，対象の物理的特徴をそのまま文字で表現しようとしてしまっており，文字という表記システムの理解と

第6章　読み書きの発達

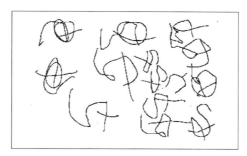

図6-1　疑似文字の例

しては適切ではない（Levin & Korat, 1993; Levin & Landsmann, 1989などを参照のこと）。またこの時期，広告のロゴを覚え，読めるようになる子どももいる。けれどもこの場合も，別の紙に通常の文字で書いて見せるなど，文脈的な手がかりを除いてしまえば読めないことが多いので，これもまた文字理解としては十分なものではないだろう（Masonheimer et al., 1984）。

　この時期の子どもたちは，文字が絵とは異なる表現手段であること（表現規則）は理解しているようであるが，カード移動課題の反応のように，同じ文字列でも状況によって読み方が変わると考えていたり，描画と同様，表現すべき対象との知覚的な類縁関係で表現しようとするなど，文字が何と，どのようなルールで結びついているのか（対応規則）は理解できていないようである（高橋, 2001a）。対応規則の理解には，文字が本来対応すべき対象である，話し言葉の音についての理解が進まなければならない。それが音韻意識である。

2　音韻意識

（1）音韻意識とは

　音韻意識（phonological awareness：音韻認識と訳されることもある）とは，話し言葉について，意味にではなく音の方に注意を向け，操作する能力を指す。「つくえ」が目の前の机を指すだけでなく，最後の音が「え」であるとか，逆から言うと「えくつ」と言えるような能力である。「言葉について」考える能

第Ⅰ部　言語発達論

力であることから，メタ言語の能力の一種ということもできるだろう。音韻意識は多くの言語で読みの習得の前提となることが知られている（Adams, 1990；天野，1986などを参照のこと）。音韻意識がなければ，文字が音に対応していることをそもそも理解することができないからである。

　音韻意識は話し言葉の音に注意を向け，操作する能力であることから，そもそも「話し言葉の音」とは何なのかを知っておく必要がある。まずはそこから見ていくことにしよう（詳細は窪薗・本間，2002などを参照のこと）。

（2）音韻・音声

　言語学には，音声の物理的な特徴を対象とする音声学（phonetics）と機能的な側面に焦点を当てる音韻論（phonology）という2つの分野がある。機能的というのは，心理学的な言い方をするならば，私たちがそのように認知しているものとしての音を扱う分野である。たとえば，「ピアノ」の2番目の音は，実際には「ヤ」に近い音で発音されているにもかかわらず，私たちは「ア」という音として認識している。読み書きと直接関わりがあるのは，この音韻論的な意味での音の方である。

（3）音素・音節・モーラ

　機能的な音の最小単位を音素（phoneme）と呼ぶ。日本語の音素は，5種類の母音（vowel：V）と13種類の子音（consonant：C），2種類の半母音（/j/, /w/），3種類の特殊音素（促音「っ」，撥音「ん」，長音（伸ばす音）があり，それぞれ /Q/，/N/，/H/ で表される）からなる。

　母音（V）を中心として前後に子音（C）が組み合わされた音のまとまりの単位が**音節**（syllable）である。英語の場合には，母音の前後に複数の子音が付くことが一般的であるが（たとえば desk は CVCC という1音節の単語である），日本語の場合は CV の構造をもった音節が多い（「か」「さ」はそれぞれ /ka/, /sa/ という CV 構造の音節である）。ただし例外もあり，特殊音素は母音の前に組み合わされることはなく，母音の後にしか現れない。このように，母音の後に特殊音素がついた CVC 構造をもつ音節を，特殊音節と呼ぶ（「き<u>って</u>」の

150

第 6 章　読み書きの発達

表 6-1　平仮名・音節・モーラの関係

音節のタイプ	例	音節の数	モーラの数	文字の数
基本的な音節 　CV または V（清音・濁音・半濁音）	くつ	1 音節	1 モーラ	1 文字
特殊音節 　CjV（拗音）	きゃべつ	1 音節	1 モーラ	2 文字
CVN/VN（撥音）	ぱんだ	1 音節	2 モーラ	2 文字
CVH/VH（長音）	ぶどう	1 音節	2 モーラ	2 文字
CjVN/CjVQ/CjVH（特殊音節の組み合せ）	やきゅう	1 音節	2 モーラ	3 文字

/kiQ/，「きりん」の /riN/，「とうふ」の /toH/ など）。さらに，半母音 /j/ は CV 音節の C と V の間に入って CjV という構造をもった音節を構成する（「きゃ」など：拗音）。/w/ も過去には CwV という音節（「くゎ」/kwa/ など）が存在したが，現在では一部の方言や擬音語等でしか発音されない。

　音節に類似した音の単位として**モーラ**（mora）がある。「とんぼつり　きょうはどこまで　いったやら」という俳句は文字で数えると 5・8・5 文字，音節で数えると 4・6・4 音節である（なぜそうなるかは音節の定義から考えてみてほしい）。けれどもわたしたちは直観的に 5・7・5 のリズムになっていると感じる（と・ん・ぼ・つ・り　きょ・う・は・ど・こ・ま・で　い・っ・た・や・ら）。それは，「とん（/toN/）」「きょう（/kjoH/）」「いっ（/iQ/）」という特殊音節をそれぞれ「と・ん（/to・N/）」「きょ・う（/kjo・H/）」「い・っ（/i・Q/）」のように 2 つに分ける方が自然だからである。このような規則的なリズムの単位をモーラという。こうしたことから，/Q/，/N/，/H/ は，モーラを基準として，特殊音素の代わりに特殊モーラと呼ぶこともある。

　音節とモーラは多くの場合一致しているが，促音・撥音・長音のような特殊音節では 1 音節が 2 モーラとなる。また，平仮名も多くは 1 文字・1 音節・1 モーラとなっているが，特殊音節の場合はこの対応関係が崩れる（表 6-1）。

　子どもたちが平仮名を習得するのが比較的容易であるのは，それぞれの文字が私たちにとって自然な音の単位（音節・モーラ）に規則的に対応しているからである。一方，つまずきやすいのは特殊音節である（「とらっく」を「とらく」「とっらく」，「こんちゅう」を「こんちう」と書き間違えるなど）。文字と音と

151

第Ⅰ部　言語発達論

の関係が不規則であるだけでなく，場合によっては，音を音節よりも小さな，音素の単位で扱うことも求められるからである（たとえば「とらっく」という音を聞いたときに，「ら」と「く」の間には独立した音の単位がそこには存在していることが理解できなければならない，「きゃべつ」という音を聞いたときに，「きゃ」は他の音と少し異なり，子音と母音の間に /j/ の音が挟まっていることが理解できなければならない，など）。もちろんそうした理解はあくまで直観的なものでしかないが，平仮名の読み書き，特に特殊音節でつまずく子どもたちの多くでこうした音の認識が弱いことが知られている（第11章を参照のこと）。

（4）日本語の音韻意識の測り方

音韻意識を測る課題として，様々なものが知られている（高橋ら，1998）。主なものを表6-2 にまとめておく。一般に表の上から下にかけて難しくなる。音韻意識は通常，4 歳くらい（幼稚園であれば年中児）から急激に発達する。分解課題（タッピング）でも，最初は「てつぼう」と言いながら一度しか手をたたかなかった子どもが，「てつ・ぼう」「て・つ・ぼう」「て・つ・ぼ・う」のように，音節，さらにはモーラ単位でリズムを刻むことができるようになる。このように音節単位，あるいはモーラ単位で音を操作できるようになると，多くの子どもたちは平仮名が読めるようになる（天野，1986）。

日本語を母語とする私たちの音韻意識は，音節あるいはモーラ単位のものであるので，子どもたちも音素レベルの音韻意識をもつことは少ない。一定の年齢になれば，「ぴあの」の最初の音が「ぴ /pi/」であることを理解するのはそれほど難しいことではないが，音を音素レベルでとらえ，/p/ を抽出したり削除するような音韻意識課題に正答するのは中学生でも難しいのである（津田・高橋，2014）。たとえば，「ぴあの」から最初の /p/ の音を削除したらどうなるのか？　答えは「いあの /iano/」である。また，こうしたことができる生徒はスペルの成績（音を聞いて正しく綴ること）も良い。こうした点から，音韻意識とは，それぞれの言語の音韻と表記の両方の影響のもとに成立するものであることがわかる。ちなみに，英語を母語とする子どもたちが英語の読みを習得する際にも音韻意識が重要であることは言うまでもないが，その際の単位は音

第6章　読み書きの発達

表6-2　日本語の音韻意識の課題例

課題の種類	内　容
分　解 （タッピング）	聴覚呈示された単語をモーラに区切って発音したり，タッピングを行う
抽　出	聴覚呈示された単語の中の指定の場所のモーラを特定する
逆　唱	聴覚呈示された単語を逆から言う
置き換え	モーラを置き換えて新たな単語を作る（例：「みかん」の「み」を「や」に置き換えると何になる？）

節ではない。アルファベットは平仮名と異なり，音節にではなく，音素に対応しているからである。英語の読み書きに必要な音韻意識の単位については論争があるものの，音節よりも下位の単位であるオンセット・ライム（CVCであれば，母音の前のCがオンセット，VCがライムである），あるいは音素であることが知られている（Ziegler & Goswami, 2005）。

3　リテラシーを育てる社会文化的環境

　しりとり，なぞなぞ，回文，だじゃれなど，子どもの周囲には様々な言葉遊びが存在する。こうした言葉遊びは音韻意識と密接な関わりがあることが知られている。たとえばしりとりができるためには，単語の語尾音の抽出が必要であるばかりでなく，その音を語頭音にもつ単語を想起することができなければならない。そうした意味で，しりとりのような言葉遊びを楽しむためには，一定の音韻意識が前提となるのである。しかしながら，自分ひとりでは適切な言葉を答えることができない年少の子どもでも，年長のきょうだいや大人の助けがあれば，言葉遊びに参加し，楽しむことは十分に可能である。年長者は年少の子どもが遊びに参加できるように，様々なヒントを与える。ある場合には答えるべき語尾音が何かを教え，ある場合には答えるべき単語のヒントを与える。たとえば，「スイカ」に対し，次は「か」のつくものを答えるんだよと教え，場合によっては「か」のつく「黒くてカーカー鳴く鳥ってなに？」などとヒントを出し続ける。周囲の年長者はこのように**足場づくり**（scaffolding：Wood et al., 1976）をすることで，十分な音韻意識をもたない子どもたちであっても遊

153

第Ⅰ部　言語発達論

びに参加し，楽しめるだけでなく，そうした経験が子どもたちの音韻意識を育てることにもなるのである（高橋，1997）。

　識字率が高く，読み書きができることが当然とされる日本のような社会では，文化的環境として，家庭の中でも外でも文字の世界が広がっており，子どもたちは生まれたときからその世界の住人となる。そして，文字という表記システムの存在に気づき，子どもたちなりに理解しつつ遊びの中でそれを使いこなす。それが萌芽的リテラシーという活動である。さらに，様々な言葉遊びを通じて音韻意識を身につけることにより，日本で育ち日本語を母語とする子どもたちの多くは，幼児期に平仮名の読み書きを身につけていく。音韻との対応関係からみると平仮名は非常に習得が容易な表記システムであることも，それを助けている。子どもたちは日常生活の中で，文化的な環境である日本語という言語，文字の世界に最初から参加し，その存在に気づき，遊びを通じて最初からその世界の住人でありつつ，発達とともに住人としてのあり方，暮らし方を変えていく。それが幼児期の日本の子どもたちが平仮名の読み書きを身につけるということなのである。

4　学童期の読み書き

（1）読むことへの習熟

　子どもたちの多くは平仮名の読みを，小学校入学前に身につけている。島村・三神（1994）によれば，基本的な平仮名（清音・濁音・半濁音・撥音，計71文字）の読字数の平均は，5歳児クラス幼児（平均年齢6歳2か月）で65.9文字（92.8％）であった。一方，文字と音節，あるいはモーラとの対応関係が不規則な特殊音節の読みの習得は遅れ，5歳児クラスでも60％台にとどまる。

　幼児期の習得状況にかかわらず，子どもたちは小学校入学後，全員が同じように，1年生の1学期を通じて特殊音節も含む平仮名の読み書きを一文字ずつていねいに教えられる。したがって形式的には，1学期の終わりには全員が平仮名の読み書きができることになるが，実際には1年生の3学期になっても読

154

第6章 読み書きの発達

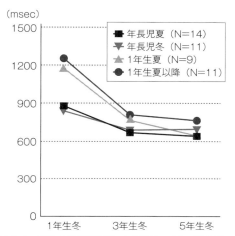

図 6-2 読みの習得時期による読みスピードの違い
注：年長児夏（年長児の夏の段階で読みを習得していた者），年長児冬（年長児冬の調査で読みを習得していた者），1年夏（1年生夏の調査で読みを習得していた者），1年夏以降（1年生夏の調査以降に読みを習得した者）
出所：高橋，2001b より作成

み書きを身につけた時期によって習熟の度合いには大きな違いがある。

図6-2は，1年生・3年生・5年生の3学期に子どもたちの読みスピードの測定を縦断的に行った結果である（高橋，2001b）。具体的には，パソコンのディスプレイ上に平仮名で単語を呈示し，読みはじめるまでの時間を測定する。子どもたちは平仮名の読みの習得時期によって，就学前に読みを習得していた2グループと，入学後に読めるようになったグループ，1年生1学期の終了時点でもまだ読めない文字が残っていたグループの4グループに分かれている。グラフから，全員が平仮名の読み書きができるようになっている1年生の冬の段階でも，子どもたちの読みの習得時期によって読みのスピードには大きな違いがあることがわかる。また，子どもたちには同時に読解力検査も実施しているが，読みのスピードが速いほど読解力は高いという関係が見られた。つまり，小学校入学後に平仮名の読み書きを習得した子どもは，就学前から読めるようになっている子どもに比べ，読むスピードは遅く，読むスピードが遅い子どもは読解力検査の得点も低いのである。ただしこの関係は，小学校段階を通じて

第Ⅰ部 言語発達論

見られるわけではない。この研究では，同じ子どもたちに対して３年生・５年生時点でも同様に読みのスピードを測定し，読解力検査も実施しているが，図6-2からわかるように，３年生になると読みの習得時期による読みスピードの違いはなくなる。それだけでなく，読みのスピードと読解力の関係も薄れていく。

　このことからわかるのは，平仮名が読めるようになることと，流暢に読めるようになるということは別問題であり，流暢に読めるようになるためには一定の時間が必要である，ということである。また，流暢に読めなければ中身を読み取ることも制限されるのである。ただし時間はかかるものの，平仮名の読みは小学校中学年段階には読みの習得時期にかかわらず流暢になり，読解を制約するものではなくなる。

　ところで英語圏では，読み能力のモデルとして，「読みのシンプルモデル（simple view of reading）」（Gough & Tunmer, 1986; Lonigan, 2015）が知られている。シンプルモデルによれば，読解の能力は，復号化のスキル（decoding skill）と言語能力（language ability）の２つから成り立っている。言語能力は，音声言語とも共通する一般的な言語理解の能力である。一方，復号化は文字を媒体とする言語に固有のものであり，文字を音に置き換えていく過程を指している。復号化のスキルは通常，単語や非単語の読みによって測定される。平仮名を用いる日本語や，アルファベットを用いるにしても発音と表記の関係が規則的なスペイン語やドイツ語などと異なり，英語では文字としてのアルファベットを知ることと，その組み合わせを正確に読み，綴れるようになることとの間には大きな隔たりがある。国際比較研究によれば（Ellis et al., 2004），日本語を母語とする子どもたちでは，平仮名で書かれた単語の読みの正確さは１年生で上限に達するが，英語を母語とする子どもたちが英単語でその水準に達するのは３年生になってからである。しかも英語圏では，小学校段階，とりわけ低学年段階では，このようにして測定された復号化の成績によって，読解の成績の多くの部分が説明されるのである（Lonigan, 2015などを参照）。

　したがって，日本語・英語とも，読みを習得した初期には，入力段階（単語の読み）が読解を制約するという共通点がある一方で，英語ではそもそも単語

第6章　読み書きの発達

が読めるかどうかが，日本語では読めたとしてそれが流暢に行われるかどうか
が問題となるのであり，表記システムによって読みの習熟の過程は異なる。

（2）漢字の役割

　日本語の表記システムの中で，平仮名とともに重要な位置を占めるのは漢字
である。幼児期から遊びの中で覚えていく子どもが多い平仮名と異なり，漢字
は学校教育を通じて系統的に学習する。現行学習指導要領によれば，小学校段
階で1,006文字の教育漢字を学習することになっているだけでなく，学年ごと
に学習する漢字も指定されている。ただし，実際にはその目標が十分に達成さ
れているわけではない。小学生の各学年で学習する漢字の，次年度1学期にお
ける読みの正答率はいずれの学年も80％台を維持しているものの，書く方は3
年生以上になると60％台に下がってしまうのである（総合初等教育研究所，
2005）。

　漢字と平仮名の違いはそれだけではない。日本語における平仮名，英語にお
けるアルファベットと同様，漢字が読めることは，漢字仮名交じりで表記され
る日本語の文章を正しく読む（狭い意味で「読む」，すなわち音に直す）うえで必
須の条件であるが，漢字の役割にはそれ以上のものがあるのである。漢字の知
識は日本語の語彙と密接に結びついているからである。たとえば小学生を対象
とした語彙検査と漢字検査の間には，一貫してr＝0.5〜0.6の中程度の相関が
見られることが知られている（高橋・中村，2009，2015）。漢字を学習する際に
は，単にその漢字の読み方・書き方を学習するだけでなく，それを用いた熟語
や用例も学習する。それだけでなく，読書中に知らない単語が出てきた場合も，
そこに既知の漢字が含まれていれば，意味を推測することはある程度可能であ
る。次節で述べるように，学童期の子どもたちは読書を通じて多くの語彙を獲
得しているが，漢字の知識はそれを助けてくれるのである。平仮名やアルファ
ベットは言語音と対応しているが，漢字の場合はそれに加え，単語や，単語の
要素である，意味の単位としての形態素にも対応しているからである。

　総合初等教育研究所（2005）の調査結果からも明らかなように，漢字の読み
を学習するよりも，正確に書けるようになることの方が難しく，漢字の書字に

157

第Ⅰ部　言語発達論

誤答の種類	字形	問題例	解答例
1．字形のみの誤り	誤	あさから（あめ）がふっている。	 雨
2．同音異字 （読みが同じで異なる漢字）	正	はん（たい）のいけん。	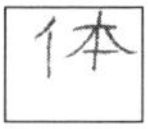 体
	誤	（とく）いな　スポーツ。	 続
3．形態類似 （文字の形態が似ている漢字）	正	か（ぞく）と　くらす。	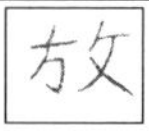 攺
	誤	プレゼントを（つつ）む。	 包
4．意味類似 （意味が似ている漢字）	正	（さん）すうの　じかん。	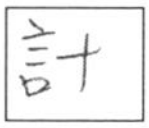 計
	誤	ちからいっぱい（はし）る。	 赤
5．無関係な漢字 （読みも形も意味も関係のない漢字）	正	しあいに（か）つ。	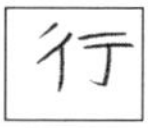 行
	誤	みずを（あ）びる。	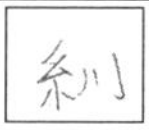 糾
6．白紙			

図6-3　漢字書き取りの間違いの例

出所：高橋・中村，2015より

著しくつまずく子どもたちも存在する（後藤ら，2008；岡本，2014などの文献展望を参照のこと）。書き取りのテストをすると、その漢字が書けないだけでなく、様々な書き間違いが見られる。図6-3は子どもたちの書き間違いを分類したものである。この中では、「反対」を「反体」、「確率」を「確立」と書くような、同音の異なる漢字を書く誤りが学年の上昇とともに増加し、書字の誤り全体の中で多くを占めるようになる（高橋・中村，2015）。ただし、こうした誤りは同じ発音の漢字を複数知っていることで初めて生じるものであり、この種の誤りが多くても、全体として見れば書き取りの成績が悪いわけではない。一方、書き取りの成績と関わりが深いのは字形・筆順に関するものであり、これらが不正確な子どもの書き取りの成績はよくない。書字のつまずきが大きい子どもの事例研究でも同様の指摘がされており、子どもたちにとって正確な筆順で、正

しい字形を覚えられないことが漢字書字の中心的問題であると考えられる。もちろん漢字の筆順に唯一の正解はないので，そこにこだわりすぎるのは良いことではない。ただし，書字困難の子どもたちについては筆順の不正確さが指摘されているだけでなく（岡本，2014），成人でも漢字を想起する際に，実際に書く前に手のひらや目の前の空間に書いて思い出すことが知られている（佐々木・渡辺，1984）。決まった筆順で，すなわち子どもたちの場合は習ったとおりの筆順で書けることが，字形を正確に想起することを助けていると考えられる。

（3）学童期の語彙

第5章で説明したように，幼児期の子どもたちは急激に語彙を増大させるが，学童期の子どもたちも多くの語彙を身につけていく。アングリン（Anglin, 1993）の推計によれば，小学校1年生はおよそ10,000語，5年生は40,000語の語彙をもつという。平均すれば，4年の間に1日当たり20語程度の新たな言葉を覚えていることになる。子どもたちは幼児期同様，あるいは幼児期以上に，急激に新しい言葉を覚えているのである。ただし，新たな語彙を獲得するメカニズムに関しては，幼児期とは違いがあるように思われる。

学童期の子どもたちが新たな語彙を獲得する，すなわち単語の意味をどのように理解していくのかを知るためには，そもそも子どもが「単語の意味を知っている」とはどういうことなのかというところから考えてみる必要がある。たとえば，「あせる」という言葉の意味を，次の選択枝の中から選ぶ場合を考えてみよう。「1．いやがる，2．あわてる，3．よろこぶ，4．あきらめる，5．こまる」。こうした問題形式は語彙検査でよく見られるものであるが（たとえば，天野・黒須，1992；高橋・中村，2009），選択肢としてどのような言葉を用いるかで難易度は大きく異なる。正答以外はまったく異なる意味の言葉を用いる場合よりも，この例のように，似通った意味の言葉を選択肢とした方が難易度は高くなるだろう。この例の場合は，3以外の選択肢はいずれも否定的な感情を表す語なので，子どもが漠然と「嫌な感じ」をあらわす概念しかもっていなければ，これらの語の意味の違いを正確に区別することは難しい。幼児期の語彙と違い，学童期の子どもが単語の意味を正確に知っているということは，

第Ⅰ部　言語発達論

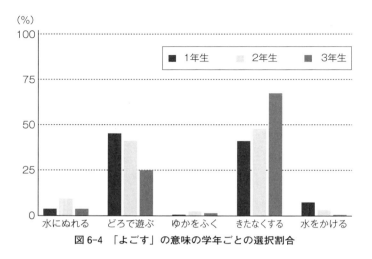

図 6-4　「よごす」の意味の学年ごとの選択割合

このように，互いに似通った語の意味の違いを正確に理解し，区別できることも含まれているのである。

　子どもたちの単語についての知識は，このように，その語の意味を知っているか知らないかで二分できるようなものではない。その間には，漠然と大雑把に知っているレベルから，類似の意味をもった語の意味を正確に区別できるレベルまで，幅があるのである。図6-4は小学校1〜3年生に「よごす」という言葉の意味を尋ねたものであるが，「どろで遊ぶ」を選ぶ子どもは学年とともに減少し，「きたなくする」が増えるのは，学童期の子どもたちの語彙獲得が，曖昧な理解から精緻な理解へという道筋を辿っていることを示唆するものである。このように，学童期の子どもたちは，多くの単語の意味を知るだけでなく，洗練された語彙を身につけていく。

　さて，それでは学童期の子どもたちはどのようにして新規な語彙を身につけているのだろうか。本章のタイトルにもあるように，学童期の子どもたちが身につける言語能力の最大のものは，文字を表現の手段として用いる読み書きの獲得であろう。それは，書き言葉と呼ばれるものである。書き言葉については本章の最後に論じるが，語彙について見ると，書き言葉と話し言葉の最大の違いは，用いられる単語の種類であり，書き言葉で用いられる単語の方がその種

図 6-5　学童期の語彙と読書の循環的な関係

類が格段に多いことが知られている。そのため，話し言葉のみで，すなわち家庭や学校での会話やテレビの視聴のみからでは，学童期に身につけるうえで必要十分な種類の語に接することはない（Hayes & Ahrens, 1988）。そうしたことから，学童期の子どもたちは新規な語彙を，主に文字を介して，すなわち読書を通じて身につけていくと考えられている（Nagy, 1997; Swanborn & de Glopper, 1999）。子どもたちが本などの文章（テキスト）を読む際に，知らない単語が多く含まれていると，文章全体の理解が妨げられるが，知らない語が含まれる割合が小さければ理解が妨げられることはない。また，その知らない単語について，前後の文脈等から正しく意味を推測することも子どもたちはできる。そして，その一部を子どもたちは語彙として身につけていくのである。毎日の読書時間はささやかなものであるが，年間を通じてみれば多量のテキストを読んでおり，これが学童期の語彙獲得の重要な経路となっていると考えられる。

　学童期の語彙がこのようなものであることから，この時期の語彙と読解力との間には密接な関係があり，語彙が豊富な子どもは読解力も高いことが繰り返し確かめられている（Muter et al., 2004; Ouellette & Beers, 2010；高橋, 2001b；高橋・中村, 2009）。しかも，縦断研究の結果から，語彙の成績がよければ読解力が高いだけでなく，読解力が高ければ後の語彙の成績も高いという，相互的な関係があることも指摘されている（高橋, 2001b；Verhoeven et al., 2011）。こうしてみると，学童期の子どもたちは，読書を通じて豊富な語彙を身につけ，そ

第Ⅰ部　言語発達論

れが読解力を支え，その読解力がまた質の高い読書を保証するというように，三者の間には図6-5のような循環的な関係があると考えられる。

（4）読解の過程

　読解（reading comprehension）とは，文字で書かれたまとまりのある文章（テキスト）を読み，それを理解することである。読み手が読解の過程で生成する表象は通常，2つのレベルに分けられる（Kintsch, 1998）。1つ目のレベルはテキストベース（text base）と呼ばれ，それぞれの文の意味的な要素（命題）の連なりからなる，テキスト全体のまとまりである。テキストベースがあれば，テキストの要約を行ったり，テキストに書かれている字義通りの質問に答えることができる。もう1つのレベルが状況モデル（situation model）である。私たちがテキストを読む際には，テキストに関連して私たちがもつ知識も参照している。たとえば私たちが新聞で野球の記事を読む場合には，野球のルールや記事に出てくるチーム，選手についてあらかじめもっている知識も参照し，それを組み込みつつ読み進めるだろう。そのような理解を反映したものが状況モデルである。状況モデルがあれば，文章中に直接言及されていないことでも適切に推測することができる。ただし，この2つのレベルは概念上の区分でしかない。両者は理解の二側面を表しており，実際の読解過程は両レベルの理解が並行して，あるいは相互作用しつつ進む（Kintsch et al., 2012）。したがって，読解力とは，テキストから質の高いテキストベース，状況モデルを作り上げる能力であるということができるだろう。

　テキスト中の文と文の間には，「つながり」がある。文章を読み進める過程で，読み手はその「つながり」を見出し，あるいは積極的に作り上げていく。「つながり」の形式的な関係を結束性（cohesion），意味的な関係を一貫性（coherence）と呼ぶ（玉岡, 2014）。結束性は，接続詞や照応表現などによって実現される。たとえば「財布を拾った。財布には5千円入っていた。」という文章で，2番目に出てくる財布は前文で出てくる拾った財布のことを指している。このような，文と文の間での語の対応関係を照応という。照応表現には，「これ」や「その」などの指示詞や代名詞も含まれる。一方の一貫性は次のような

162

ものである。たとえば「空が暗くなってきた。大粒の雨が降り出した。」という文章で，「空が暗くなること」と「大粒の雨が降り出すこと」との間には因果関係があることを私たちは理解できる。読み手は，「空が暗くなること」から，雲が出てきたこと，天気が悪くなってきたことを推論し，「大粒の雨が降り出すこと」との間に一貫性を確立する。一貫性は，こうした因果関係のほかに，論理的な関係，時間・空間関係などによって実現される。一貫性には近接する文と文との間の意味的な関係（局所的一貫性）だけでなく，現在読んでいる部分とそれまで読んできた部分，さらに，読み手のもつ知識との関係（全体的一貫性）のように，2つのレベルがある。テキストにあらかじめ存在している結束性や一貫性を見出すだけでなく，推論の能力を駆使して読み手自身がそれらを作り上げるのが読解の過程である。読解を支える技能・知識としては，推論の能力のほかにも，豊富な語彙，背景知識，説明文や物語などのような文章の構造に関する知識，モニタリングの能力などが関わっており，こうした技能・知識の高低で読解の成績に違いが見られることが知られている（福田，2012；Lonigan, 2015などを参照のこと）。

（5）書き言葉の習得

音声を表現手段とする話し言葉（音声言語，口頭言語）に対し，文字を表現手段として用いる言語は書き言葉（書記言語，文字言語）と呼ばれる。言語能力は理解と産出の組み合わせからなるが，話し言葉では聞くことと話すことが，書き言葉では読むことと書くことがこれに対応する。

学童期の子どもたちは，基本的な文法を獲得し，語彙も豊富にもっており，構音もおおむね正確であることから，母語話者として，基本的ではあるが十分な話し言葉の能力を身につけているといえるだろう。学童期以降の子どもたちがそのうえに身につける話し言葉は，電話などの場面も含め，話し相手からの即座のフィードバックが得られる状況のもとで，相手の表情や視線，声の調子，姿勢などにも配慮しつつ，適切な表現手段を選び，聞き手との間の刻々の変化に応じて調整する，社会的な関係の中での総合的な言語運用の能力，つまりはコミュニケーションの能力である（高橋，2012，また，第10章も参照）。

第Ⅰ部　言語発達論

　一方，書き言葉では，目の前に相手がいないことにより，刻々のやりとりの調整が行われることはない。そこから話し言葉とは異なる書き言葉の特徴が生まれる。内田（1989a）は小学校1年生の口頭による物語作りと書いた場合を比較し，文章体（書き言葉）の特徴を以下のように整理している。①動詞の連用形が少なく一文が短い，②敬体または常体の文末表現が文章を通して使われる，③「ね」という終助詞は使われない，④終助詞や接続助詞の多用が見られなくなる，⑤主語の省略が少なく完全文が増える，⑥後置現象が少ない。

　「ね」のような終助詞は，目の前にいる聞き手に対して，話し手が確認をしたり念押しをするために用いられるものなので，文章になれば通常は用いられなくなる。また，リアルタイムに相手との調整が行われる話し言葉と異なり，書くまでに時間をかけることができ，また書いた後での修正も可能な書き言葉の場合は，文章としての完成度も高い。こうしたことにより，書き言葉は，単に表現手段が音声から文字に置き換わっただけではない，話し言葉とは異なる文体上の特徴をもつことになる。

　書き言葉が話し言葉と異なるのは文体だけではない。文章を推敲し，修正する場面に典型的に見られるように，表現とその内容について，意図的で意識的である度合いが強いことも書き言葉の特徴である（内田，1989b；Vygotsky，2001）。さらに，子どもたちは学年が上昇するにしたがって，受動や使役，授受など複雑な関係をもった構文を用い，原因・理由，条件などの副詞節を用いた複雑な文を組み合わせ，読み手のことも意識した一貫性のある文章を書くことができるようになる。しかも，子どもたちは物語文や意見文，生活作文など，ジャンルに応じて文体，全体の構成を柔軟に変えることもできるのである（柴山ら，2015）。このようにして習得された書き言葉は，学童期以降の重要な言語能力であるだけでなく，話し言葉にも影響し，使用される語彙，文法などの点で話し言葉を豊富なものにしていく（岡本，1982；Ravid & Tolchinsky, 2002）。

　バイリンガル教育で知られるカミンズ（Cummins, 2011）は，言語的マイノリティの子どもたちの第二言語習得に関する研究に基づき，言語能力を，比較的短時間で習得可能な対人関係に関するコミュニケーションの能力（Basic Interpersonal Communicative Skills：BICS）と，習得に時間がかかる教科学習に

必要な認知・教科学習能力（Cognitive Academic Language Proficiency：CALP）に分けている。BICS は「よく慣れている場面で相手と対面して会話する力」（Cummins, 2011）であるとされることから，書き言葉習得前の話し言葉がこれに対応しているといえるだろう。一方，CALP は「学校という文脈で効果的に機能するために必要な一般的な教科知識とメタ認知的ストラテジーをともなった言語知識」と定義され，そこには読解力，作文力，発表力，応用力などが含まれる（Cummins, 2011）。したがって CALP の方は書き言葉に対応していると考えることができる。ただしカミンズは，CALP を単に言語能力の 1 つとしてではなく，教科学習の基盤となる言語能力として位置づけている点に特徴がある。カミンズはその後，CALP の前段階として，基本的な読み書きの習得段階を分け，言語能力を 3 つに分けて，名称も，それぞれ会話の流暢度（Conversational Fluency：CF），弁別的言語能力（Discrete Language Skills：DLC），教科学習言語能力（Academic Language Proficiency：ALP）と変えているが，BICS（CF）と CALP（ALP）の区別は踏襲されている。

　また，聾教育の分野では，小学校中学年段階の読み能力の停滞が繰り返し指摘されており（長南・澤，2007など），聾学校の校長であった萩原（1964）はこれを「9 歳の壁」（あるいは「9 歳の峠」）と呼んでいる。アメリカでも同様の指摘があり（Spencer & Marschark, 2010），聴覚障害児の読み能力の伸び悩みは，特定の言語に限定されない一般性のある現象であると考えられる。最近では「10歳の壁」と言われることもあるこの用語は，聞こえる子どもたちも含め，小学校中学年における様々な停滞現象を指す用語として広く用いられるようになっているが（脇中，2013；渡辺，2011），もともとは聴覚障害児の読み能力の停滞と，それにともなう学力の伸び悩みを表す用語なのである。読み能力の停滞がなぜ生じるのか，その理由は現在も十分明らかになっているとはいえないが，読み能力の停滞，したがって書き言葉の伸び悩みが学力の停滞をもたらすことから，書き言葉が学力と密接に結びついた言語能力であるという点は，カミンズの指摘と軌を一にするものである。

　したがって，学童期の子どもたちが身につける書き言葉とは，表現の媒体を話し言葉の音声から文字に置き換えたものであるだけでなく，固有の質をとも

第Ⅰ部　言語発達論

なったものであり，しかもそれは学力，あるいは教科学習の基盤となる言語能
力であるということができるだろう。子どもたちは幼児期から遊びを通じて文
字の世界に接近するが，その延長線上に子どもたちが身につける書き言葉は，
このようにして学力を支える言語能力となっていくのである。

（高橋　登）

第 II 部

言語発達のアセスメントと支援

第7章 言語発達のアセスメントの考え方

幼児期の発達の相談で一番多い主訴は言葉の遅れであろう。しかし，言葉の遅れと言ってもその背景は様々で，問題がみられる領域や程度も子どもによって異なっている。アセスメントは，言語コミュニケーションにどのような問題があるのか，その問題によって日常生活にどのような困難が生じているか，問題の背景・原因は何か，どのような言語発達支援を行えばよいか，を明らかにするために実施される。ここでは，言語発達のアセスメントを行う際の視点，アセスメントの方法，言語発達のアセスメントに使用される検査とその適用について概説する。

1　言語発達のアセスメントとは何か

（1）言語発達の水準と問題領域の評価

子どもは誕生後約1年の間に，大人との関わりを通して，音声知覚や発声行動，前言語コミュニケーションを発達させていく。1歳前後には初めて言葉を話しはじめ，語彙が急増する1歳後半には二語発話がみられるようになる。3歳頃には日常会話が成立し，複数の文を組み合わせてまとまった内容を表現する談話の段階に入っていく。このように言語は，音韻，意味，統語，語用面が関連をもちながら乳幼児期にめざましく発達する。さらに5歳前後からは文字

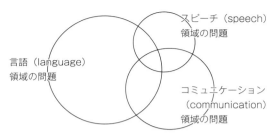

図7-1　言語コミュニケーションの問題領域
出所：大伴，2005より作成

言語の習得も始まる。また機能面では，言語は情報の伝達手段としての役割を担うだけではなく，次第に思考や行動調整にも関わるようになる。支援のためには，このような言語発達のどの段階につまずきがみられるか，どの領域に問題がみられるか，発達の水準の把握とその問題領域の評価が必要となる。

　言語の問題領域については大伴（2005）が述べているように，得られる情報を大きく3つに分けて（図7-1），語彙知識や統語能力など**意味論**や**形態・統語論**的側面に関わる「言語（language）」の問題なのか，場面や文脈に沿って適切に伝達したり会話を維持するなど**語用論**的側面に関係する「コミュニケーション（communication）」の問題なのか，構音や吃音など発声・発語（音声産出）に関わる「スピーチ（speech）」の問題なのかを整理していくと，子どもの言語発達の問題状況を理解しやすい。

（2）生態学的アセスメントと支援者支援

　言語は日常的な他者との関わりを通して発達することを考えれば，言語発達のアセスメントは，他の領域以上に他者との関係や言語行動が生じる文脈を重視する必要がある。コミュニケーションは双方的な営みであり，言語的やりとりの成立の度合いや適応状況，問題の現れ方や困り感は，関係性のありようによっても変わってくる。特に乳幼児期は子どもへの直接的支援というより，日常的に子どもと生活をともにする養育者や保育者，教育者が子ども理解を深め，それぞれの力量が発揮できるような日常的関わりへの支援が必要な時期である（秦野，2012）。

第Ⅱ部　言語発達のアセスメントと支援

　したがって，子どもの言語発達の特徴を理解し，支援者を支援していくためには，検査などによる言語発達評価とともに，子どもの言語行動を，環境や周囲の人々との関係でとらえる**生態学的アセスメント**が重要となる。子どもが育っている家庭や通っている保育所・幼稚園・学校，そして地域社会の言語環境，その中での子どもと周囲の人々との関わりやコミュニケーションの実態，困難さが生じている場面，子どもや周囲の人々の支援ニーズなどの情報を，ていねいに収集していくことが求められる。このような生活文脈で把握された情報と子どもの発達評価の情報を総合することで，子どもの言語発達の現状と問題点の理解により近づくことができる。これらの情報を養育者や保育者，教育者と共有し，それぞれの状況に合った環境調整の具体的方法や，有効な子どもへの関わり方や働きかけの方法を探っていく。

（3）言語発達の遅れの背景にある要因

　言語発達に遅れがあった場合には，どのような原因で発達が遅れているのかを見極めることも，支援の方向性の検討には必要となる。言語発達と関係する要因としては，脳神経系や感覚機能，運動や認知機能，対人社会性の発達，そして養育環境などが知られている。したがって言語発達評価では，言語発達に関連する諸機能の発達状態や言語環境についての情報も収集する。

　発達期の主な言語障害を，背景要因から分類して表7-1に示した。背景となる要因によって支援の目標や方法は異なってくるので，それぞれの障害の概要と言語発達の特徴を理解しておきたい。

①　聴覚障害による言語発達の障害

　聴覚機能に問題があると，環境音や養育者からの音声情報の入力が制限されるだけでなく，自分が産出した音声をモニターすることも制限され，難聴の程度によってはコミュニケーションの発達や言語習得，発音に大きな困難が生じる。そのため，早期に**難聴**を発見し，ハビリテーションを開始することが重要である。近年，新生児聴覚スクリーニング検査が実施されるようになり，**聴覚障害**の早期発見・早期療育の成果が出ているが，厚生労働省（2023）の令和3

第7章　言語発達のアセスメントの考え方

表7-1　発達期の主な言語コミュニケーション障害

問　題	言語コミュニケーション障害	言語の主な様相
聴覚機能	聴覚障害にともなう言語発達の障害	言語発達全般の遅れ，発音の不明瞭さ
認知機能	知的障害にともなう言語発達の障害	言語発達全般の遅れ
社会的相互交渉	自閉症スペクトラム障害にともなう言語発達の障害，社会的（語用論的）コミュニケーション障害	コミュニケーションの困難さ
言語機能	特異的言語発達障害	言語領域（理解・表出）に比較的限局した困難さ
	学習障害，発達性読み書き障害（発達性ディスレクシア）	文字の読み書きなど特定の能力の習得と使用に限局した困難さ
発声発語器官の運動機能	構音障害	発音の不明瞭さ
	吃音	発話の非流暢性

年度新生児聴覚検査実施状況の調査結果報告によると，検査結果を把握している市町村は94.2%で，公費負担の実施は73.1%である。早期に発見され適切な支援が行われた場合には，聴覚障害による言語発達への影響は最小限に抑えられるため，今後すべての新生児を対象とした聴覚検査の実施に向けて，さらに積極的な国や自治体の取り組みが期待されている。

② 知的障害にともなう言語発達の障害

知的障害の場合には，知的発達，社会性の発達，言語発達など，発達全般の遅れがみられる。知的能力と言語発達は深い関わりがあり，典型的には知的発達水準に相応する言語発達の水準が想定されるが，定型発達の子どもに比較すると発達の個人差が大きいとされる。また，語彙，統語，音韻，語用といった言語領域間や，理解と表出のモダリティ間の発達の速度は必ずしも均一ではなく，子どもによって様相が異なることが指摘されている（大伴，2001；玉井，2009）。基本的には細かいステップでの経験の積み重ねを通し，発達全体を促していくような支援が行われる。

③ 自閉症スペクトラム障害にともなう言語発達の障害

自閉症スペクトラム障害は，社会的コミュニケーションと対人的相互反応の

171

第Ⅱ部　言語発達のアセスメントと支援

困難さ，行動や興味・活動の幅の狭さが特徴とされるが，子どもによって自閉的な傾向の程度や，知的遅れの有無やその程度は様々である。認知には偏りがみられ，音声言語のような聴覚的情報を処理する能力に比べ，図形認知や空間認知など視空間的情報処理能力は比較的良好な場合が多いとされる。言語発達の程度は，視線や表情，指さしなどの非言語的コミュニケーション行動や音声言語の理解・表出が困難な場合から，言語発達に大きな遅れのない場合まで様々である。言語発達に大きな遅れがなくても語の意味の取り違えや，冗談や比喩理解の困難さ，文脈に不適切な言葉の使用や会話のずれなど，語用面の問題が継続する。

　また，DSM-5では「コミュニケーション障害群」の中に，語用面の障害を主な特徴とする「社会的（語用論的）コミュニケーション障害」を新設している。

④　言語に比較的障害が限定される特異的障害

　特異性言語発達障害（Specific Language Impairment：SLI）は，医学的診断用語ではないが，聴覚障害や知的障害，自閉症スペクトラム障害など，言語の遅れをもたらす明確な原因が見当たらないにもかかわらず，言語発達が特異的に遅れる一群を指す。語彙の少なさや文法発達の遅れ，文法の誤りなどの問題を抱え，追跡調査からは音声言語のみでなく文字言語の習得にも困難が継続する場合も少なくないことが指摘されている（田中，2015）。

　学齢期に顕在化する学習障害は，全般的な知的発達に遅れはないが，聞く，話す，読む，書く，計算する，推論する能力のうち特定のものの習得と使用に著しい困難を示す状態で，中枢神経系に何らかの機能障害があると推定されている（文部省，1999）。そのうち，読み書きに関する学習障害は発達性読み書き障害（ディスレクシア）と呼ばれることが多い。読み書き障害の背景となる認知機能の問題としては，音韻情報処理や視覚情報処理の障害など，いくつかの説が提唱されている（稲垣ら，2010）。読む過程，書く過程にはいくつかの段階が想定され，どの段階の問題かによって支援の方法も異なってくる。

　その他，注意欠如・多動性障害（ADHD）は，行動面の問題で直接的には言

第 7 章　言語発達のアセスメントの考え方

語発達障害の要因とはならないが，注意の問題，実行機能やワーキング・メモリの弱さから，「人の話に注意を払い最後まで聞けない」「自分の意思を言葉でうまく表現することができない」など，「聞く」「話す」に関わる問題や学習面の困難さが幼児期から学童期にかけて顕著になる場合も多い（高田，2011）。

⑤　発声発語器官の運動機能の障害による言語の障害

構音障害は，①**器質性構音障害**（口蓋裂など，構音器官の形態異常や機能障害による構音障害），②**運動障害性構音障害**（脳性麻痺など，麻痺や筋疾患により構音器官の運動障害が生じて起こる構音障害）③**機能性構音障害**（構音器官の形態や機能に明らかな問題がなく，原因が特定できない構音障害），の大きく 3 つに分類される。構音の誤り方としては主に，子音が抜けて後続の母音だけが残る省略，音が他の音に替わる置換，歪みの 3 つに分類される。誤り音の種類としては，構音の発達途上にみられる音の誤りや自然治癒しにくい特異な構音操作の誤りなどがある。

吃音は，発症早期は軽い繰り返しや引き延ばしなどの症状を中心とするが，徐々に緊張性が加わり言葉が出にくい症状（阻止：ブロック）が出現し，身体の一部を動かして言おうとする随伴症状が加わるようにもなる。吃音のある人に特有のこのような非流暢性を「吃音中核症状」と呼び，吃音ではない人にもみられる非流暢性と区別する。吃音の多くは 2 ～ 4 歳台の幼児期に発症すると言われるが，幼児期の吃音は女児を中心に70～80％は自然治癒をするとされている（原，2016）。

（4）問題の把握時期

言語発達の遅れは，家族が気づく場合，乳幼児健診によって気づかれる場合，そして保育所や幼稚園のような集団活動の中で気づかれる場合などがある。中でも乳幼児健診は，言語発達の問題が把握され，支援が始まるきっかけになることが多い。表7-2は母子手帳に記載されている問診項目の中から，健診時期の言語発達に関係する主な項目を抜粋したものである。

言葉が出ていない乳児期には，生活をともにしている親，あるいは乳児健診

173

第Ⅱ部　言語発達のアセスメントと支援

表 7-2　母子手帳の言語発達関連の問診項目

時　期	問診項目
1 か月頃	大きな音に反応する
3 ～ 4 か月頃	あやすと笑う，見えない方向からの声かけに見ようとする
6 ～ 7 か月頃	家族へ話しかけるような声を出す，テレビやラジオの音源を見る
9 ～10か月頃	ささやき声に振り向く
1 歳頃	バイバイ等の身振りをする，大人の言う簡単なことばがわかる 離れたおもちゃを指さすとその方向を見る
1 歳 6 か月頃	有意味語をいくつか話す，後ろから名前を呼んで振り向く
3 歳頃	自分の名前を言う

などによって，言語発達の基盤となる聴力や運動機能，物の操作や人との関係性などの発達の遅れが気づかれる。定頸や座位など運動面を中心とした全般的な発達の停滞は，重度の発達の障害が疑われ対応される。喃語や発声の少なさ，働きかけや人への反応の乏しさからは，難聴のほか，自閉症スペクトラム障害や環境的問題の可能性も考慮したうえで対応される。

　幼児期前半の 1 ～ 3 歳頃は，周囲の同年齢の子どもや兄姉と比較して，「言葉がなかなか出てこない」「言葉が増えない」「言葉がつながらない」など，言葉の表出面の遅れを訴える親の相談が増える時期である。1 歳 6 か月児健診では，有意味語の出現や簡単な指示への応答性などが注目される。3 歳児健診では統語的発話や初期の抽象概念の獲得のほか，自分の名前が言えるか，日常の簡単な質問に答えられるかなどの会話能力も確認される。この時期には言語やコミュニケーション能力の発達の遅れなどから，知的障害や自閉症スペクトラム障害などが気づかれ対応される。

　構音の問題や吃音などは，3 ～ 5 歳頃に目立ちはじめ，親など身近な人が気づいて相談することが多い。また，幼児期後半には保育所や幼稚園の集団活動の中で，「指示が理解できない」「話を聞いていない」「気持ちを言語で伝えられない」「話がかみ合わない」「会話が続かない」などの言語コミュニケーションの問題が顕在化することがある。このような子どもの多くは，明らかな知的発達の遅れはないが，注意や多動性，あるいは対人社会性の問題を抱える発達障害が疑われ，集団の中で特別な支援が必要とされることが多い（秦野ら，

174

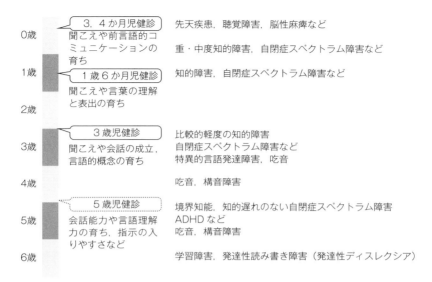

図 7-2　言語発達の遅れをともなう発達障害・言語障害が把握される時期

2012；瀬戸ら，2012）。最近では就学前に5歳児健診を実施する自治体も出てきている。5歳児健診では，個別場面で会話能力や言語理解力，指示の入りやすさなどが確認されるほか，保育所や幼稚園からの情報なども総合して，知的遅れのない自閉症スペクトラム障害や ADHD などが把握され支援される（小枝，2007）。また，学齢期には学校などで，発達性読み書き障害などの学習障害が気づかれる。図 7-2 には，言語発達の遅れをともなう発達障害・言語障害が把握される大まかな時期を示した。

(5) 言語発達の個人差の問題

乳幼児期の発達は弾力性があり変動の可能性も大きく，初期に通常の発達と比較して明らかに言葉の遅れがみられたとしても，その後自然に同年齢児と変わらないまでに発達する子どももおり，言語発達の初期の時点で遅れが継続していくのか，あるいは将来解消するのかを予想するのが難しい場合も多い。

もともと言語発達は，子どもの資質や特性，生育環境によって，発達の速度や様相の個人差が大きいことが知られている。たとえば平均的には1歳前後と

第Ⅱ部　言語発達のアセスメントと支援

表7-3　DENVER Ⅱ デンバー発達判定法の観察項目の達成年月齢

項　目	25%	50%	75%	90%
喃語様のおしゃべりをする*	5.4月	7.1月	8.8月	10.5月
バイバイをする*	7.5月	9.3月	11.1月	12.9月
意味ある1語をいう*	9.2月	12.0月	14.8月	17.6月
3語いう*	13.2月	15.6月	18.0月	20.4月
絵を指さす（2つ）	17.4月	20.0月	22.6月	2.1年
2語文を話す*	19.7月	22.7月	2.1年	2.4年
わかるように話す	2.4年	3.0年	3.5年	4.0年

＊報告でも可
出所：「DENVER Ⅱ マニュアル」p.21より抜粋

　言われる初語出現の時期を，DENVER Ⅱ デンバー発達判定法の言語項目「意味ある1語をいう」の通過率でみると，50％の子どもが達成する年齢は12.0か月であるが，90％の子どもが達成する月齢は17.6か月とその間6か月近い開きがある（表7-3）。

　米国言語聴覚協会（ASHA）は，知的発達や運動発達など言語以外の発達の遅れがないにもかかわらず言葉の表出が遅れているレイトトーカー（late talker）に関する研究をまとめている（http://www.asha.Org/Practice-Portal/Clinical-Topics/Late-Language-Emergence/）。レイトトーカーの縦断研究によると，かなりの子どもが幼児期後期までに平均範囲に発達するが，初期に言葉の遅れがみられた子どもは，遅れがなかった子どもに比較すると，ナラティブや文法発達，構音，全般的な言語能力，読み書きなどの力が低いとの研究もあることが指摘されている。また，田中（2016）によると，ザンブラーナら（Zambrana I. M. et al., 2014）は，3歳以降も言葉の遅れが継続する子どもの特徴として，①言葉の理解力が低い，②動作によるコミュニケーションが乏しい，③親族内に言葉や読み書きに障害がある人がいる，④男の子である，という4つを挙げ，当てはまる数が多いほど遅れが長引くと報告している。

　言語以外の発達には目立った遅れがない子どもの中には，順調にその後発達していく子どももいるが，言語面の困難さが継続する子どももおり，言語の理解面の発達や他者とのコミュニケーションの取り方のほか，遊びや行動面などにも注目しながら，その時点で必要と考えられる支援を行い，定期的に経過を

第7章　言語発達のアセスメントの考え方

追いながら子どもの言語発達の状態を慎重にアセスメントしていくことが望まれる。

2　言語発達のアセスメント方法

アセスメントでは，面接や行動観察，検査などの方法を用いて子どもの言語発達に関する情報を収集し，収集された情報を統合・整理して子どもの発達像を明らかにする。そして，その子どもの発達像をもとに支援の方向を検討する。実際のアセスメントの過程では，情報を収集しながら子どもの状態像について推測し，その確認のためにさらに情報収集を進めるというように，情報の収集と整理を繰り返しながら，子どもの理解を深めていく。

（1）アセスメントに必要な情報の収集

①　問題の所在とこれまでの発達経過の情報を得る

言語発達のアセスメントの流れを図7-3に示した。アセスメントは，まず相談者から子どもの言語発達のどの部分が気になっているかについて，具体的状況と言語行動を聞き取り，問題の所在を明らかにすることからスタートする。

生育歴は問題の背景や原因の推定，発達の予測のための重要な情報となる。言語発達だけでなく，言語発達に関わる認知面，対人社会面，運動面など発達全般の経過や，ひきつけやけいれん発作などの既往歴，これまで受けてきた発達相談や療育・教育暦，家族歴などについて，養育者や子どもに関わる関係者から情報を得る。特に言葉の遅れがみられる場合，医療機関で聴力検査を受けたことがあるかについて確認をしておきたい。

②　生活文脈の中での言語行動を把握する

どんなことに興味や関心をもち，周囲の人とどのようなやりとりや会話を行っているか，周囲の人からどのような働きかけがみられるか，どんな場面でコミュニケーションの困難さがみられるかなど，日常の子どもの言語コミュニケーション行動を生活文脈の中で把握する。

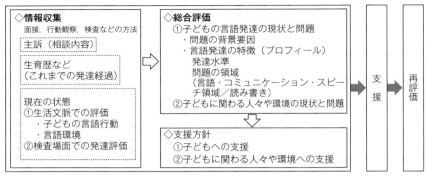

図7-3 言語発達のアセスメントの流れ

　これらの情報は，相談者や関係者からの聞き取り，質問紙やチェックリストなどを通して間接的に収集されることも多い。しかし，子どものニーズに合った言語発達支援を考えていくためには，評価者自らの目で生活場面を観察し理解することが望ましい。家庭訪問は難しいとしても，子どもが保育所や幼稚園，学校などの施設に通っている場合には，保護者と施設の承諾を得て可能な限り訪問し，子どもの言語行動と言語環境の問題点や支援ニーズを，生活文脈の中で把握したい。表7-4は，発達検査の質問項目をもとに，生活文脈でみられる9か月以降の主な言語行動を年齢順に示したものである。言語発達の大まかな道筋を知っておくと，観察した子どもの行動を発達的視点から理解できる。

　その他，養育者との自由遊び場面を設定して，自然な場面での子どもの自発話から語彙の広がりや文法の発達状態，養育者とのやりとりの頻度や内容などを分析する方法もある。ビデオによる分析は時間と労力がかかるが，より詳細に言語コミュニケーション行動の問題状況が見えてくることがある。

③　検査で言語の発達を評価する

　検査では，構造化された一定の課題を用い，**生活年齢（CA）**から期待される発達と比較して，どの程度の発達の遅れがあるかという相対的な発達情報が得られる。言語発達は知的発達や対人社会性の発達などと相互に関連しながら発達するので，言語発達の遅れが疑われたときには，聞き取りや行動観察で，おおよその言語発達の状態を把握したのちに，まず発達検査を実施して知的発

第7章　言語発達のアセスメントの考え方

表7-4　生活文脈でみられる主な言語行動（発達質問紙の言語発達に関する検査項目より）

	理解面	表出面	他者との関わり
9か月〜	・禁止の感情などを聞き分ける（K） ・「パパどこ？」にそちらの方を見る（T） ・「バイバイ」「おいで」「ちょうだい」などのことばを理解して行動（T，K）	・ママ・ママ，タタ・タタなどを繰り返す（K） ・何かしながら一人でムニャムニャおしゃべりをする（K） ・マンマなどと言って食べ物を催促する（K，T）	・拍手など身振りをまねする（K，D） ・くしを使うなど大人がやることをやりたがる（T） ・親の話しかけに答えようとする（K）
1歳前半	・「ブーブーどこ？」と尋ねると，そちらの方を見る（K） ・絵本を見て「ワンワンはどこ？」と尋ねると指さす（T，K） ・「新聞持ってきて」など簡単な言いつけに従う（T，K）	・よく知っている場所に来ると指さして「アー，アー」と言って教える（K） ・名前を呼ばれると「ハイ」と返事をする（K） ・絵本を見て知っている物の名前を言う（T）	・音をまねてそのまま言う（K） ・道具をみただけで模倣的に使用する（ブラシ，鉛筆，電話など）（T，D）
1歳後半	・目，耳，口など身体部分の名称が2つ以上わかる（K） ・物の名前を聞いてその絵を指さす（K） ・簡単な質問に答える（アッチ，カイシャなど）（T）	・ママパパ以外に2，3語以上のことばを使い分ける（D） ・代名詞（ココ，アッチなど）を使う（K） ・2語文を言う（K）	・簡単なお手伝いができる（K，D） ・大人の言った単語をそのまままねして言う（T） ・親とままごとのまねをする（T）
2歳前半	・大きい小さい，多い少ないがわかる（K） ・食べ物の名前が9つ以上わかる（K）	・いちいち「ナアニ」と聞く（T） ・「パパ　カイシャ　イッタ」などの簡単な文章を言う（T，K）	・友だちの名前が言える（K） ・電話ごっこができる（K）
2歳後半	・長い短いがわかる（K）	・名前をきくと，姓と名を言う（T） ・自分の名前を入れて話をする（T）	・同年齢の子どもと2人で会話ができる（K）
3歳前半	・物の用途がわかる（K） ・赤・青・黄・緑がわかる（K） ・「おなかがすいたらどうする？」という質問に答える（K）	・自分のことを「ボク」「ワタシ」などと言う（K，T） ・見聞きしたことを親に話す（K）	・ままごと遊びで何かの役を演じる（K） ・他の子に「〜しようか」と誘いかける（T） ・同年齢の子ども何人かで会話ができる（K）
3歳後半	・10まで数えられる（K） ・目と耳がどんな働きをするか知っている（K）	・両親の名前が言える（K） ・きゃ，きゅ，きょなどはっきり発音できる（T）	・友だちに「カシテ」という（T）
4歳	・ひらがなで書かれた自分の名前が読める（T） ・右左がわかる（K） ・しりとり遊びができる（K）	・幼児語を使わない（K） ・昨日のことの話ができる（K） ・自分の発音が間違っていたとき修正できる（K）	・経験したことを他の子に話をする（T） ・他の子の遊びに加わるとき「イレテ」という（T） ・グループが1つとなってごっこ遊びができる（K）
5歳	・わからない字があると大人にきく（K） ・なぞなぞ遊びができる（K） ・5以下の足し算ができる（K）	・自分の名前をひらがなで書く（T） ・曜日をすべて言える（K）	
6歳	・ひらがなのほとんど全部を読む（T）	・公園へ行く道などを正しく説明できる（K） ・早口ことばが言える（K）	

注：Tは津守式乳幼児精神発達質問紙，KはKIDS乳幼児発達スケール，DはDENVER IIの検査項目である。
　　記録用紙をもとに，各項目を発達年齢に対応させて記載した。一部表現を修正した。

179

第Ⅱ部　言語発達のアセスメントと支援

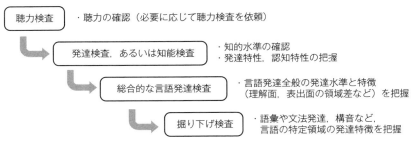

図7-4　言語発達評価のための検査の基本的な流れ
出所：瀬戸，2016を一部改変

達を含めた発達全般の状況を確認したい。子どもの年齢や問題状況によっては，知的水準や認知特性の把握のために知能検査・認知検査が実施されることもある。

　言語発達の状態については，発達検査や知能検査でも大まかにはとらえることができるが，特に3歳以降の発達検査や知能検査の言語性の検査項目は，言語的知識や類推，思考力のほか，数概念や数操作の発達，聴覚的な記憶力などを測るものになっている。したがって言語に焦点を当てた発達支援のためには，言語評価を目的とした各種の言語発達検査を用いて，言語発達の状態をより詳細に把握したい。

　言語発達検査の中では，まず言語の発達状態を理解面と表出面から評価できる検査を実施し，各側面の発達状況を把握する。また，語彙や文法の発達は言語能力の基盤になるので，語彙がどのような広がりをもって獲得されているか，どの程度の複雑さをもった構文を獲得しているかなど，必要に応じてその領域に特化した掘り下げ検査を実施して発達の特徴やつまずきなども把握したい。一方，学齢期に獲得される文字言語は，読字・読解面と書字面からそれぞれの側面ごとに発達水準を把握する。

　言語発達のアセスメントの検査は，原則として図7-4に示すように，①聴力の確認，②知的発達の水準や全体の発達状況を評価するための発達検査や知能検査，③言語発達段階や言語理解面と表出面の評価のための総合的な言語発達検査，④特定領域の検査，の順に実施される。

　また，検査結果のみでなく，検査場面での行動や反応も，子どもの言語発達

第7章　言語発達のアセスメントの考え方

の特徴の理解や支援方法の選択にとって重要な手がかりになる。単に課題ができるかできないかだけではなく，反応までの過程や反応のきっかけなどをていねいにとらえていくことが大切である。また，検査者との間でどのような会話ややりとりが成立するか，どんな課題に興味や関心が強いかなどのほか，どのようなタイミングや注意喚起の方法で子どもはより注目するかなど，検査者の関わり方と子どもの反応の関係にも注目したい。

（2）情報の統合と整理の視点

養育者や関係者からの生育歴等の情報，生活文脈からの情報，および検査による発達評価の情報を総合し，問題の背景，言語発達の遅れや問題領域，支援に向けた課題を整理する。

①　言語発達の遅れの背景を推測する

言語発達の遅れの背景要因の推測は，養育者や関係者との面接や行動観察，検査を通して段階的に進められる。

言語発達の遅れや構音の問題がある場合には，聴覚障害の可能性も考え，聴力の問題がないかどうかの確認はしておきたい。面接場面や検査場面などの行動観察では，自閉症スペクトラム障害などにみられるようなコミュニケーション領域の問題や，言語発達に影響を及ぼす可能性のある多動性，注意集中の困難などの行動特徴がないかに注目したい。発達検査や知能検査などの結果や生活場面での適応状況からは，知的発達の遅れの有無を確認する。発達全般の遅れはないが，言語領域の発達に特異的な遅れがみられる場合には，特異的言語発達障害や学齢期には学習障害の可能性も考えて評価を進める。しかし，ある時点で言葉の発達が遅れていたとしても，発達初期には個人差が大きく，また言語環境の影響も考慮する必要があり，その後の発達の予測が難しい場合も多い。このような場合には，その都度必要な支援を行いながら継続して評価していくことが重要である。

181

第Ⅱ部　言語発達のアセスメントと支援

②　「言語」領域の発達特徴を評価する

　検査の結果を中心としながら，言語発達の遅れの有無や程度，問題の領域など，言語発達の特徴を明らかにする。まずは発達検査や知能検査の結果から，言語発達の遅れの背景要因となる知的発達の遅れや発達の偏りがないかを把握する。どの領域の発達が良好でどの領域につまずきがみられるかという子どもの発達特性や認知特性の理解は，支援方法の検討の際にも必要な情報である。

　言語領域は，理解と表出に分けて評価をすることが大切である。下位領域ごとの発達水準や，領域間のバランスなども検討する。理解面に比べて表出面の遅れが著しいなどの発達の不均衡や，語彙の発達に比べて文の獲得が遅れているなどの発達のつまずきがないかを把握する。さらに項目ごとの通過状況を検討し，困難さの背景にある要因を推測して支援につなげていくことも重要である。その他，文法発達初期にはブラウン（Brown, 1973）の考案した**平均発話長**（**MLU**）を用いて（第5章参照），自発話の発達を量的変化からとらえることもできる。一連の出来事を順序立てて説明する**ナラティブ**の能力の困難さについては，生活文脈からの情報や検査の一部を利用して判断する。

　また，検査で把握された言語能力が，刺激が多く関係性も異なる日常生活場面の中で，話を聞く力や伝える力としてどのように発揮されているかを確認して，一人ひとりの子どもの言語発達のプロフィールを理解することが重要である。

③　「コミュニケーション」領域の行動特徴を評価する

　子どもに関わる大人からの聞き取り，生活文脈や検査場面の行動観察，コミュニケーション行動のチェックリストなどから，表情や視線，音声や身振りなどを使用した非言語的コミュニケーション行動に特異な面はみられないか，また，これらの情報を有効に利用して，相手の伝達意図や内容を理解しているかを評価する。その他，場面にあった言語使用や相手に合わせた話し方，ルールに沿った会話の維持など，語用的側面の問題がないかも評価する。

④ 「スピーチ」領域に関する指導の必要性を見極める

　構音の発達には順序があり，母音はほぼ3歳で実用的なレベルに達するが，子音は母音より獲得が遅れ，ほぼ6，7歳頃に完成するとされる（今井，2011）。ただし子音によっては習得時期に違いが見られる。中西ら（1972）によると，多くの子音は4歳半くらいまでに獲得されるが，/s, ts, dz, r/ のような摩擦音，破擦音，弾き音は細かな協応運動操作が必要であるため獲得が遅く，90％以上の子どもが正しく構音するのは5歳以降であることが示されている。構音発達の遅れの背景には聴力の問題や知的発達の遅れがある場合もあり，確認が必要となる。音の誤りが気になった場合には，言語聴覚士など言語臨床の専門家に評価を依頼するとよい。子どもの年齢や誤り音の種類，自然治癒の可能性，本人の自覚，二次的問題の有無などの評価に基づき訓練の必要性が判断される。構音訓練の開始は，構音発達がほぼ完成し，音韻意識を獲得する4〜5歳が適切といわれる。

　幼児期の自然発話の非流暢性は，語から文へと発話が複雑になる2歳から生じ，3〜4歳をピークとし5〜6歳で減少する傾向があるといわれている（伊藤，1994）。幼児期初期の吃音と正常範囲の非流暢性の見極めは，発話症状以外の情報も踏まえて言語臨床の専門家によって慎重に評価される必要がある。幼児期の支援は，年齢や吃症状の進展段階などによって，環境調整のほか，子どもへの楽な発話モデル（easy relaxed speech）の提示による流暢な発話の誘導や心理面のサポートなどが実施される（原，2015）。

⑤ 読み書きの能力と認知特性の関係を推測する

　「読み」や「書き」の習得に困難を示す子どもの支援のためには，子どもの読み書き能力と子どもの認知特性の評価を詳細に行う必要がある（稲垣ら，2010）。評価に用いる検査は必ずしも統一されていないが，まず知能検査の結果から全般的な知能の遅れがないことを確認することが必要である。次に，読み書きの能力と，読み書きの基盤となっていると考えられる認知能力を，各種の検査によって評価し，読む，書くなどの学習能力の困難さが，どのような要因によって生じているかを推測していく。

第Ⅱ部　言語発達のアセスメントと支援

⑥　異なる場面の子どもの言語行動を解釈して統合する

　生活場面と検査場面は日常的か非日常的かという文脈の違いだけでなく，情報の量，行動の方向性といった状況性や人との関係性も異なり，子どもの言語行動が場面によって大きく異なる様相を見せることがある。また，検査で測定された能力は，具体的な日常生活での適応と必ずしも結びつくわけではない。検査では比較的高い言語力を示しながら，集団場面では指示が入りにくく保育が難しい子どももいる。逆に，生活文脈の中では経験や状況に支えられてそれほど目立たなかった言語理解力の低さが，検査場面で明らかになることもある。

　子どもの言語発達の特徴の理解は，検査場面や生活場面など異なる場面での子どもの言語行動の情報を照合し，関連づけて解釈し統合していく作業を通して深められていく。その際，どのような要因の差が行動の違いを生じさせているのかを推測していくことが重要である。

（3）総合評価と支援

　問題の背景や，問題の領域と発達水準を見極める発達的視点からの評価と，子どもの言語行動を環境や周囲の人々との関係でとらえる生態学的視点からの評価を総合して，子どもの言語発達の現状と課題，そして言語環境の現状と課題を明らかにする。これをもとに，子ども本人に対する支援と子どもに関わる周囲の人々への支援方針を立てる。

　具体的な支援は，日常的に子どもに関わっている養育者や保育者，教育者などと，子どもの言語発達や言語環境の現状と課題を共有することから始まる。子どもの発達特性や障害特性に合わせたどのような活動や意識的働きかけが，子どもの生活の幅を広げ楽しいコミュニケーション経験を積み重ねることにつながるかを，関係者が協働して検討することが重要である。そして，支援ニーズや環境上の制約を踏まえたうえで，優先順位を決め，連携しながら関係者がそれぞれの場で支援を行っていく。また，アセスメントは一回きりで終わるのではなく，適時，評価や支援の方向性が適切であったかの検討を継続していく必要がある。

第 7 章　言語発達のアセスメントの考え方

3　言語発達のアセスメントバッテリー

　ここでは言語発達の評価に使用する検査について，大きく①発達検査と知能検査，②言語発達検査，③言語発達に関連するその他の検査，に分けて概要を説明した後，④子どもの言語発達の状況によって検査をどのように組み合わせて利用していくかを述べる。

（1）発達検査と知能検査

　まずはじめに，発達検査と知能検査についてみていく（表7-5）。

①　発達検査・発達質問紙

　発達検査は 0 歳から主に幼児期の子どもを対象として，子どもの発達全般の状況を把握するために使用される。運動，認知，言語，社会性などの諸領域の発達を評価し，言語発達を他の領域の発達と関連づけてとらえることができる。基本的には直接検査を使用して発達の評価を行うが，子どもが直接検査にのりにくい場合や日常生活での発達状況を把握したいときには，質問紙を用いて発達を評価するとよい。

1）　検査者が直接子どもに働きかけて発達を評価する検査

　新版 K 式発達検査2020は，検査項目の実施順序は特に定められておらず子どもの様子を見ながら検査項目への興味に合わせて自由に実施順序を決定できるので，限られた時間の中で乳幼児期の子どもの発達全体を把握するのに使いやすい。発達を姿勢・運動領域，認知・適応領域，言語・社会領域の 3 領域から評価する。言葉に遅れがある子どもでも言語以外の領域の発達を把握することができる。また，通過項目と不通過項目の境目に線をひいて得られたプロフィールにより，領域ごとの発達の相対的な進みや遅れを視覚的にとらえやすい。

2）　親の報告をもとに発達を評価する質問紙

　（津守式）乳幼児精神発達診断法は，日常の行動をよく知っている養育者からの聴取に基づき，子どもの発達を「運動」「探索・操作」「社会」「生活習慣」

第Ⅱ部　言語発達のアセスメントと支援

表 7-5　言語発達評価に関係する主な発達検査・知能検査

	検査名	原著者 日本版著者	出版元 (出版年)	適用年齢	領域および結果の表示
発達検査・発達質問紙	新版K式発達検査2020	(編集) 新版K式発達検査研究会	京都国際社会福祉センター (2020)	0歳～成人	全領域，および領域別（姿勢・運動，認知・適応，言語・社会）の発達年齢（DA），発達指数（DQ），および発達プロフィールから発達の特徴を把握する。
	（津守式）乳幼児精神発達診断法	津守真，稲毛教子 津守真，磯部景子	大日本図書 (1961) (1965)	0～7歳	養育者からの聞き取りをもとに，全領域，領域（5領域）別の発達年齢（DA），発達プロフィールから発達の特徴を把握する。
	KIDS 乳幼児発達スケール	(監修) 三宅和夫 (編者) 大村政男，高嶋正士，山内茂，橋本泰子	発達科学研究教育センター (1989)	1か月～6歳11か月	養育者の報告をもとに，総合と領域別（9領域）の発達年齢（DA）や発達指数（DQ），発達プロフィールから発達の特徴を把握する。
	遠城寺式乳幼児分析的発達検査法	遠城寺宗徳	慶應義塾大学出版会 (1977)	0歳～4歳7か月	3分野6機能の発達プロフィールから発達の特徴を把握する。
	DENVER II デンバー発達判定法	Frankenburg, W. K. 日本小児保健協会	日本小児保健協会 (2003)	0～6歳	発達を4領域から評価し，通過していない項目数によって発達の遅れの疑いがないかを判定をする。
知能検査・認知検査	田中ビネー知能検査V	田中教育研究所	田研出版 (2003)	2歳～成人	精神年齢（MA）（13歳まで）と知能指数（IQ）によって，一般的な知能の水準を把握する。
	WISC-V 知能検査	Wechsler, D. 日本版 WISC-V 刊行委員会	日本文化科学社 (2021)	5歳0か月～16歳11か月	全検査IQ，5つの主要（言語理解，視空間，流動性推理，ワーキング・メモリ，処理速度）の標準得点，プロフィールから認知特性を把握する。
	KABC-II 心理・教育アセスメントバッテリー	Kaufman, A. S., Kaufman, N. L. 日本版 KABC-II 制作委員会	丸善メイツ (2013)	2歳6か月～18歳11か月	認知尺度（継次・同時・計画・学習）と習得尺度（語彙・読み・書き・算数）の総合および各尺度の標準得点，プロフィールから認知特性を把握する。
	DN-CAS 認知評価システム	Naglieri, J. A., Das, J. P.　前川久男，中山健，岡崎慎治	日本文化科学社 (2007)	5歳0か月～17歳11か月	全検査標準得点，PASS（プランニング（P），注意（A），同時処理（S），継次処理（S）標準得点，プロフィールから認知特性を把握する。

186

「言語」など5領域から評価する。**KIDS乳幼児発達スケール**は母親記入式のスクリーニングタイプの検査で，「運動」「操作」「理解言語」「表出言語」「概念」「対成人社会性」「対子ども社会性」「しつけ」「食事」の9領域から発達を評価する。生活場面の行動から子どもの発達評価を行うので，遊びや社会性，対人関係の広がりや，日常の言語の使用状況を把握するのにも有用である。

その他，スクリーニングとして使用される検査に，**遠城寺式乳幼児分析的発達検査法**や，DENVER II デンバー発達判定法などもある。

② 知能検査・認知検査

言語発達に影響する知的発達の遅れや認知能力のアンバランスがないかを把握する。大きく一般知能水準を評価する検査と，認知能力を分析的に評価する検査の2種類に分けられる。

1）一般知能の水準を把握する検査

田中ビネー知能検査Vは，一般知能の水準を測定しており，知的発達の遅速をトータルにとらえたいときに活用される。2歳から13歳級までは問題が「年齢尺度」で構成されており，知能指数（IQ）のみではなく，現在何歳レベルかという**精神年齢（MA）**が算出できるので，年齢軸に沿って子どもの状態を把握する場合に有用な知能検査である。この検査は知的能力を分析的にとらえる検査ではないので，言語発達の遅れが結果に影響しているような場合には，問題を「言語性」と「非言語性」に分け，能力の不均衡がないかにも注目して結果を解釈することも必要である。

2）認知能力を分析的に把握する検査

WISC-V 知能検査は，ウェクスラー（Wechsler, D.）式検査の1つで，5歳0か月以上の子どもを対象とする。全体的な知的水準だけではなく，言語理解，視空間，流動性推理，ワーキング・メモリ，処理速度の5つの指標から認知能力を評価し，強い側面と弱い側面を把握して支援に生かすことができる。ウェクスラー式の知能検査には幼児用の WPPSI-III 知能検査（2歳6か月〜7歳3か月児対象）がある。

KABC-II 心理・教育アセスメントバッテリーは，カウフマンら（Kaufman,

A. S. & Kaufman, N. L.）により開発された検査で，認知尺度と学力の基礎となる習得尺度を分けて評価するところに大きな特徴がある。認知能力は，継次尺度，同時尺度，学習尺度，計画尺度の4つの尺度から多面的に測定できる。また，習得尺度は語彙，読み，書き，算数の4つの尺度があり，基礎的な学力を測定できる。

DN-CAS 認知評価システムは，人間の認知機能がPASS（プランニング，注意，同時処理，継次処理）という4つの重要な活動に基づいているというダス（Das, J. P.）らのPASS理論をもとに開発された検査で，同時処理，継次処理のほか，プランニングや注意という4つのPASS尺度から認知処理過程の評価や能力の個人内差を評価することができる。

（2）言語発達検査

次に，言語発達検査についてみていく（表7-6）。

①　「言語」領域の検査

1）　総合的な言語発達検査

LC-Rは，就学期までの言語コミュニケーションスキルを，理解，表出，コミュニケーションの3側面から総合的に評価できる。また増補版には，課題を語彙，語連鎖・統語，談話・語操作，音韻意識の4つの下位領域に分けて，通過状況を視覚的にとらえられるまとめシートがついており，言語発達の状況を分析的に理解し支援に活かすことができる。また，**LCSA**は比較的高い知的発達水準にある児童を対象にした学齢版の検査で，リテラシーを含む5つの下位領域から学齢期の言語スキルを評価することができる。

2）　語彙や構文などの発達検査

日本語マッカーサー乳幼児言語発達質問紙は，生活場面での語彙の広がりを評価するときに用いる。「語と文法」版（16〜36か月児用）では，700以上の語彙リストと文や文法のリストから，親や養育者がチェックした言葉の表出数に基づいて，表出語彙や文法などの言語発達年齢を求める。「語と身振り」版（8〜18か月児用）では，理解語彙と表出語彙の発達だけでなく，指示理解や身

第7章　言語発達のアセスメントの考え方

表 7-6　言語発達に関する主な検査

	検査名	原著者 日本版著者	出版元 （出版年）	適用年齢	領域および結果の表示
言語発達に関する検査	LC-R　言語・コミュニケーション発達スケール（改訂版）	大伴潔・橋本創一・溝江唯・熊谷亮	学苑社 （2023）	0～6歳	全体，および領域別（言語表出，言語理解，コミュニケーション）LC 年齢と LC 指数，発達プロフィールから言語発達の特徴を把握する。
	LCSA　言語・コミュニケーション発達スケール（学齢版）（増補版）	大伴潔・林安紀子・橋本創一・池田一成・菅野敦	学苑社 （2023）	小学校1～4年生を想定	LCSA 指数（5領域10下位検査），リテラシー指数，プロフィールから学齢期の言語スキルを評価する。
	日本語マッカーサー乳幼児言語発達質問紙（JCDIs）	Fenson, L., Dale, P., Reznick, S., Thal, D., Bate E. et al 小椋たみ子・綿巻徹	京都国際社会福祉センター（2004）	「語と身振り」版 8～18か月 「語と文法」版 16～36か月	ことばや身振りのリストから養育者がチェックを行う。「語と身振り」版では理解・表出語彙と身振りなどの発達を，「語と文法」版では，表出語彙と文法の発達を評価する。発達年齢，プロフィールから，言語発達の特徴を把握する。
	PVT-R 絵画語い発達検査	上野一彦・名越斉子・小貫悟	日本文化科学社（2008）	3歳～12歳3か月	語彙年齢（VA）から語彙の理解水準を把握する。
	J. COSS 日本語理解テスト	J. COSS 研究会編	風間書房 （2010）	3歳以上	文理解の発達水準（第1水準～第6水準）を評価。
	国リハ式＜S-S法＞言語発達遅滞検査	小寺富子・倉井成子・佐竹恒夫	エスコアール （1998）	0～6歳の言語発達段階にある子ども	記号形式-指示内容関係，基礎的プロセス，コミュニケーション態度から，言語症状と発達段階を評価する。
	M-CHAT（乳幼児自閉症チェックリスト修正版）	Robins ら 神尾陽子・稲田尚子	国立精神・神経医療センターのホームページ（2010）	16～30か月	全23項目（社会的行動16項目など）の不通過の項目数で対人コミュニケーションの発達を評価する。
	日本版 CCC-2 子どものコミュニケーション・チェックリスト	Bishop, D. V. M. 大井学・藤野博・槻舘尚武・神尾陽子・権藤桂子・松井智子	日本文化科学社（2016）	3～15歳	10領域70項目の行動の出現頻度について，養育者等が評定し回答する。領域別の評価点，パーセンタイル値などから，言語やコミュニケーションの困難さ，特徴を把握する。
	質問-応答関係検査	佐竹恒夫・東江浩美・知念洋美	エスコアール （1997）	2歳～就学前までの発達レベルの子ども	日常的質問，系列絵，物語の説明，文章の聴理解など10課題の発達プロフィールから質問応答スキルのおおよその発達水準と特徴を把握する。
読み書き能力に関する検査	改訂版 標準 読み書きスクリーニング検査（STRAW-R）	宇野彰・春原則子・金子真人・Wydell, T. N.	インテルナ出版（2017）	小学生～高校生	ひらがな，カタカナ，漢字音読と書き取りの正答数，パーセンタイル値から読み書きを評価する。
	Reading-Test 全国標準読書力診断検査	福沢周亮・平山祐一郎	図書文化社 （2009）	小学生（低・中・高学年），中学生	読字力，語彙力，文法力，読解力の4つの下位テストがあり，5段階評定，偏差値で評価する。
発声発語に関する検査	新版　構音検査	構音臨床研究会	千葉テストセンター（2010）	就学前の幼児～児童	6下位検査（会話の観察，単語検査，音節検査など）から構音の特徴，誤りを評価する。
	改訂版 随意運動発達検査	田中美郷	発達科学研究教育センター（1999）	2歳0か月～6歳11か月	手指，顔面・口腔，躯幹・上下肢の随意的運動機能の発達プロフィールから発達の遅れや領域差を把握する。
	吃音検査法　第2版	小澤恵美・原由紀・鈴木夏枝・森山晴之・大橋由紀江・餅田亜希子・坂田善政・酒井奈緒美	学苑社 （2016）	幼児版（2歳～就学前）学童版（低・高学年），中学生以上版	自由会話，課題場面などから，非流暢性，随伴症状などの頻度の算出，性質記述などを行い，プロフィールによって吃音症状の重症度を把握する。

振りの発達も評価する。**PVT-R 絵画語い発達検査**は 4 つの絵の中から指示された絵を選択させて，語彙の理解力を評価する。課題となる単語は動詞も含まれているが，ほとんどは名詞である。

　J. COSS 日本語理解テストは，4 つの絵の中から提示された文内容に相当する絵を選択させて，構文の理解力を評価する。文理解の発達順序にそって検査項目が並べられており，大まかな発達水準と構文理解の特徴を把握することができる。その他，評価が指導に結びついている国リハ式＜ S-S 法＞言語発達遅滞検査などもある。

②　「コミュニケーション」領域の検査

　M-CHAT は親記入式の質問紙で，共同注意，模倣，対人的関心など，非言語的コミュニケーション行動を中心に評価する。自閉症スペクトラム障害のスクリーニング目的で使用される。

　日本版 CCC-2 子どものコミュニケーション・チェックリストは，言語やコミュニケーションに問題がある子どものスクリーニングを目的とした質問紙である。親など，日常的に子どもに関わる大人から，子どもの行動についての回答を得て，語彙，統語，談話面やコミュニケーションの語用的側面などの困難さや特徴を評価する。

　その他，質問応答スキルを測る目的で作成された質問-応答関係検査は，日常的質問，物語の説明，文章の聴理解などの課題から，大まかに課題ごとの発達水準を評価する。標準化はされていないが，2 歳から就学までの幼児の発達の様相を知る手がかりとなる。

③　「スピーチ」領域の検査

　新版構音検査は，会話の観察，単語検査，音節復唱検査，文章復唱検査，構音類似運動検査などを通して，構音状態の把握や誤りの分析を行う。改訂版随意運動発達検査は，構音動作に関わる顔面・口腔領域の随意運動や，手指や躯幹・上下肢の随意運動の発達水準のプロフィールが得られる。吃音検査法は，複数の検査場面の吃音症状の分析から，重症度を把握するためのプロフィール

が得られる。

④　読み書きの習得度に関する検査

　読み書きの学習到達度の評価としては，稲垣ら（2010）のひらがな音読検査，読み書きスクリーニング検査（STRAW-R）や KABC-II 心理・教育アセスメントバッテリーの読み書きに関する習得尺度の下位検査，Reading-Test 全国標準読書力診断検査などが使用されるほか，奥村ら（2014）の CARD 包括的領域別読み能力検査などもある。

（3）言語発達に関連するその他の検査

　読み書きなどの基礎能力である視知覚能力を評価する検査としては，4 歳から小学校低学年を対象としたフロスティッグ視知覚検査がある。その他，読み書きの障害児の視覚認知の評価として **Rey の複雑図形検査**（Rey-Osterrieth Complex Figure Test：ROCFT）の有効性も検討されている（久保田・窪島，2007）。聴覚的短期記憶の一部は知能検査の下位検査でも評価できる。

　言語獲得の基礎となる聴力については，子どもの難聴に詳しい専門機関で，難聴の有無が判断される。5，6 歳以降になると成人と同じ方法で聴力検査が可能となるが，それまでは発達段階に合わせ，聴性行動反応検査（BOA）や条件詮索反応聴力検査（COR），遊戯聴力検査などが実施される。そのほか他覚的聴力検査が実施されることもある。

（4）言語の発達状況による検査の適用

　テスト・バッテリーは子どもの年齢や発達特性，発達状況によって異なるが，たとえば学齢期までの言語発達を 4 期に大別すると，下記のような検査の組み合わせが考えられる。検査をむやみに実施するのではなく，子どもや保護者の負担を考え，子どもに必要かつ有効な検査を厳選して行う。

①　前言語期のアセスメントバッテリー

　この時期は言葉が出現する準備が整っているかどうかを把握する必要がある。

第Ⅱ部　言語発達のアセスメントと支援

　たとえば，喃語の出現や，物を介したやりとり，視線，身振り，音声，表情を用いた伝達行動の出現や頻度，言葉の表出に先行する理解力の発達などが評価のポイントとなる。

　まず，新版Ｋ式発達検査2020などの個別検査を実施して，前言語期の全般的な発達の様相を把握するとよい。言語評価は，相談者や関係者からの聞き取り，あるいは発達質問紙をもとにした生活の中での行動評価や行動観察による評価が主となる。たとえば日本語マッカーサー乳幼児言語発達質問紙（語と身振り版）を用いて，言語発達の前段階としての身振りや行動の発達を評価することもできる。

②　語彙・文の獲得期（幼児期前半）のアセスメントバッテリー

　一般にはおおむね満１歳頃に初語が出現し，１歳半頃から語彙が爆発的に増加する。そして１歳後半から２歳頃までに二語発話が出現する。２歳前後から助詞や助動詞の獲得や統語構造の発達，動詞の種類の拡大などの文法の発達が急速に進み（綿巻，2001），３歳前後には日常会話が成立するようになる。この時期には，語彙や構文の発達，日常の簡単な指示や質問に応じる力，他者との会話の成立などが評価のポイントとなる。

　検査は新版Ｋ式発達検査2020，あるいは子どもの年齢や発達の状態によって田中ビネー知能検査Ⅴなどを実施し，知的発達水準と言語領域の大まかな発達の様相を把握する。言語発達については，子どもの障害特性や発達状態を考慮しながら，LC-R を用いて語彙や構文の理解面や表出面の能力を評価するとよい。生活文脈での語彙や文の表出については，日本語マッカーサー乳幼児言語発達質問紙（語と文法版）を用いても把握できる。その他，子どもの日常場面での自発的な発話を録音して，語彙や文法的複雑さを分析する方法などもある。

　また，検査場面や生活場面の行動観察などから，言葉の機能が広がっているか，言葉でのやりとりを楽しんでいるかなどのコミュニケーション行動をとらえたい。

③ 談話期（幼児期後半）のアセスメントバッテリー

　３歳頃より就学にかけての幼児期後期では，言語的概念の広がりや複雑な構文の習得により，物語を理解したり自分の考えや状況を言葉で説明したりする力が発達する。また，多くの子どもが保育所，幼稚園等の集団に入り，保育者や他児と言葉を通したやりとりが活発となる。この時期には，より抽象的な語彙の獲得や構文能力，談話能力，言語的理解や思考などの言語能力とともに，仲間同士の言語的やりとりや集団内でのコミュニケーション能力の発達などが評価のポイントとなる。

　検査は子どもの生活年齢や発達状態に合わせて発達検査か知能検査を選択し，知的水準と発達特性や認知特性を把握する。言語発達検査のLCスケールは，語彙や文法，文章の理解や表出能力など，談話期の言語的側面を総合的に評価できる。また，必要に応じてPVT-R絵画語い発達検査，J.COSSなどの構文理解検査，質問応答スキルを大まかに把握する質問-応答関係検査など，特定の言語領域の検査も利用しながら言語の発達状況をていねいに把握する。

　また，検査場面や生活文脈での行動から，会話を持続できるか，一方的に自分勝手な話を進めないか，適切な言語使用ができているかなど語用的側面も観察する。CCC-2などのチェックリストを利用してもよい。仲間や集団の中でのコミュニケーション能力は，幼稚園や保育所の先生から直接情報を聞き，状況を把握したい。

④ 学齢期の読み書きのアセスメントバッテリー

　学齢期に読み書き等の基礎的学習能力に著しいアンバランスを示す子どもがいるが，このような学習上のつまずきの背景には，これらの学習を支えている認知能力に偏りなどがあることが推定されている。したがって読み書きにつまずきがある場合，全般的な知的機能を評価した後，読み書きの習得度と読み書きの基盤となる認知機能の評価を行う。読み書きの基盤としては，音韻意識，音韻想起，視覚的認知などの能力が想定されている。

　知的機能の評価は，個人内差が出るWISC-VやKABC-II心理・教育アセスメントバッテリーなどを組み合わせて使用するほか，非言語性知能のスクリ

第Ⅱ部　言語発達のアセスメントと支援

ーニング検査としてレーヴン色彩マトリックス検査（RCPM）が用いられることもある（宇野，2016）。認知検査で良好な機能を見出すことは，支援の手がかりにもなる。また，読み書き習得度の検査としては，前述のように稲垣ら（2010）の音読検査や小学生の読み書きスクリーニング検査（STRAW），Reading-Test 全国標準読書力診断検査や KABC-Ⅱ 心理・教育アセスメントバッテリーの習得尺度などが用いられる。読み書き能力と関係するといわれる認知機能のうち，音韻意識に特化した市販の検査はないが，モーラ分解課題や抽出課題，逆唱課題，音韻削除課題などによって評価する。また，音読の流暢性は，連続して刺激を素早く呼称していく **RAN 課題**（Rapid Automatized Naming Test）の成績と関係することが示唆されている（金子ら，2012）。視覚的認知については Rey の複雑図形検査（ROCFT）などでの評価が行われている。その他，語彙力など音声言語の能力も確認したうえで，発達性読み書き障害かどうか総合的に判断される。

（5）言語発達のアセスメントにおける検査の利用

　検査で得られる子どもの発達水準や発達特性の情報は，支援方針を検討するための有効な情報である。しかし，検査で言語の発達水準や発達段階が明らかになったとしても，"この段階の子どもにはこのような支援"というように支援の方針が一義的に決まるものではない。検査の結果が同じような状況であったとしても，一人ひとりの子どもが生活文脈で見せる言語使用の姿は大きく異なることがある。また，子どもに関わる人々との関係や環境によっても，生活の中での困難さは異なってくることが予想される。検査による評価と生活文脈での評価の情報を照らし合わせ，一人ひとりに合った支援の方向を考えていきたい。

（瀬戸淳子）

第8章　言語アセスメントと支援の基本的考え方

1　アセスメントの流れ

（1）アセスメントの目的

　子どもの発達をアセスメントする目的は，子どもに関する情報を様々な角度から収集し，それらを整理，分析して子どもの状態像に迫っていくことである。

　アセスメントは，子どもの障害の判別や，学校・学級の選択などの進路指導の際の参考資料として使用することが目的ではない。アセスメントの目的は，そこで得られた情報を子どもの発達支援や学習指導などに活かすことである。専門家はアセスメントを通して，子どもの現在の発達・知的能力や認知特性を把握し，個人の能力の強い部分と弱い部分を明確化し，子どもの療育や教育を実施していく。

　療育や教育の場においては，PDCA の考えが活用される。すなわち，①指導計画の作成（Plan），②指導の実施（Do），③指導結果の評価（Check），④再度の改善による計画・実施・評価（Action）というサイクルの中で，子どもを指導・支援し，よりよい実践を図る。この PDCA を通した実践を行うためには，子どものアセスメントによる実態把握を定期的に行わなければならない。もちろん，アセスメントでは，子どもの発達検査や知能・認知関連の心理検査の結果だけでなく，学力，行動観察，学校の様子，医学的検査，生育歴など，

195

第Ⅱ部　言語発達のアセスメントと支援

様々な情報を把握し，子どもの状況を多面的にとらえていく。

（2）アセスメントの過程

①　アセスメントによる情報収集（Assessment）

　子どもの発達上の課題を検討するためには，子どもの言語発達の特徴、障害の有無や種類を探ることが必要となる。情報収集の方法としては，①養育者との面接，②子どもの行動観察，③各種検査，④関連機関からの情報などが挙げられる。

　養育者との面接においては，主訴（子どもの問題行動を改善したい，言葉の遅れが心配なので言語指導をお願いしたいなど），子どもの年齢，養育者の年齢，子どもの生育歴や養育環境などを尋ねていく。その際に，子どもの言語や知的発達を尋ねるだけでなく，他者への関心や遊びを通した関わりなどの対人関係の能力（対大人および対子どもの状況の把握），社会的なマナーに関わるスキルの獲得状況（あいさつの仕方，人の話を聞く姿勢など），日常生活の様々なスキル（トイレでの排泄，衣服の着脱，スプーン・箸の扱い，歯磨きなど），身体のバランス感覚，手先の器用さなどの情報も収集しておく。

　専門家は，子どもとも面談し，簡単な会話の能力を確認し，プレイルームなどで遊びを介した関わりの様子を観察する。養育者との面談で得られた情報と，実際の子どもの行動や発達状況を照らし合わせながら，子どもの実態把握を深めていく。

　この他，養育者を通して，幼稚園・保育園，小中学校・高校，特別支援学校，医療機関などの情報収集を行うことが重要である。

②　支援・指導の計画の立案（Plan）

　支援・指導の計画の立案は，養育者の面接と子どもの行動観察などの情報収集をもとに行う。養育者の主訴に適した支援・指導の目標を検討し，子どもの運動発達，社会性の発達，生活上の課題や，認知面や言語面に留意しながら，優先すべき重点課題を絞り込んでいく。短期的課題と中・長期的課題を整理し，子どもが達成可能な目標を設定していく。目標設定の際には，短期的課題であ

第8章　言語アセスメントと支援の基本的考え方

っても，指導内容をスモールステップで段階的に設定し，確実に課題が達成できるように計画を立てていく。また，目標は達成したことを確認できることが重要であり，客観的な評価ができるように工夫する。

③　支援・指導の実施（Do）

　子どものつまずきや困難さの実態把握に基づいて課題の設定を行い，達成可能な課題を子どもに与え，子ども自身が課題の達成を実感できるようにする。支援・指導においては，教材・教具，指導者の指示と教示の方法，支援・指導場面の配慮，子どもの集団の編成，活動内容，手順や計画の明示など，様々な面での工夫と配慮が必要である。

④　支援・指導の評価（Check）

　一定期間の支援・指導の後，その内容の評価を行う。課題の目標に対する子どもの評価と，支援・指導の方法・内容に対する評価が考えられる。子どもの評価は，できるだけ基準を明確にし，客観的な評価を行う。子どもが達成できた課題の内容に関して，具体的な頻度や回数などで評価していく。支援・指導の内容と子どもの反応を記述した記録が評価のための資料となる。この評価は，できるだけ複数の専門家によって検討が行われることが望ましく，定期的に養育者にも伝え，子どもが着実に成長していることを実感できるかたちにしていく。

⑤　支援・指導の改善（Action）

　支援・指導の評価で，期待するような課題達成や子どもの変容がみられない場合は，課題を見直し，修正していく必要がある。そして，この修正に基づき，あらためて，子どもへの支援・指導を継続していく。

（3）支援者への支援

　最近は，支援者への支援として，各種機関にて，ペアレント・トレーニングや，ティーチャー・トレーニングを行う機会が増えている。これらのトレーニ

第Ⅱ部　言語発達のアセスメントと支援

ングは，子どもの主たる養育者や指導者の関わり方を見直し，養育および指導のスキルアップを図ることを目的として実施されている。

①　ペアレント・トレーニング

ペアレント・トレーニング（以下，PTとする）は，子育てに取り組む養育者が，子どもの行動の背景を理解して，その役割を積極的に引き受け，適切な対応や接し方を学ぶためのトレーニングである。

養育者は子どもを育てていく経験を通して，養育者として成長していく。その中で，子育ての先輩や支援者の手助けを借りることも役に立つ。現在，多くのペアレントプログラムが，発達臨床の専門家らによって実施されている。また，上林・河内（2009），野口・のぐち（2009），岩坂（2012）らによって，PTに関する書籍も出版され，療育機関などで活用されている。

PTは，子どもの行動を改善するためのものというよりも，養育者が子どもにわかりやすい具体的で効果的な対応を身につけることで，子どもとの関係の悪循環を断ち，親と子がともに自己肯定感や自尊心を取り戻し，日常生活がより穏やかに送れるように親をサポートするためのものである。PTで学ぶ具体的な方法は子育ての基本であり，子育てに不安をもつ親への支援としてだけでなく，保育・教育を行う教員の指導技術を高めるための支援としても，子どもと大人が肯定的なコミュニケーションで信頼関係をつくるための有用な方法である。

また，PTを実施する専門家の立場からは，子どもと養育者の家庭状況や，子どもと養育者の個性に応じて，トレーニングの技法を適切な支援につなげていくことが可能となる。子どもの特性に応じた子育ての方法を見つけていくために，専門家は子どもと養育者との関係性を把握し，養育者に適切な助言を行う。養育者は，PTの演習を通して子どもとの良好な関係構築のスキルを学ぶことができる。

このトレーニングでは，養育者は子どもに適した接し方を中心に学んでいく。具体的には，子どもの行動の分類と対処法，子どもの行動を増やしたい行動・減らしたい行動・危険な行動などに分け，それらの行動に対する対応方法を学ぶ。

以下に，上林・河内（2009）をもとにした PT のプログラムを紹介する。

第 1 に，「行動」に焦点を当てる。このプログラムでは，行動を「目に見えるもの」「聞こえるもの」「数えられるもの」「〜する（＝do）という動詞で表現できるもの」として考える。子どもの行動にのみ注目し，人格や性格に関わるようなことには触れないことによって，「あなたはとても大切な存在だけど，その行動はよくないわ」というメッセージを送ることができる。

第 2 に，「注目」のパワーに注目し，肯定的な注目を増やしていく。PT のプログラムは，基本的には行動療法の考え方から組み立てられている。子どもの行動を「行動の ABC」として，状況やきっかけの先行状況（Antecedent），問題行動（Behavior），結果（Consequence）の 3 段階でとらえる。第 1 に，子どもの問題行動を減らすために先行状況を変えることを検討する。たとえば，混雑しているレストランに入り長時間待つことができない子どもであれば，「混雑しているレストランに入らない」「待つことができるようにおもちゃを用意しておく」といった方法により先行状況を変えることで問題を回避できるかもしれない。第 2 に，結果を変えることで問題行動を変えることをめざす。そこで重要になるのが「注目」の役割である。人は誰でも，他者から注目されたい・ほめられたい・認められたいと考えている。この「注目」を使って，子どもの問題行動を変えていく。子どもの好ましい行動に対しては注意を向け，養育者は小さな結果でも大いにほめる。一方，子どもの好ましくない行動には注意を向けず，養育者は無視するようにする。このように，無視とほめることを上手に組み合わせながら，問題行動を減らしていく。

表 8-1 に，上林・河内（2009）の PT のプログラムの構成を示す。このプログラムはグループで学習を進めることが基本で，1 回60〜90分程度，全10回のセッションで構成されている。プログラムは，前回のセッションで学んだことを土台にして積み上げていくかたちで組まれている。子どもの障害の有無に関係なく，養育者の子育て全般に適用できる内容となっている。子どもの対象年齢は，3，4 歳〜10歳ぐらいまでが効果的であると想定されている。つまり，言語指示が理解できる子ども，ほめられてうれしいと感じられるくらいの社会性が育っている子ども，ある程度共感性がある子どもであれば，適用していく

第Ⅱ部　言語発達のアセスメントと支援

表8-1　ペアレント・トレーニングのプログラムの構成

セッション1	オリエンテーション（目的・グループの進め方・他己紹介など） 子どもの行動を3種類に分けてみよう
セッション2	肯定的な注目を与えよう ほめ方のコツ スペシャルタイム
セッション3	好ましくない行動を減らす①─上手な無視の仕方─
セッション4	好ましくない行動を減らす②─無視とほめるの組み合わせ─
セッション5	子どもの協力を増やす方法①─効果的な指示の出し方①─
セッション6	子どもの協力を増やす方法②─効果的な指示の出し方②─
セッション7	子どもの協力を増やす方法③─よりよい行動のためのチャート（BBC）─
セッション8	制限を設ける─警告とペナルティーの与え方─
セッション9	学校・園との連携
セッション10	これまでの振り返り

出所：上林・河内，2009

ことができると考えられている。

②　ティーチャー・トレーニング

　PT が，療育機関等で実施される機会が増えている一方で，最近では，幼稚園・保育園，学校等の教員を対象としたティーチャー・トレーニング（以下，TT とする）も実施されるようになっている。TT とは，特に，小中学校，高校等の発達障害のある児童生徒の指導に十分な理解のない教員のために，または指導に苦心している教員のために，実施される研修プログラムである。

　岩坂ら（2004）は，PT によって，養育者はほめることの大切さを学び，子どもの行動や気持ちが見えてくるという効果があることを指摘している。また，養育者のグループを対象に実施することで，悩んでいるのは「自分だけでない」ことに気づくことができ，心が癒され，虐待の回避や，親子関係の再生につながると述べている。さらに，岩坂らは，同様のプログラムを学校で行うことには独自のメリットがあり，教員にも保護者と同じような効果があるだけでなく，学校での子どもの適応行動が増すことにより，子どもの自己肯定感が高まることを指摘している。さらに，子どもの理解が共有され一貫した対応が行

200

第8章　言語アセスメントと支援の基本的考え方

表8-2　ティーチャー・トレーニングのプログラムの構成

第1回	応用行動分析について
第2回	行動の3分割について
第3回	学級の中で個別にほめる
第4回	△の行動を○の行動に変える
第5回	見過ごすことの意味について
第6回	問題行動（×の行動）の対応の仕方
第7回	ティーチャー・トレーニングをどう活かしていくか

出所：今西ら，2014

われることで，組織的な校内支援が可能になり，子どもと教員の関係，そして教員と保護者との関係が良好になると述べている。学校でも発達障害のある子どもたちへの通常学級における適切な対応方法を教員が身につけることが課題であり，PTのプログラムを吟味しつつ，教師のトレーニングを行うことが試みられつつある。

　今西ら（2014）は，通常学級の教師が「ティーチャー・トレーニング」で学んだ手法を発達障害児だけでなく，定型発達の児童を含めた学級経営に活かすことを考えた。児童理解，行動分析，環境の構造化を通して，教員に指導の一貫性をもたせ，どの子どもにもわかりやすいTTのプログラムを検討している。

　今西らは，表8-2に示すようなTTを考案し，2010年度に小学校の教員を対象として実施した。このプログラムは，全7回で構成されている。プログラムに入る前に，教員自身が自己評価を行い，指導の傾向を理解しておく。第1回の応用行動分析では，子どもの課題となる行動の前の先行状況（きっかけ・理由）を知り，対応を変えたり，先行状況をなくすことで解決することを指導した。第2回の「行動の3分割」では，子どもの1つの行動を○（ほめる行動）・△（見逃す行動）・×（注意する行動）の3つの行動に分ける取り組みを行った。最終回では，教員同士の相互の実践の様子を報告し合い，励まし合うことができた。プログラムを通して，教員は学級経営のルールを重視しながら，臨機応変に子どもの問題行動に対応できる応用力を身につけ，一定の成果を得ることができたとされている。

201

第Ⅱ部　言語発達のアセスメントと支援

2　養育者との面談

（1）養育者との面接

　養育者は，両親だけとは限らず，祖父母などが対象となることもあるだろう。養育者の立場が何であれ，専門家は，初めて出会う養育者と穏やかな態度で接し，**ラポール**（親和的関係）の形成を心がける必要がある。

　養育者との面接を通して，必要な情報を収集し，子どもの発達上の問題を判定し，それに基づいて支援の目標と方針を設定していく。面接では，養育者の子どもの発達に関する主訴のほか，子どもの生育歴（出生時の体重，出産の状況，歩きはじめた年齢，病気の既往歴，就学前の状況［療育機関・幼稚園や保育園など］，教育歴［小中学校・特別支援学校など］），言語発達の既往歴（前言語期のコミュニケーション，言葉を話しはじめた年齢，現在の言葉の力）などを尋ねていく。

　養育者との面接において配慮すべき点については，伊藤（2002）が以下のように述べている。

　最初に，面接における心構えとして，養育者の子どもの行動や問題を心から理解しようとする態度をもつことが重要である。そして，養育者に，専門家の立場や面接の目的を説明し，養育者が話したいと思っていることを自由に話してもらってから，質問をはじめる。その際に，質問はゆったりとくつろいだ雰囲気で行うことが必要である。質問の仕方も相手にわかりやすい言葉を用いて，ていねいに進める必要がある。また，養育者が質問に回答しやすいように，1つずつの質問に集中して回答できるように注意をする。「はい」「いいえ」で答えるような質問ではなく，できるだけ養育者自身の言葉で話してもらうように心がけたい。

　また，対象児と養育者の関係や，家族や親族に同様の困難を抱えた者がいるかどうかなど，養育者が回答しにくいと思われる質問は，回りくどい言い方をせずに，率直に行った方がよい。面接は円滑に進める必要があり，質問の内容はあらかじめ用意したものから大幅に変更せず，各質問を関連づけながら少し

202

ずつ掘り下げていく。

面接の際は，記録を取るための用紙に視線が向きがちであるが，養育者を穏やかに見つめる姿勢が大切である。面接の記録は迅速かつ正確に行い，その内容は養育者には見えないかたちで進めるべきである。面接を終了した後は，情報を集約し指導に活かすための記録としてまとめていく。

（2）障害児を育てる養育者の気持ち

子どもの発達の遅れを知ることから引き起こされる養育者の戸惑いや不安などは，それぞれ個別的であり，またその心情は複雑であるため，専門家からの支援を受ける気持ちが準備されにくい状態にある。子どもを出産し，子育てをしながら，子どもへの愛情を注ぎ続ける養育者にとって，わが子の「障害を告知されること」は，心理的に大きなショックを受けることとなる。多くの養育者は，まだ幼いわが子の成長に対する願いや想いをもっているが，障害の告知により子どもの将来像の見通しをもてない状況に置かれてしまう。そのため，情報提供を行う専門家が，養育者の気持ちを十分に汲み取ったうえで，実際の支援活動を実施していく必要がある。

養育者の障害受容に関するサポートは，ていねいに進めていくべきである。障害受容とは，養育者が子どもの障害を受け入れるという意味である。子どもの障害を告知された養育者は，多くの心理的苦悩やストレスを抱えながら，多くの人々の支えや様々な経験を通じて，徐々に障害を受け入れていく。しかしながら，養育者の中には，障害を告知された後に，心理的ストレスが原因でうつ病にかかり養育困難となるケースや，養育放棄が続いたため児童養護施設に子どもを預けるケースもある。そのため，障害を告知する立場にあり，障害児の療育や教育に携わる専門家は，養育者の障害受容の厳しさや，障害受容の過程について理解したうえで支援に活かす必要がある。

（3）養育者の子どもの障害受容の過程

養育者の障害受容の過程には，「段階説」「慢性的悲哀説」「螺旋形モデル」の3つの理論が知られている。

第Ⅱ部　言語発達のアセスメントと支援

表8-3　養育者の障害受容の適応過程（段階説）

過　程	養育者の心理
ショック	子どもの障害を告知された後，ショックを受け，頻繁に泣いたり，心理的に動揺し，不安定な精神状態が続く。
否　認	自分の子どもに障害があると認めることを避けようとする。次々に医療機関をめぐり，都合のよい診断をしてくれる医師を求める。書籍やインターネットにより子どもの障害に関する情報を収集し，都合のよい情報を探し続ける。
悲しみと怒り	子どもに障害があることを認めようとする中で，深い悲しみと，怒りの感情が交錯する。多くの養育者は子どもに愛着を感じることに躊躇を覚える。
適　応	心理的な動揺が静まるにつれて，養育者は自分たちが置かれている状況を見つめ，子どもの養育に対して前向きな気持ちになっていく。書籍や専門家から子どもの障害についての知識と子育ての情報を得たり，同じ障害のある子どもの養育者と出会い，障害に対する受容の基礎が形成されていく。
再　起	子どもに障害があることの事実に対して，自責の念にかられた状態から徐々に回復していく。養育者は，自分や家族とともに，障害のある子どもとの今後の生活について考えられるようになっていく。

出所：Drotar, 1975より作成

① 段階説

ドローター（Drotar, 1975）は，主に先天性奇形のような生後すぐに障害があることが判断できる子どもの養育者の心理段階について調査した。その結果，養育者の心理は，表8-3に示す通り，「ショック→否認→悲しみと怒り→適応→再起」の5つの段階がこの順で生じ，時には複数の段階が同時に存在し，表面的な状況として現れたり消えたりするという経過があることを述べた。

② 慢性的悲哀説

オーシャンスキー（Olshansky, 1962）は，精神遅滞の子どもの親の慢性的悲哀について報告した。彼によれば，養育者は潜在的に悲哀的な感情をもっており，子どもの成長の節目などに悲哀感が再燃し，顕在化してしまうと述べた。つまり，再適応を前提としているドローターの段階説とは逆の見解といえるだろう。慢性的悲哀とは，障害児の養育者が子どもの障害を知った後に絶え間なく悲しみ続けている状態を指している。

しかしながら，ほとんどの養育者に段階説と慢性的悲哀説の両方にあてはまるような心理が存在する。慢性的悲哀は，精神遅滞の子どもの養育者にとって

第8章　言語アセスメントと支援の基本的考え方

生じ得る心理であり，子をもつ親として自然な感情であろう。中田（1995）によれば，精神遅滞児の大多数の養育者は広範な精神的な反応，つまり慢性的な悲哀に苦しんでおり，医師や臨床心理士やソーシャル・ワーカーなどの専門家はそのことにあまり気づいていない。そのため，専門家は養育者に安易に悲哀を乗り越えるように励まし，養育者がこの自然な感情を表明することを妨げてしまうことが多い。そして，精神遅滞児の養育者にとって自然な慢性的悲哀の感情を神経症的な症状とみなしてしまい，養育者が現実を否認する傾向を強める要因となっている。

　ウィクラーら（Wikler et al., 1981）は，調査の対象となった障害児の養育者の4分の1が段階説のような一過性の悲哀の時期を経験したが，残りの親は落胆と回復の過程の繰り返し，つまり慢性的悲哀を経験したと報告している。子どもと関わる保育士や教員が養育者が感じている悲哀的な感情を否定すると，養育者はそれを抑圧し心の中にため込んでしまう。その結果，養育者にうつ病などの精神的な疾患が生じて育児困難となったり，鬱積した心理が高ぶり虐待につながることもある。そのため，養育者から悲哀的な感情が語られることがあっても，周囲の人々は養育者の心理を否定せずに共感し受けとめて，専門機関での療育や相談を促し，場合によっては養育者本人に対する相談機関を紹介するなど慎重な配慮が必要である。

③　螺旋形モデル

　中田（1995）は，段階説と慢性的悲哀説の概念を包括できるモデルの必要性を訴え，螺旋形モデルを提唱した。螺旋形モデルの考え方は，親の内面には，障害を肯定する気持ちと否定する気持ちの両方の感情が表と裏の関係として常に存在し，それらが表面的には交互に現れ，繰り返すように見える。つまり，養育者の障害受容と悲哀の感情は決して区切られた段階ではなく連続した過程であり，段階説が唱えるような最終段階があるのではなく，すべてが適応の過程であると考えられるというものである。

　養育者の子どもの障害受容に関しては，障害の告知，障害の認識，障害の受容という過程があるが，どの段階においても子どもの障害に対する肯定的な感

205

第Ⅱ部　言語発達のアセスメントと支援

情と否定的な感情の両面があり，どちらも受容の過程の中で現れる感情である点で本質的には違いがないことを理解すべきであろう。障害受容の過程を段階的にではなく，肯定と否定感情を繰り返しながら徐々に障害受容を進めていく螺旋状の過程と考えることは，養育者の現実を認識できず障害を受容できない心の揺れを理解するうえでも重要である。ドクター・ショッピングと呼ばれる複数の医療・相談機関や療育機関を訪ね歩く養育者がみられるが，従来，それは障害を否認するための行為だとみなされてきた。しかし，それが子どもの障害をより正確に理解しようとする積極的な態度のあらわれである場合も多い。このような否定的にとらえられてきた養育者の行為においても子どもの障害を認めようとする心の葛藤が存在するといえる。

（4）親が抱える潜在的な問題

　障害のある子どもをもつ養育者は，日々の子育てを重ねる中で，将来を案じたり，潜在的な悩みを抱えていることが多い。

　母親は，子どもに対する自責の念を減らすために，必要以上に責任感を強くもち，様々な活動に熱心に取り組んでしまうこともある。子育てに熱心であることは良いことであるが，障害のある子どもの療育に傾倒するあまり，家事が疎かになったり，他の子どもとの関わりが少なくなってしまうことがある。また，母親は，障害のある子どもの子育てにかかりきりになり，心理的にも身体的にもエネルギーを消耗し，精神的に追い込まれることがある。そして，障害のある子どもの問題行動のとらえ方が妻と夫で異なっていたり，子どもが学ぶべき学校選択で意見が食い違うこともある。はじめは，妻と夫で意見を交わしていた状況が慢性的な対立に変化してしまうこともあるだろう。障害のある子どもの子育て観が異なることで，夫婦間の対立が激化し不仲となり，離婚に発展することもある。そのため，障害のある子どもの問題を母親だけのものとせずに，父親とも共有するために，定期的に夫婦で相談機関に来所してもらい，専門家を介して，夫婦間の情報共有が図られるようにサポートをしていくべきだろう。

　また，養育者の多くは，子どもの将来に対する見通しがもてず，混乱や恐怖

がいつも心の中にある。養育者は，子どもの障害について十分な知識をもっていないだけでなく，子どもの療育の場，保育園・幼稚園の選択，子どもが安心して学べる学校，就労・就職，成人した後の生活，養育者が亡くなった後の子どもの生活など，子どもの将来の生活を見通すことができない。障害のある子どもに向き合うだけで精一杯であるという養育者が多いが，専門機関などでは定期的に成人した障害者の養育者を講師に招き，子どもの成長や将来に関する研修会を開くこともよいだろう。また，養育者から相談を受けた際には，専門家は，学校選択や，就労・就職，入所施設などの情報をわかりやすく伝えていく必要がある。

　このほか，母親の子育てにおける役割や負担が大きく，周囲の理解や支援がないように感じてしまうこともある。現在は男性だけが仕事をする時代ではなく，女性がキャリアを重ねて仕事を通して生きがいをもつことが当たり前となっている。こうした中で，障害のある子どもが生まれたことにより，母親だけが仕事を辞めざるを得ない状況に直面した場合，これまでの母親の努力と積み上げてきた職場での功績を手放すこととなった心理を，周囲の人々は理解しなければならない。

　また，養育者の中には，次の子どもの出産を躊躇してしまうケースもある。障害のある子どもが第1子として生まれた場合，次の子どもにも障害があると子育ての負担が大きくなるため，第2子の出産について思い悩んでしまうことがある。また，次の子どもに障害がなくても，親が亡くなった後の障害児の世話を，そのきょうだいに託してしまうことへの罪悪感をもつ養育者もいる。

　一方，障害のある子どもが生まれた結果，夫婦が離婚し母親のみのシングル・ペアレントとなり，母親が働きに出るために子どもと関わる時間に制約が生じることもある。この場合，母親は，フルタイムの仕事を行いながら子育てに向き合う必要があり，心身ともに疲労が蓄積されるケースが多い。実際，母親一人が働いて子育てを行う家庭は一般に所得が低いことが知られている。また，母親に心労が絶えないために，うつ病などの精神疾患を抱えることになったり，養育放棄や虐待の問題が生じることも少なくない。

　以上のように，障害のある子どもの養育者は家庭において様々な複雑な問題

第Ⅱ部　言語発達のアセスメントと支援

を抱えていることがあるので，専門家は十分に配慮しながら支援を進めていく
必要がある。

（5）心理的なサポート

　養育者に対して，療育機関などでは専門家による心理支援が行われている。
療育機関では，子どもの療育を行うだけでなく，養育者に対して個別のカウン
セリングや，子どもの発達，子育ての悩み，家族の問題などの相談活動が行わ
れる。特に，養育者の心理サポートとして効果的なのは，同じ障害のある子ど
もをもつ養育者どうしのピア・カウンセリングである。障害児を育てる養育者
同士が集まって，個々の悩みや感情，家庭の問題などを出し合い，皆で話し合
い，問題解決の方法を互いに模索し，専門家からの情報提供や助言を受ける中
で，子どもの現状をありのまま見つめ，養育者たちが現実に根差して積極的に
子育てに向かうように支援することができる（小山，1999）。また，その際に，
専門家のほかに，障害のある成人の子どもをもつ先輩の養育者がメンターとし
て入ることにより，子育ての参考となる多くの情報を得ながら，養育者同士の
話し合いが充実したものとなっていく。専門家からのアドバイスは的確で情報
量も多く価値が高いが，同じ障害のある子どもをもつ気持ちを共有している先
輩の養育者からの助言は非常に貴重であり，養育者にとってはどちらも欠くこ
とができない存在だろう。

　また，養育者同士の心のつながりの輪を広げるために，療育機関などでは養
育者同士のグループを作ったり，センターを卒業した子どもの養育者が継続し
てグループ活動を行い，情報交換や，子どもと養育者の交流を重ねていくケー
スも多い。特別支援学校では PTA 活動が盛んに行われているほか，小中学校
の特別支援学級でも養育者のつながりなどのネットワークがある。さらに，地
域の当事者団体の活動も多く，知的障害，自閉症スペクトラム障害，肢体不自
由，難病，視覚障害，聴覚障害などの様々な団体が各地で活動しているので，
専門家はこれらの当事者団体との関わりをもち，必要に応じて養育者に情報提
供していくことも重要である。

3 行動観察

（1）行動観察の重要性

　河西（2013）は，子どもの行動を観察することにより，養育者の面談では得られなかった子どもの発達状況や強い特性や弱い特性を把握することができると述べている。療育機関，幼稚園・保育園，学校での日々の生活場面で見せる「気になる子どもの行動」には，必ず何らかの理由があり，その子を取り巻く環境をよく観察することで理解ができることが多い。個別場面と集団場面で，子どもの行動を観察することは非常に重要である。個別と集団のもつ環境の特徴が子どものつまずきの実情をよりクリアにさせる可能性が高いため，子どもの実態把握を行ううえで貴重な資料となる。また，養育者の虐待などの家庭環境の問題や身体疾患などの病気も，子どもの行動観察から発見されることが多いので，専門家は子どもを観察するスキルを高めておく必要がある。

① 個別場面での観察

　個別場面での観察は，個々の発達の特性やつまずきを理解しやすい。子どもが情緒的に安定している場合が多いため，気になる行動が見えにくくなる面もあるが，個々の発達の状況を明確にとらえることが可能である。個別場面での子どもの特徴を的確にとらえておくことで，集団に入ったときの気になる行動の原因を考えることにつなげることができる。

② 集団場面での観察

　集団場面での観察は，他の子どもとの関係性が複雑で，刺激が強い状況となる。子どもの集団への参加の方法や他の子どもとの関わり方，コミュニケーションの取り方などにより，その子なりの特徴が現れる。また，集団での課題活動場面と，集団での自由遊び場面の両方の観察を行うことで，子どもの特徴をとらえることができる。

第Ⅱ部　言語発達のアセスメントと支援

（2）言語発達と行動観察

　中川（1998）は，乳幼児健診や健診後のフォローの場で活用する「ことばと発達の行動観察記録表（試案）」を作成した。言語発達に関する心理検査ではなく，子どもの健やかな育ちを支援するために，日々の生活の中の問題の究明と，その問題に対する解決の手立てを明確にすることを目的として，この記録表を作成することを試みている。

　この行動観察記録表は，「1．行動的特徴（12項目）」「2．外界への興味や注目（4項目）」「3．感情・要求の表現，コミュニケーション行動（9項目）」「4．遊び方（5項目）」「5．指さし（6項目）」「6．音や話しかけへの反応（6項目）」「7．ことばの理解（6項目）」「8．ことばや動作の表現（11項目）」「9．発声（5項目）」「10．発声発語器官（9項目）」「11．お母さんのようす，子どもとのかかわり（8項目）」の11の分野（全81項目）から構成されている。項目が多いが，発達臨床に携わる専門家としては，このような子どもの広範囲かつ詳細で発達的な視点をもつ必要がある。この行動観察記録表の項目は，専門家が子どもと関わる際に注目するべき視点が多く含まれており，子どもの実態把握を行う際に活用できる。専門家は，子どもの行動観察を通して，子どもの心配な面と健全な面との両方を見ることができる。

　言語発達の問題は，有意味語の有無や発声の多少など，音声に現れた部分にとらわれがちである。しかし，子どもの言語発達は，子どもの体や心のありよう，そして全身を介した他者との関係性を含めた全体的な関係の中でとらえていく必要がある。そして，子どもと周囲の人々との関わり方も，特に養育者（親）との関わり方も，子どもの言語発達に影響を与える要因となるだろう。

4　アセスメントの活用と支援のあり方

（1）アセスメントの目的

　子どもの言語発達や知能を評価する手段として，子どもの生育歴等の基礎的

第8章　言語アセスメントと支援の基本的考え方

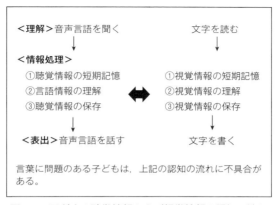

図8-1　子どもの聴覚情報および視覚情報の認知の流れ

　情報の収集と行動観察に加え，各種心理検査が用いられる。検査の目的は，子どもについての情報を様々な角度から収集し，情報を整理・分析して子どもの状態像に迫っていくことである。各種検査を実施することで，子どもの聴覚情報および視覚情報の認知の流れ（図8-1）のどこに不具合が生じているかを確認することができる。
　子どもの発達を把握するための代表的な心理検査として，発達検査と知能検査が挙げられる。知能検査は，基本的に，言語の理解・表出が可能な子どもにしか実施できない。しかも，測定できる子どもの能力は，知的能力や言語能力などに限定されているため，重度の知的障害児や，幼少期の子どもに知能検査を実施することはできない。発達の初期段階にある子どもの場合は，知能検査ではなく，発達検査やその他の心理検査を用いる。発達検査は**新版S-M社会生活能力検査**などをはじめとして質問紙であるものも多く，子どもの日常の行動の観察を通して，子どもの言語だけでなく，運動，社会性，生活スキル等の領域についても，評価ができる内容となっている。
　また，子どもの言語発達の評価の視点として，語彙，統語等の側面があり，専門家は各々について確認する必要がある。これらの評価のためには，PVT-R絵画語い発達検査，J.COSS，教研式読書力診断検査，ATLAN適応型言語能力検査等を用いる。

211

第Ⅱ部　言語発達のアセスメントと支援

　このほか，子どもが言語理解を進めるためには，聴力，発音，認知特性の側面があり，専門家は，適宜，聴力検査，新版構音検査，KABC-Ⅱ心理・教育アセスメントバッテリー等の検査を実施する必要がある。聴覚障害の子どもの場合，聴覚認知の弱さが原因で音声の言語的理解が困難となり，自己の発音のフィードバックができないために発音が不明瞭となる傾向がある点に注意が必要である。また，子どもの認知面での得意な部分（strength；強い部分）と苦手な部分（weakness；弱い部分）を明らかにしたうえで，子どもの発達支援や言語指導の計画を立て，支援・指導に活かすことができる。

　検査の実施に際して，専門家は，検査の目的と，支援・指導に活かす視点を明らかにしておくべきである。また，子どもの心理的負担を考慮したうえで実施する。そして，検査結果のみに注目するのではなく，養育者の面談による情報，子どもの行動観察，医療・学校等の関連機関の情報を併せて，子どもの全体像の把握をしていくべきであろう。

　以下第2項，第3項では，筆者がアセスメントと支援を行った2つの事例を記述する。2つの事例については，それぞれの保護者に，論文・書籍への執筆の許可を得ている。

（2）アセスメントの活用とその支援1

症例：読み書きに困難を示す中学生

①　対象児

　インテーク時，12歳3か月。

　中学校に通学し，通常学級に在籍する中学1年生・男児。

②　主訴

　漢字の読みや書き取りが困難であるので，その指導をお願いしたいというものであった。

③　家族構成

　父，母，姉2人，本児の5人家族。

④　生育歴および指導開始までの経過

　正常分娩。12か月頃に始歩，始語。4歳で幼稚園に入園。就学前に発達の遅

第8章　言語アセスメントと支援の基本的考え方

れを指摘されたことはなかった。小学校1年生のときに，学級担任から「ひらがな，カタカナ，漢字の勉強が苦手な面があるが，本人は真面目で一生懸命に学んでいるので，家庭でも励ましてほしい」と指摘を受けた。小学校3年より，本人から「学校の勉強ができるようになりたい」という申し出があり，家の近くの個別指導の小さな学習塾に通いはじめる。その学習塾の先生から「学習障害の傾向があるかもしれない」という指摘があり，大学教員のもとに連絡があった。

　指導開始時，小学校1年生および2年生の国語の教科書を読んでもらった際に，文章の読みはできたが，ところどころ，漢字の読みの誤りがあった。本人と母親の話では，「普通に会話はできる。友達と話をすることは楽しい」「新しい漢字の読み書きが非常に苦手」ということだった。

⑤　指導時の検査結果（WISC-IV）

　合成得点のFSIQは89で，平均に比べやや低いスコアであった。

　他の合成得点に関しては，言語理解が109，知覚推理が78，ワーキング・メモリが106，処理速度が70であり，言語理解とワーキング・メモリが高く，知覚推理と処理速度が低いという結果であった。

　下位検査で，特徴的な成績を示しているものを取りあげる。下位検査の平均は8.6であった。得意な検査は，類似（評価点12）であった。例「リンゴとみかんの共通点は？」「グラムとメートルの共通点は？」のように，2つの事物の共通点や属性を説明する内容の比較検討に関しては得意であった。また，理解（評価点12）も得意で，日常生活の社会的常識や道徳観等に関する知識を口頭で説明する力が高いことがわかった。また，数唱（評価点12）も得意であり，無意味な聴覚情報の短期記憶やワーキング・メモリの能力が高いことがわかった。さらに，特徴的であったのは，絵の概念（評価点12）の結果で，本児は知覚推理が苦手である傾向にある中で，具体的な絵画の情報理解や処理は得意であった。

　下位検査で苦手であったのは，積木模様（評価点4），行列推理（評価4），符号（評価2）であった。積木模様は不得意で，例示の図版を正しく認識することができず，早合点して，積木を構成していき，何度も試行錯誤を重ねてい

213

第Ⅱ部　言語発達のアセスメントと支援

た。また，行列推理の幾何学模様の構成や配列を理解することができず，正し
い選択肢を選ぶことができなかった。さらに，符号では，初めて見る記号を書
くのに戸惑っており，書くスピードもゆっくりであった。書く作業がやや苦手
な面があるため，成績が低く出た可能性がある。

⑥　指導の経過（学習塾での指導の経過）

　大学で本児の心理検査を実施し，保護者と学習塾の先生にその結果を伝え，
学習指導の方法に関して話し合った。指導方法に関しては，月２回程度，大学
教員が学習塾を訪問し，実際に本児の指導方法を例示したり，教材を作成する
こととともに，塾の先生と保護者にアドバイスを行った。

　　・　ビジョントレーニング

　視覚認知の機能や，目と手の協応動作を高めるために，ビジョントレーニン
グを毎回10～15分取り入れた。トレーニングをすることで，眼球運動のコント
ロール，焦点合わせ機能，両目の協調機能，動体視力，立体視能力，奥行き認
識能力等の視覚能力を向上させていくことを目指した。

　　・　国語

　指導前の時点で，ひらがな，カタカナの読み書きは可能であった。漢字に関
しては，小学校低学年程度の読みはできた。ただし，漢字の書字については，
書くことが困難であった。漢字にルビをふれば，理解できることが多かった。
そのため，国語だけでなく，社会や理科に関しても，教科書の文章に漢字の読
み仮名を書いて，音読できるように指導した。

　新しい単元の国語の文章を理解することが困難であったので，あらかじめ，
文章のあらすじを本児に教えたうえで学習を進めていった。

　新出漢字の読みに関しては，文章の中で読みを理解することに努めた。単語
のみを切り離して読みを理解しようとしても，意味手がかりがないと理解が困
難であった。漢字の書字については，指でなぞり書きを繰り返したり，たくさ
ん書いて覚えたりするのではなくゆっくりと回数も少なくてよいので，漢字の
意味を考えながら書字の学習を進めるように指導した。

⑦　その後の経過

　国語は予習をしっかりと行い，授業中の理解はある程度できている。定期テ

第8章　言語アセスメントと支援の基本的考え方

ストでの新出漢字の読みの問題は，ほぼ正確にできている。新出漢字の書字の
暗記が苦手で，誤りが多い。

（3）アセスメントの活用とその支援2

症例：人工内耳を装用した難聴の小学生

① 対象児

　インテーク時，7歳6か月。小学校に通学し，通常学級に在籍する小学2年
生・男児。

　聴力は人工内耳装用時は30〜40 dB。1対1の会話であれば，十分に言葉を
理解し，自分の考えも伝えられる。

　生活言語は理解できても，学習言語については理解し，自分の考えをまとめ
て話すことは困難な状況である。

② 主訴

　語彙・文法力などの言葉の力が不十分なので，言語指導，作文指導，国語の
教科指導をお願いしたいというものであった。

③ 家族構成

　父，母，姉，本児の4人家族。

④ 生育歴および指導開始までの経過

　正常分娩。難聴の気づきは6か月時で，8か月から補聴器装用。月に2回，
難聴児の医療センターに通院し，聴覚活用と言語指導を受けた。また，聾学校
の乳幼児相談に通う。11か月頃に始歩。1歳時の聴力検査では100 dB の音が
聴こえないと医師の診断。16か月頃に始語があった。2歳1か月に人工内耳の
手術を実施。3歳時より聾学校の幼稚部に通学。就学先は，保護者は通常の小
学校への入学を希望したが，「言葉の発達が十分でない」という聾学校の教員
の指摘により，聾学校の小学部に進学した。小学部2年生のときに，地域の小
学校に入学した。

　本児は視覚情報により物事を判断する力があるが，自分の考え・感情を言葉
でうまく話すことができない。本児と検査者が話をする中でも，本児は言葉の
数が少なく，1発話あたりの語数が少なく，言語表出・理解に関して，語彙が

215

第Ⅱ部　言語発達のアセスメントと支援

足らない，文法の力が十分でない等の問題があった。

⑤　指導時の検査結果（WISC-IV）

　合成得点の FSIQ は93で，平均よりやや低いスコアであった。

　他の合成得点に関しては，言語理解が91，知覚推理が113，ワーキング・メモリが65，処理速度が104であり，知覚推理と処理速度が高く，言語理解が低く，ワーキング・メモリが非常に低い結果であった。

　下位検査の結果をみていくと，知覚推理の3つの下位検査は高く評価点が12であった。行列推理は幾何学模様の構成や配列を理解することができており，正しい選択肢を選ぶことができていた。

　ワーキング・メモリの下位検査の数唱と語音整列の評価点が4で，聴覚障害があるため，意味情報のない数字の羅列を短期的に記憶して復唱すること，人の話を短期記憶に保持すること，聴覚情報を聞きながら考えること，情報を頭の中で再構成する等の力が弱いことがわかった。

　言語理解の下位検査は，類似と単語の評価点は平均的でありながら，理解の評価点が5であり，社会の道徳性や倫理観・社会性等の理解が低く，音声言語で論理的に説明する力が非常に不足していることが推察された。

　しかしながら，ワーキング・メモリが低いにもかかわらず，類似と単語の評価点が平均的であることから，聴覚情報を聞いて理解することが困難でありながらも，何度も聞いたり，自分なりに何度も復唱したり，文字や文章を読んで理解する等の学習を通して，言語能力を高めていることが推察された。

⑥　指導の経過（学校での支援）

　学級担任の先生には，本児に聴覚の配慮を行っていただくようにお願いをした。クラスの座席は，前から2列目で教卓前の先生の顔が見やすい位置とした。先生の声が人工内耳に直接伝わるように，先生には FM マイクをつけていただいた。授業中に出される他の子どもの意見は，可能な限り，黒板に書いていただくようにお願いをした。グループでの話し合いの際には，本児が理解できるように，他の児童は本児の方を向いて話すように指示した。その他，先生が気づかないところで，本児が困っているときには，他の児童が聴こえのサポートをするように説明した。

⑦　その後の経過

　担任の教員の理解と支援があり，通常の学級の授業をほぼ理解している。他の児童たちの支援もあり，学級の中では友達も多く，活発に活動している。教科書に準拠した問題集を購入し，自宅で教科学習の理解の漏れを補っている。

　語彙・文法・作文等の言語指導は，筆者らが大学にて指導し，少しずつであるが，国語の基礎的能力が積み上がっている。

5　言語アセスメントと支援の総合評価

（1）アセスメントの総合評価とその活用

　子どもの言語発達支援においては，子どもの言語能力だけでなく，全体的な発達，その他の特性や能力を把握したうえで進める。つまり，専門家は，子どものアセスメントを通して，子どもの支援方法を探っていく。アセスメントをより妥当性の高いものとするために，専門家は収集した情報を，自らの知識と経験に基づいて総合的に評価する必要がある。こうしたアセスメントを専門家が個人で進めるのではなく，子どもと関わりのある同僚と協同で進めると，新たな視点に気づきながら子どもの実態把握が可能となるだろう。また，アセスメントの際には，子どもの保護者から聴取される家庭での様子や，病院や学校などの関連機関の職員からの情報を踏まえたうえで総合的に評価する。そのため，専門家にとって，保護者や関連機関の職員との信頼関係は非常に重要である。信頼関係が築ければ，保護者や関係機関の職員から，子どもの発達支援に活かすことができる有益な情報を得ることができるだろう。

（2）アセスメントの留意点

　子どもに発達上の課題が複数あるケースは多く，その原因を列挙することは容易である。しかし，それでは発達支援のポイントが把握できない。子どもの発達支援を実施するに際して，第1に中心となる課題を明らかにする必要がある。

第Ⅱ部　言語発達のアセスメントと支援

　また，経験が豊富な専門家でも，完全なアセスメントを行うことは困難である。アセスメントの担当者が，子どもの発達に関して入念に情報を集めても，収集できなかった情報があるかもしれない。アセスメントの総合評価を終えた後に，子どもに関する新たな情報を収集し，評価を修正する場合も考えられる。アセスメントと支援は相互に関連しているため，修正を行った場合は，子どもの発達支援を見直し，改善していく必要がある。

（3）子どもの発達のアセスメントと支援

　子どもの発達のアセスメントを通して，養育者が言語発達の遅れに気づき，専門家からサポートを受けることにより，その後の支援・指導につなげていく必要がある。子どもの発達に関して，子どもが幼い時期は個人差が非常に大きく，発達の様相も一律ではない。子どもの発達の遅れについても，専門家と養育者との間で子どもの発達をどうみるかの認識や解釈に違いがみられる場合がある。

　家庭での養育者の子育てや地域の専門機関での発達支援活動において，子どもの発達を支援する立場にある大人同士の間で，共通の相互認識を築き上げていくためには，継続的に子どもの発達を評価し，支援していく社会システムを整備していく必要があるだろう。

（岩田吉生）

第9章 言語発達の支援方法

1 言葉の3領域——言語，発声・発語，コミュニケーション

　本章では，はじめに「言語」「発声・発語」「コミュニケーション」という，言葉の3領域について概観する。次に，言語・コミュニケーション面への支援について，これまで提唱されてきた支援方法を整理しながら解説する。続いて，発声・発語領域への支援，最後に，聴覚障害のある子どもやその家族への配慮事項について述べる。

（1）言　語

　「言葉の発達が遅い」という主訴の，「言葉」という語は複数の意味合いをもつ。「兄と比べて弟は言葉が遅い」という訴えには，兄が初語を獲得していた時期に弟にはまだ有意味語がない，という意味が込められていたり，兄が2語文を話していた年齢で弟はまだ1語文であるという訴えであったりする。この場合，「言葉」は「言語（language）」という領域に該当する。言語は，記号の体系であり，意味（概念）と結びついた音節やそのつながりが語彙である。擬音語・擬態語を除き，一般的に語の音形と意味との間には必然性はない。日本では inu と呼ばれている動物が，海を渡れば dog となるように，子どもは音と意味との結びつきを一つひとつ覚えていく必要がある。また，語彙どうしを結びつけるためには語順などのルールに基づいて形式を整える必要があり，この

219

「文法」も言語という記号体系を構成する。

　言語領域に対応する遅れや困難には様々な現れ方がある。幼児期の場合には語彙知識の乏しさや，2語文・3語文といった語連鎖のかたちになりにくい，格助詞に誤りがあり文法に沿った文のかたちに整わない，といった状況があてはまる。学齢期になれば，自分の伝えたい内容を言葉で表現することが困難である，説明やストーリーを聞いても十分に理解できない，作文がうまく書けないといった主訴として現れることがある。後天的な言語障害で，成人期以降に主に見られる障害の代表例として失語症がある。**失語症**は，言語に関わる脳の特定部位が脳卒中や外傷などによって損傷されることにより引き起こされる。

（2）発声・発語

　「言葉が聞き取りにくい」という主訴の場合，相談の対象は発音された音の正確さや流暢さである。手話や補助機器等による表現は別として，話し言葉で思考を伝達するには，声帯や構音器官を駆使して記号を音声のかたちに変換して表現することが欠かせない。これは「発声・発語（speech）」領域である。「スピーチをする」というのは声に出して語ることを指すように，speech は音声として表現することをとらえた語である。

　発声・発語という音声の産出面に関わる障害としては，**構音障害**，**吃音**，**音声障害**がある。

　① 構音障害

　構音（発音）の誤りには，音の「歪み」，音や音節の「省略」，正しい音を別の音で産出する「置換」があり，これらのいずれか，もしくは複数の混在によって，発話に不明瞭さを生じる。原因も，口蓋裂など構音器官の形態的な異常によるもの（**器質性構音障害**），比較的一貫性のある置換が特徴で原因が特定されないもの（**機能性構音障害**），麻痺などをともなう神経学的な原因のあるもの（**運動障害性構音障害**）がある（第7章参照）。

　② 吃　音

　吃音は，構音自体は正確であるが，音が一続きの流暢な連続として発音されない状態を指す。吃音症状として多く見られるものには，音や音節の繰り返し

（連発：「と，と，とけい」），語の一部分の引き伸ばし（伸発：「とーけい」），語音のブロック（難発：「……とけい」）があり，主に単語の語頭音に生じる。そのほかに，非吃音者も示すことのある以下のような非流暢性も見られる（挿入：「今日，あのー，学校で…」，語句全体の繰り返し：「学校で，学校で…」，言い直し：「学校に，学校で…」）。吃音の原因はまだ解明されておらず，吃音のある人には脳機能や聴覚処理等に何らかの素因があるという理論，吃音の発症には環境要因が関与するという理論，これらが絡み合って生じるとする理論など，様々なモデルが提唱されている。

③　音声障害

大きな声を出し続けた後は声がかすれるが，これは声帯の酷使によって一時的に腫れが生じ，声帯の振動に影響を与えることによる。声帯に結節やポリープなどができるなどによって，恒常的に声帯振動に不規則性が生じかすれ声（嗄声）になれば**音声障害**といえる。幼児期に音声障害が主訴となることは比較的まれである。

（3）コミュニケーション

語彙の豊富さや文法的な適切さ，発音の正確さを備えていても，場面や文脈に沿って適切に発話されなければ，話し手の意図は十分に伝わらないであろう。他者に向けて，場面や発話者の意図に応じて適切に表現することは，「コミュニケーション（communication）」という領域に対応する。広義のコミュニケーションは，個人の内的状態や，欲求，意思などを他者に伝える意図的または非意図的な表現であり，伝達意図をともなわずに表情から相手に感情などが伝わることも含まれる。より話し言葉に限局した狭義の定義は，要求，拒否，叙述等の機能をもつ言語的内容を他者に向けて社会的慣習に適した方法で伝えることが当てはまる。これらは，語彙知識や文法的な力といった言語的な側面とは別の，言語の運用面に関わる領域であり，**語用論**とも呼ばれる。

コミュニケーションに影響を与える障害として，**自閉症スペクトラム障害**（ASD）や，DSM-5（精神障害の診断と統計マニュアル第5版）における社会的（語用論的）コミュニケーション障害などがある。乳幼児期における大人との

第Ⅱ部　言語発達のアセスメントと支援

スムーズな相互交渉の困難や，知的な遅れがなくても幼児期に子ども同士の協調的なやりとりが成立しにくい，学齢期の仲間関係が発展しにくいといった状況の背景にコミュニケーション面の困難が存在する場合がある。

　このように，発達期の言葉の問題には様々な側面があり，適切な支援を提供するには子ども自身の身体的機能，情緒・社会性，認知の発達や，保護者や家庭といった子どもを取り巻く環境の調整などの複合的な観点からの分析と多職種の連携に基づくアプローチが求められる。

2　幼児期における言語・コミュニケーションへの支援

　子どもの言語発達は，保護者が最も心配する点の１つであり，乳幼児健診などで遅れの可能性が指摘された子どもには，語りかけの工夫など言語環境の調整が図られることが多い。一方，近年，コミュニケーション面の困難を含むASD児への早期からの支援の要請が高まっている。保護者との関係づくりも困難となるASDは，言語や認知面の発達だけでなく，家庭での基本的な生活習慣の確立にも影響を与える。そのため，特に英語圏で数多くの実践研究が積み重ねられてきた。ASDを念頭に置いた支援方法の検討は，言語・コミュニケーション発達に困難のある乳幼児全般への対応にも示唆を与える。

　言語・コミュニケーション面を対象とした発達支援方法は，「発達論的アプローチ」「行動論的アプローチ」「包括的アプローチ」の３つに体系化されることが多い。発達論的アプローチ，行動論的アプローチは，それぞれ独自の研究領域として並行的に蓄積されてきた数多くの知見に基づいている。発達論的研究は，言語，認知，社会性などの子どもの発達的側面に焦点を当てながら，子どもと養育者との自然な相互交渉に潜む，発達の促進要因を明らかにしてきた。一方，古典的な行動論的研究は，米国の心理学者スキナー（Skinner, B. F.）の理論から発展し，古典的あるいはオペラント条件付け，観察学習，**モデリング**などの観点から行動の学習過程を理論化してきた。行動論的アプローチが行動の形成や変容をもたらす技法として体系化されやすいのに対し，発達論的アプローチは，他者への子どもの興味・関心や情動を前提とした自然な関わりに含

まれる発達的な促しに着目するために，単純な技法というかたちで抽出しにくい。しかし，臨床発達心理学において踏まえておくべき重要な知見が多数提供されている。そこで本節では，最初に発達論的アプローチの基盤となる知見を整理し，続いて，発達論的，行動論的，包括的という3つのアプローチの各々について概観する。

（1）言語発達を支える諸要因

　言語発達は，注意・記憶・象徴化といった認知的側面，対人指向性や自発性などの情緒・社会的側面，言語の意味理解を育て使用の実際を体験する言語環境に支えられている。遊びや日常的な社会的文脈には，言葉の発達を支える要素が豊富に織り込まれている。発達論的アプローチとして整理される以前から，このような知見に基づき自発的な表現を促す環境づくりを重視した，子どもの表現意欲，他者への関心，コミュニケーションの達成感を尊重した支援方法が少しずつかたちを変えて提案されてきている。

①　共同注意

　共同注意とは，他者が注意を向けている事物に自分も注目することを指し，他者の顔や視線の方向，あるいは指さしを手がかりにして同じ事物を見ることや，他者と事物とを交互に見ること，他者の注意の方向をある事物に誘導したりしようとする行為として現れる。0歳台後半以降に安定してくる共同注意は，コミュニケーション発達の1つの節目である。この共同注意行動が生起しやすい子どもほど，後の理解・表出語彙が豊富であることから，典型発達児，ASD児ともに，共同注意行動の有無や程度が後の言語発達の予測因子であることが知られている（Morales et al., 2000; Toth et al., 2006）。他者の注意の方向を手がかりにすることができれば，話者の発話内容は理解されやすい。共同注意行動は，他者の表情を介して事物の洞察を可能にする社会的参照にもつながり，遊びや社会的ルールの習得の土台にもなる。

　自発的な共同注意行動が起こりにくい子どもに対しては，子どもに相手と同じ物を見るように促すのではなく，大人が子どもの注意の方向に追随し，対象

第Ⅱ部　言語発達のアセスメントと支援

に沿った言葉かけをすることが事物名称の習得に貢献することが知られている。言語発達の初期段階の子どもに対して，子どもが自発的に探索している物の名前を聞かせる条件（注意追従条件）と，子どもの注意を大人が提示する物に向けさせて名称を聞かせる条件（注意誘導条件）の2つにおける語彙の学習を比較すると，典型発達の幼児と言語発達に遅れのある児のいずれにおいても，注意追従条件の方が注意誘導条件よりも教示効果が高いことが明らかとなっている（Tomasello & Farrar, 1986; Yoder et al., 1993）。子どもの注意の対象を言語化する「言語的マッピング」は，言葉と，その言葉が示す指示対象や行為との連合につながる。共同注意に焦点化した介入はASD児にとって有効であることが示されており（Murza et al., 2016），子どもの興味を引く物を用意し，その受け渡しを関わりの契機として言語・コミュニケーション発達を促す介入は，後述する発達論的，行動論的アプローチのいずれの枠組みでも実践されている。

②　言葉かけの工夫

　自然な場面で親が乳幼児に話しかけるときには，ゆっくりした速度，強調された抑揚，同じ語彙の繰り返し，単純な文型などの特徴があることが知られ，対幼児発話（Child-Directed Speech：CDS）などと呼ばれている。表出言語に遅れのある2歳児を対象とした研究では，母親の語りかけにおける発話速度が速いほど，4か月後の語彙数と表出言語スキルの伸びが低い傾向があり（Girolametto et al., 1999），速い入力速度は子どもの言語獲得に有利に働かないようである。CDSの語りかけスタイルは，子どもの注意を引き，子どもの聴覚的処理に適した発話を大人が提供することにつながる。

　言語発達のリスクが高い低出生体重児を対象とした研究では，24か月児の母親が「説明的な言葉かけをともなった身振り」を頻繁に用いるほど，子どもの36か月時点の子どもの言語能力が高いことが明らかになり，言語発達に母親の関わり方が関与することを示している（Schmidt & Lawson, 2002）。物品の使用を母親が例示することで物品の特性や機能の理解を促し，身振りをともなう言葉かけが言葉の意味を明確にし，コミュニケーションの取り方を例示するといった，言語発達に適した状況を創出していると考えられる。

224

第9章　言語発達の支援方法

　言語発達に遅れのある低年齢児には上記の知見が参考となる。豊かな表情や抑揚で語りかけ，発話は子どもの理解語彙のレパートリーにある語を中心に用い，子どもが2語文レベルであれば2〜3語文を中心に聞かせる。新しい語彙や複雑さを増した文のモデルを聞かせる際には，語の意味が伝わりやすい生活・遊び文脈の中で提示したり，身振りを添えたりすることによって，言語内容の理解を促し，自発的な模倣を誘発する語りかけを行うことが望ましい。

③　リキャスト

　大人は共同注意の基盤のもとに子どもと言語的やりとりを行う中で，言語モデルを提示したり，子どもの発話を修正・拡張したモデルを聞かせたりして子どもの言語の高次化を支えている。子どもの発話に語を付加する**拡張模倣**（expansion）の例としては，子どもの「ワンワン」という一語文に対して「大きいワンワンだね」と複語文のモデルで返す発話がある。「池おっこっちゃった」に「池におっこちたね」と助詞を加えたり，「お魚走ってる」に対して「お魚泳いでるね」と語彙の誤りに修正を加えたりする場合もある。このように，子どもの発話の意味内容を踏まえつつ，音韻，統語，語彙選択について修正や拡張を施して返すことを**リキャスト**（recast）と呼ぶ。誤りを含む子どもの発話に続いて大人の正しいモデルが提示されると，その近接する2つの発話の対比によって子どもは修正すべき点を検出しやすい（Saxton, 2005）。リキャストのようなフィードバックは，子どもにとっては，自らが提供している話題を大人が継承しているために理解しやすい。さらに，自分の発話が受け入れられたという満足感とともに，大人の発話にも関心が向きやすい。言い換えれば，会話の「意味的一貫性」が，子どもの発話に「承認」を与え，さらにより「高次な言語モデル」を提供しているといえる。リキャストを指導技法として取り入れた言語介入研究の多数がリキャストの有効性を示している（Cleave et al., 2015）。

④　遊び・活動における「文脈」の活用

　子どもが言語を効率的に学ぶことができる仕組みとして，ブルーナー

第Ⅱ部　言語発達のアセスメントと支援

(Bruner. J.) は，他者との相互作用が「足場」となっていると論じた。「いない いないばー」遊びのように，お互いの参加の仕方やタイミングの見通しがもて る一連の活動を「フォーマット」と呼び，そのような枠組みを足場として子ど もは言語を獲得すると考えた。子どもが何らかの意図をもって他者に働きかけ る際には，その前段階の状況やその後の見通し，さらには相手との関係性が子 どもの参加の意欲や表現内容を左右する。したがって，言語・コミュニケーシ ョン発達の支援にあたっては，意図的な「文脈の設定」，すなわち**足場づくり** が有効である。この場合の文脈とは，子どもの自発性を最大限に引き出し，大 人の関わりが語用論的な自然さを保障する活動の一連の流れを指す。着替え， 配膳や食事，入浴といった自然な生活文脈の中で，大人は場面や子どもの気持 ちに即した言葉かけを行う。子どもにとって，一連の行為に上乗せされた語り かけの内容は理解しやすい。また，活動の見通しも得られるため，言葉かけに 応じた参加や，場面に沿った発話も促される。

⑤　目標語や目標文型の設定

　リキャストのようなフィードバックを子どもに提供するには，子どもに自発 話があることが前提となる。しかし，発達に遅れのある子どもでは，発語自体 が乏しい場合も多い。また，子どもに発話があっても，特定の語彙の習得を促 したい場合もある。そのような状況では，焦点化刺激（focused stimulation）と 呼ばれる，あらかじめ決められた目標語彙や文形式を場面文脈に沿って高頻度 で集中的に聞かせる方法が提案されている（Wolfe & Heilmann, 2010）。典型発 達児ではわずかな機会で語を習得できるが，遅れのある子どもでは，語彙習得 には密度の高い経験が求められる。実施にあたっては，子どもの現在の言語レ パートリーに基づいて，どのような語彙や文型を集中的に聞かせるかをあらか じめ選定する計画性が必要である。たとえば，一語文から二語文への移行期に ある子どもに対して二語発話を目標にする場合，「名詞＋擬音・擬態語」（「ボ ール，ポン」「クルマ，ゴッツン」）」，「「大きい」「小さい」＋名詞」，「名詞＋動 詞」などが考えられる。また，前述の文脈活用と統合し，目標語彙をあらかじ め選定し，それを自然に提示できるような遊び文脈を設定することもできる。

たとえば，「隠れる」という動作語であればミニチュアの遊具や人形を使った「かくれんぼ」を設定し，「どこに隠れようかな」「ここに隠れよう」「隠れているから見つからないよ」といった言葉を聞かせる。

（2） 発達論的アプローチ

これまで述べてきたような，子どもの人や事物への注意，環境への働きかけの意欲，他者との相互交渉に焦点を当て，子どもが情動を含めた多様な経験を積む中で，言語やコミュニケーションの水準を高めることを目指す支援方法を発達論的アプローチと呼ぶことができる。これらは人との自然な関わりを前提とし，子どもから他者に伝えたいという欲求を引き出したり，子どもからの表出を受け入れたりして伝達意欲を高める。子どもの表現内容が不明確であっても聞き手が積極的に意味づけをして，適切に応じることで，表出の複雑さを高め，表現レパートリーを豊かにしていく。聞き手の対応を含めた環境全体を調整することで，子どもがもっている発達の力を最大限に生かすことを主眼としている。

子どもへの関わり方の調整に焦点を当てた，より組織化された支援方法も提案されている。**インリアル・アプローチ**は，会話や遊びの主導権を子どもに与え，表情のような非言語的な表現も含めて子どもから最大限の表出を引き出し，聞き手が敏感に意図を汲み取って応じることによって子どもの表現意欲を高めることを目指す。そのための心構えとして，SOUL（静かに見守る Silence，子どもの表情や行動を注意深く見守る Observation，子どもの内面を洞察する Understanding，子どもの言葉に耳を傾ける Listening）という態度が提唱されている。子どもからの表現に対して，子どもの行為をそのまま真似るミラリング，子どもの発語を繰り返すモニタリング，子どもがしている行動や気持ちを言語化して聞かせるパラレル・トーク，発話の例を提示するモデリング，拡張模倣であるエクスパンションなどの言語心理学的技法を使って応じる。

類似したアプローチとして，カナダを中心とするハネンプログラム（Hanen Program）がある。保護者には，OWL（子どもの表情や行動を注意深く観察する Observe，子どもからの自発表現を待つ Wait，子どもの言葉に耳を傾ける Listen）

第Ⅱ部　言語発達のアセスメントと支援

などの関わり方をワークショップや家庭での親指導を通して身につけ，家庭で
実践してもらう。

　このほかにも，感情豊かな人間関係の中で，目的や意味のあるコミュニケー
ションを育て，遊びの中で想像力や問題解決の力を高めることを目指す DIR
モデル（Developmental Individual-difference Relationship-based model）がある
（Greenspan & Wieder, 2006）。個別のスキルの獲得を目的とした指導ではなく，
その土台にある機能的な発達を対人関係の中で促進することに焦点を当てる。
子ども主導のやりとり文脈の中で，子どもの興味を高め，自発的な表現に導い
ていく。この理念の実践がフロアタイム（Floortime）であり，親と子どもがカー
ペットなどの床（floor）の上に座り，1回15～20分程度，同じ目線で関わる。
子どもからのリードに従い，大人は子どもの行動を真似たり，並行遊びから次
第に接近して直接的な関わりへと展開したりしながら，子どもの興味の世界に
参加していく。子どもの遊びのルーティンに加わり，新しい遊びの要素を付け
加えて見せたり，ちょっとした妨害を加えたりすることで，子どもの大人への
意識や関心を高めていく。遊びの中で目的のある行動を引き出し，問題解決能
力や言葉による表現を育てる。

　さらに体系化されたプログラムとして応答的指導（Responsive Teaching：
RT）カリキュラムがある（Mahoney & MacDonald, 2007）。支援の立案から実施，
記録までの流れを提供する。RT はピアジェ（Piaget, J.）やヴィゴツキー
（Vygotsky, L. S.）の発達理論，ブルーナーの相互交渉理論，ボウルビー
（Bowlby, J.）らのアタッチメント理論，アトキンソン（Atkinson, J. W.）らの達
成動機づけ理論に基づいており，子どもの認知，コミュニケーション，社会・
情動機能の領域を総合的に促進することを目指している。支援にあたっては，
遊びや関わりを通した日常的経験のルーティンに楽しみながら参加することに
焦点を当てている。関わり手と受け手のバランスのとれた相互的やりとり，子
どもの行動に即時に応じる随伴性，子どもの行為やコミュニケーションを始発
させる促し，情動表現に満ちた楽しさを共有する関わり，子どもの発達レベ
ル・興味・行動スタイル・気質に適合した関わりに重点を置いた指針を提供し
ている。支援方略の多くは，フロアタイム，ハネンプログラム，拡大環境的指

導（後述）などとも共通し，支援目標ごとに再構成されたものである。例としては，働きかけ（ターン）の後は子どもからの始発を待つ，子どもの行為やコミュニケーションを真似る，ルーティンをゲーム化する，子どもの関心の対象に沿う，情動性豊かに関わる，などである。

（3）行動論的アプローチ

　行動の学習理論に基づく**応用行動分析**（Applied Behavior Analysis：ABA）においては，子どもに新しいスキルの獲得を求める場合，子どもにとって処理しやすい先行条件を提示し，適切な応答（行動）に対して報酬を与えることによってその行動を強化する。また，自傷行為といった問題となる行動への対応を検討する場合，どのような状況でそれが起こるかという先行条件（Antecedent），何が起こるかという行動（Behavior），その行動の直後にどうなるかという結果（Consequence）という3つの枠組みからとらえる（三項随伴性）。応用行動分析学ではABC分析とも呼ばれる。問題となる行動が生起する先行条件を明らかにし，その行動の後にそれを強化するような環境になっていないかを検討する。

　初期の行動論的介入では，厳密なオペラント条件付けを用い，子どもが集中しやすく，統制しやすい個別指導場面において学習課題を提示し，正しい応答に対して報酬を与えるものであった。これは不連続試行訓練（Discrete Trial Training：DTT）と呼ばれ，教えようとするスキルが基準に達成するまで試行を何度も繰り返し，試行ごとにフィードバックを与えて教えていく。提示された課題（弁別刺激）に対して，正しい反応が得られない場合には，プロンプト（正反応を引き出すための手がかり）を提示し，正反応には報酬を与えて，その行動を強化していく。また，プロンプトを徐々に減らしていき（フェイディング），子どもが1人で達成できるように導く。複雑な要素をもつ行動については，効率的に最終目標に到達できるように，小さなステップに分けて教える（行動連鎖）。一方で，DTTでは，課題や報酬は大人が設定したものであり，子どもの意欲や動機に沿って課題や報酬が与えられるのではないという点や，機械的な反復であることが欠点となる。

第Ⅱ部　言語発達のアセスメントと支援

（4）近年の行動論的介入法

　このような伝統的な行動論的介入に対し，近年の応用行動分析では，**機会利用型指導**（incidental teaching）に代表されるように，より自然な社会的文脈の中で，子どもの方から自発する機能的なコミュニケーション行動が重視されるようになってきた。機軸行動発達支援法（pivotal response treatment）では，子どもの発達にとって機軸となる領域として「対人的相互交渉に従事するための動機づけ」「子どもからのコミュニケーションの始発」「行動の自己統制」などを想定し，これらに焦点を合わせて支援する。子どもが興味を示す玩具を配置した遊び場面を設定し，子どもの行動を観察しながら大人が応じることで，子どもに主導権を与える。子どもの自発的な行動を見逃さず即時に強化し，活動を展開していく。複数のおもちゃから好きなものを選択する行動を引き出す場合，子どもが手に入れたおもちゃは内発的動機づけに基づく報酬であり，自然な文脈で行動が強化されることになる。子どもに選択を求める場面を意図的に設定することは他の支援方法でも用いられるが，生活場面で飲み物や食べ物，おもちゃ，着るもの，ビデオ，歌，出かける場所といった事柄の選択を求めることによって，身振りや発語による自発的な意思表明に導くことができる。

　環境的指導（milieu teaching）（例：Warren & Bambara, 1989）では，①自然な文脈を用い，②子どものリードを尊重し，③コミュニケーションが生起しやすいように環境を設定し，④大人との言語的やりとりを行い，⑤子どもが注目している事物についてモデリング等で言葉かけをするという工夫を織り込む。マンド・モデル法（何を要求しているのかについて子どもに表現を求めてから，自発がなければ表現のモデルを提示する）や時間遅延法（子どもからの自発的要求を引き出すために一定時間待ち，自発がなければプロンプトを与える）などの応用行動分析的手法を援用して子どもの発話を引き出し，それに応じることで要求表現を強化する。子どもが自分の発話の機能性に気づき，自発的に使用することを重視するものである。拡大環境的指導（enhanced milieu teaching）では，拡張模倣や行為の言語化によるモデル提示など，相互交渉的な会話を重視する方向性を新たに付け加えている（Hancock & Kaiser, 2002）。

230

（5）包括的アプローチ

　発達的知見に基づく療育が展開される中で，発達論的アプローチでも応用行動分析の要素が取り入れられたり，反対に，応用行動分析に社会性や自発的コミュニケーションを重視する現代型行動論的アプローチが広まったりするなど，複数の理論的背景や多様な知見を統合するアプローチも提唱されてきた。このような包括的アプローチには，TEACCH（ティーチ）プログラム，SCERTS（サーツ）モデル，アーリースタート・デンバーモデル（Early Start Denver Model：ESDM）などがある。

①　TEACCH プログラム

　TEACCH プログラムは，ASD の人の生涯にわたる支援を提供するために，診断評価から治療，コンサルテーションを実施し，就労支援や，地域と連携した生活支援，家族支援を行う体系的支援システムである。ASD の特性を理解したうえで，個人や家族に適した支援のあり方を考案する。物理的な環境を構造化し，日常活動のスケジュール化や，与えられた課題の内容や流れが理解できるように視覚的な支援（ワークシステムや視覚的構造化）を活用することを柱とする。物理的構造化では，周囲の環境にある物をわかりやすく配置し，活動ごとに境界線を明確にする。スケジュール化では，1日，1週間，あるいは1か月の単位で，いつ，何をすべきかを言語，写真，絵など，最も理解されやすい方法で示しておく。ワークシステムでは，活動や作業の中で，何をどの程度達成することが期待されているのか，1つの課題が終わった後には何をするのかを視覚的に把握できるようにしておく。たとえば，組み立ての作業を求める場合，並べられたトレイの中にある材料を左のトレイから順番に組み立てていけるように材料を配置しておく。

　幼児期におけるコミュニケーション面の指導は，伝達意欲を尊重しながら子どもの発達段階に応じて働きかけを行うもので，他の指導アプローチと共通する部分も多い。ASD 児の視覚的処理の優位性に着目した指導として，言葉のない子どもには視覚的な思考を手がかりに言葉を育てる。容器のふたに開けら

れた穴の形を見分けてカードか棒のいずれかを入れることから始めて，同じ形や色のものだけを集めるといった分類課題は，視覚的な処理が長所であるASDの子どもには取り組みやすい。物品と絵・写真とを照合させて容器に入れたり，さらには複数の絵・写真どうしをマッチングしたりする課題に展開できる。これは文字や単語のマッチング，あるいは「同じ・違う」という概念，物の名称の獲得にもつながる。

　意図的な模倣は他者に注目することが求められるため，ASD児には困難な課題であるが，新しいスキルを学習する前提ともなる。たとえば，振れば音が鳴るようなおもちゃの操作を模倣することから始め，徐々に模倣のレベルを上げていく。遊びを介した人との関わりのレパートリーも拡大していく。「1，2」と言いながら近づいていき，「3」でくすぐる遊びのルーティンで他者への意識を高めたり，身体運動の模倣や2つの同一のおもちゃを使った模倣遊びで人との関わりを楽しんだりする機会を提供する。物や人への注目は，おもちゃの扱いのレパートリーの拡大にもつながる。このような，対人的文脈の中での共同注意やルーティンを重視したコミュニケーション支援は他のアプローチにも共通している。なお，ここでは個別の関わり方を紹介したが，TEACCHプログラムはあくまでも家庭や地域とも連携した，ASDのある人の生涯発達支援の体系化を主眼としたものである。

②　SCERTS モデル

　SCERTSモデルは，発達論的アプローチ，行動論的アプローチ，TEACCHプログラムなどの方法を取り込み，新たに体系化したものであり，ASD児への包括的な支援のモデルである（Prizant et al., 2006）。SCERTSは，社会コミュニケーション（Social Communication），情動調整（Emotional Regulation），交流型支援（Transactional Support）の頭文字を並べたものであり，コミュニケーションや社会的関係性，感覚的特性，家族に配慮した介入を行う。

　SCERTSモデルでは，社会パートナー段階（身振りや発声によりコミュニケーションに参加する），言語パートナー段階（語やサイン等で意図的に意思疎通を行う），会話パートナー段階（他者の考えや感情の理解が見られ，語・句・文による

会話に参加する）の３つに発達を分けている。アセスメント項目や基準が配列されたフォームには，共同注意，身振り，情動表出などについてどのような行動が期待されるかが表に示されており，聞き取りや観察などを通して子どもの実態を明らかにする。これに基づき，家族の願いや発達的な適切さも踏まえながら支援目標を決定していく。たとえば，社会パートナー段階では，他者との相互交渉に参加し，身振りで意図を伝えることが目標になるかもしれない。言語パートナー段階では，語や語連鎖を使って出来事に言及することが目標の例となる。設定した目標が日常生活での経験を通して達成することができるように，子どもの行動目標と支援者の行動目標の双方を埋め込んだ活動をデザインする。たとえば，身振りによる要求表現が子どもの目標であれば，食事において選択する場面を設け，食べ物や飲み物の選択肢を子どもに与え，自発しない場合には行動のモデルを提示することなどがパートナーの目標となる。このように，日常の意味のある目的をもった活動を中心にして，パートナーからの支援や活動や環境の調整を通して子どもの発達を促すことに重点が置かれている。

③　アーリースタート・デンバーモデル（ESDM）

　ESDM（Rogers & Dawson, 2009）は子どもの情緒・社会性，認知，言語など発達の全領域に働きかける総合的なプログラムである。ハネンプログラムやDIR/Floortime，SCERTS モデルなどと共通した関係性に基づく発達論的モデルと，機軸行動発達支援法や環境的指導などの応用行動分析の手法とを統合したものである。発達の順序性に沿った目標設定を行い，保護者の関与を重視し，共同注意で結ばれた人との情動豊かな相互交渉の中で，行動目標を達成するための支援を行う。たとえば，「感覚的社会ルーティン（sensory social routine）」と呼ばれる方法では，子どもが始発する密度の高い相互的交流に焦点を当て，非言語的な関わりから，後に言語的コミュニケーションへと展開させていく。受容的コミュニケーション，表出コミュニケーション，共同注意，ソーシャルスキル，模倣，認知，遊び，微細運動，粗大運動，行動，身辺自立といった発達領域ごとのチェック項目で評価を行い，短期発達目標に合わせてカリキュラムを作成する。遊びの中で，上記の発達領域をまたいだ複数の目標に向けて，

第Ⅱ部　言語発達のアセスメントと支援

発達を促進する関わりを高頻度で実践する。

　具体的な方略としては，応用行動分析から以下のものが用いられる。注意の引きつけ，先行条件—行動—結果（ABC）による分析，行動へのプロンプト，行動結果の調整，プロンプトのフェイディング，行動形成，行動連鎖，機能的アセスメント。

　コミュニケーション機能を高めるために以下のような支援原則が用いられる。子どもの始発を強化する，すでに獲得したスキルの維持のための活動と新しいスキルの獲得を目指す活動とを交互に実施する，子どもの行動の意図に直結する強化を与える，子どもと大人とが交替で関わる，子どもに選択肢を与えて子どもに従う。

　このほかにも，子どもの情動面への配慮として，活動の選択や大人の声のトーンなどを通して子どもの情動，覚醒・注意水準を調整することや，喜び・興味・愛情といった子どものポジティブな情動に合わせて大人も自然に心からポジティブな情動をともない応じること，子どもの内的状態を反映するわずかな表出にも敏感に応じることなどを重視している。

（6）意図伝達に関わるその他の支援方法

①　PECS（Picture Exchange Communication System）
　PECS は，子どもの要求行動を手がかりとし，応用行動分析の枠組みに基づく支援方法である。絵カードの指さしではなく，絵カードを相手に渡すことで自分の要求が伝わることを経験することから始め，自発的で機能的なコミュニケーションを広げることを目指す。PECS は 6 つの指導段階（Phase）に分かれている。はじめに，子どもが要求したいと思うような玩具，食べ物，遊びなどを調べておく。Phase 1 では，絵カードを人に渡すことで自分の要求が伝わることを教える。子どもが好きな物品（アイテム）とそれを描いた絵カードを机上に置いておく。子どもが物品に手を伸ばしかけたら，子どもの隣に座り手助けをする大人（プロンプター）は，子どもの手を絵カードに導き，向かい側の大人（コミュニケーションパートナー）に絵カードを差し出すように手を添えて促す。コミュニケーションパートナーは，絵カードを受け取ったら，物品

234

名を言いながら，その物品を子どもに渡す。このやりとりを経験させる中で，プロンプターの支援を徐々に控えるようにし，子どもが1人で絵カード交換ができるように導く。Phase 2 では，徐々に距離のある場所に置いてある絵カードを使って，離れたところにいる大人に要求を伝えられるように教える。Phase 3 では，好きなアイテムと好きではないアイテムを1つずつ用意し，両者に対応する絵カードのうち好きな方の絵カードを選んで相手に渡すように導く。好みと好みでないものの弁別ができるようになったら，複数の好みのアイテムの絵カードから選択できるようになることを目指す。Phase 4 では，「○○ください」といった2語文での要求を文カードで構成し，相手に渡すように導く。Phase 5 では質問に応答して要求することを教え，Phase 6 では叙述（コメント）ができるように導く。

② AAC（Augmentative and Alternative Communication；補助代替／拡大代替コミュニケーション）

　音声言語（話し言葉）による意思表示を補助する手段や，音声言語に置き換わる手段を用いたコミュニケーション方法を AAC と呼ぶ。AAC は音声言語の産出に依存しない伝達手段全体の総称であり，特定の指導方法を指すものではない。AAC には，絵図版や文字，コミュニケーション機器といった補助的なツールを用いる補助系タイプと，身振りのようにツールを必要としない非補助系タイプがある。

1）補助系 AAC

　ツールを用いる補助系は，さらに音声を産出する装置のような音声系と，絵図版のような音声を産出しない非音声系に分かれる。音声系のツールはVOCA（voice output communication aid）もしくは SGD（speech-generating device）と呼ばれ，音声出力機能を備えた電子機器である。スイッチを押すと，あらかじめ録音されたメッセージが再生されるタイプや，文字盤として配列されているスイッチを連続して押して言葉を産出させるタイプなどがある。デジタル端末上で機能するアプリも数多く開発されている。

　最近の研究では，発語の少ない ASD 児に対して，共同注意行動や遊びのス

キルを高める介入（Joint Attention, Symbolic Play and Engagement Regulation：JASPER）と拡大環境的指導を組み合わせた介入を行う中で，SGD を併用すると，SGD を併用しない場合と比較して対人的な自発話がより増加することが報告されている（Kasari et al., 2014）。

　非音声系のツールには，絵や写真，シンボル，文字などを配列しておき，指さしなどで選んで示すことでメッセージを伝えるコミュニケーションボードや，複数のページにまとめて整理したコミュニケーションブックなどがある。2つの物品や2枚のカードを支援者が手に持って示したり机上に並べたりして，いずれかを選んでもらう方法も AAC といえる。また，手指の操作が難しい人の場合，視線の方向を支援者が読み取ったり，頭につけた指し棒で選んでもらったりするなど，多様な工夫ができる。

2）　非補助系 AAC

　道具立てを必要としない伝達方法であり，表情や視線，身振りが挙げられる。身振りサインの語彙を体系化したものとして**マカトンサイン**がある。マカトン（Makaton）法はイギリスで開発され，話し言葉に合わせて，主要な語を動作のサインで表現する方法である。線画シンボルも用意されているが，日本では動作サインがより広く用いられている。大人が音声言語と併用することによって言語理解に困難のある子どもに意味が伝わりやすいだけでなく，発語が不明瞭な子どもが習得することによって子どもの意思が周囲に伝わりやすくなる。子どもの家族や保育・教育関係者もサインを学び，一貫して使われることが重要である。

（7）　学齢期の言語発達への展開

　本節では，言語・コミュニケーション発達の初期段階に焦点を当てて支援方法を解説してきた。学齢期に入ると，学級という比較的固定化した集団に属することから，同年齢の仲間同士のコミュニケーションやルールに沿った行動がより期待される。そのためソーシャルスキルの向上が課題となるケースが増える。言語面における幼児期との違いの1つは，文字が導入されることである。語を構成する音を意識化することを**音韻意識**と呼び，仮名文字習得の前提の1

つとなる。語頭や語尾のモーラ（拍）を抽出する「しりとり遊び」は音韻意識の活用である。仮名文字習得が困難な児童では，促音「っ」や撥音「ん」，長音という特殊モーラの書き落としが多く，このような児童では語をモーラの単位に分解することに苦手さがある。幼児期から音韻意識を育てることが仮名文字習得のリスクの低減につながる。

　生活場面に基づく語彙に加え，教科学習にともない抽象度の高い意味を表す語彙が増えるのも幼児期と学齢期との違いである。既有の言語知識を用いて語の意味を定義づけたり，同意語や反意語を探したりする，辞書を使用するといった，言語を客観的にとらえる**メタ言語**が語彙の習得を支える。また，作文や発表のように，文脈を整理し，適切な語を想起して文法形式を整え，文章によって表現する力も求められるようになる。支援にあたっては，LCSA（学齢版言語・コミュニケーション発達スケール）のような言語アセスメントを通して，言語のどのような側面（語彙知識，語想起の迅速さ，文法的な表現力，文章の聴覚的理解力，言語表現の前提となる状況理解など）に困難があるのかを明らかにし，特定の領域に働きかける指導を行っていく。

3　発声・発語領域への支援

　本節では，言葉が音として表出される「発声・発語領域」の発達的困難の理解と対応への配慮点について整理する。構音器官の構造や機能，発達過程に精通する言語聴覚士（ST）が子どもへの直接的な指導にあたるため，STへの紹介や医療機関と連携した対応も求められる。

（1）構音障害

①　機能性構音障害
　幼児期の構音障害で最も一般的なタイプは，発音に関わる器官に構造上の異常はなく，麻痺などの神経学的問題もないにもかかわらず，音の省略・歪み・置換などが生じる機能性構音障害である。たとえば，［s］音が［ʃ］に置換され，「さかな」が「しゃかな」［ʃakana］になったり（後部歯茎音化），同じ［s］

が［t］に置換され，「たかな」［takana］といった発音になったりする（破裂音化）。1人の子どもの中では誤りのパターンは比較的一貫している。なお，機能性構音障害は，幼児期の未熟な構音が残存したものという考え方もあるが，「かに」を「たに」と発音するような，必ずしも幼児期に一般的に起こる誤りでは説明できないパターン（軟口蓋音の前方化）もある。

〈対応のポイント〉

「しゃかな」や「たかな」という発音自体は，話し手が3歳児であれば違和感はもたれないであろう。しかし，大多数の子どもで構音の正確さが確立してくると，特定の子どもの構音の誤りが際立ってくる。知的発達に遅れのない子どもであれば，上記の例のように自覚しやすい誤構音については，多くの場合他者からの指摘をきっかけにして，学齢までには自覚するようになる。子どもへの直接的な介入は，自分の構音の誤りについて自覚できる4～5歳以降になってから行うのが一般的である。ただし，「シ」や「チ」の構音の際，舌の中心ではなく両側もしくは片側の頬の脇を呼気が通って産出される「側音化構音」は自覚が難しく，より年齢が上がってから対応されることもある。

構音障害があると周囲からの指摘が気になり，本人の心理面にも負担となる。親はゆっくり話すように促すこともあるが，発話速度の調整や本人の意識で改善できる問題ではない。したがって，子どもの表現に形式面（構音の正確さ）に誤りがあっても，大人は誤りを指摘するのではなく，子どもが伝えようとするメッセージの内容を受けとめることが重要である。家族は子どもの構音の誤りを正そうとするかもしれないが，その場合は，形式ではなく内容を受け止める「良い聞き手」となるように家族に助言を行う。この「良い聞き手」になることは，発声・発語領域の他の障害でも同様に重要である。

②　器質性構音障害

唇や舌，口蓋など構音器官の構造自体に何らかの問題があり，これが発音に影響を与えている状態を器質性構音障害と呼ぶ。最も典型的な例は，口唇裂，口蓋裂である。唇や口蓋に裂け目を生じた状態で出生するが，発音以前の問題として，母乳を飲むなど生存のために必要な栄養摂取の障害となるため，早期

に形成外科的な処置が取られる。

　私たちがナ行やマ行の音節を発音する際は，音声は鼻腔を通過するため，鼻にかかった音色をもつ（開鼻声）。一方，それら以外の音では，通常，軟口蓋が持ち上がって鼻腔につながる通り道を閉鎖するため，音声は口腔のみを通過する。しかし，口蓋裂児の多くは軟口蓋の挙上が不十分であり，音声は鼻腔に抜けがちとなる。鼻腔に呼気が漏出するため，口腔内に圧力を高めることが必要な破裂音 [p] が破裂音にならずに [m] に聞こえたり，破裂音 [t] や摩擦音 [s] が [n] に聞こえたりする。その結果，発話が全体的に不明瞭になる。

　〈対応のポイント〉

　構造上の問題による不明瞭さであるため，改善には時間を要する。子どもは医療機関に関わっていることが多いため，医療機関の言語聴覚士との連携が必要である。

③　運動障害性構音障害

　構音障害には，筋肉の麻痺や協調運動の困難など神経学的な問題により構音運動が達成されないケースもある。脳性麻痺による構音の不明瞭さもここに含まれる。

　〈対応のポイント〉

　神経学的な原因に依るため，改善は難しい場合が多い。脳性麻痺だけでなく，発話が著しく不明瞭で意思疎通に困難がある場合には，コミュニケーションを円滑にし，表現意欲を高める AAC の有効活用が支援の選択肢の1つである。

④　発音が不明瞭な知的障害児への対応

　構音に不明瞭さのある知的障害児の場合，上記のいずれかに明確に該当するとは限らない。たとえば，ダウン症児の場合，手先の不器用さがあるように口腔顔面領域のコントロールにも制約があり，筋肉全体の低緊張があるために，典型発達児と同程度の唇・舌の動きは難しい。また，母音の明瞭度は声道での共鳴が関わるが，ダウン症児では口腔の容積に比して舌が大きい傾向があり，聞き取りやすい母音を産出しにくいという構造上の制約もある。このように，

第Ⅱ部　言語発達のアセスメントと支援

神経学的および構造上の条件が関与するために，機能性構音障害と異なり，指導による明瞭度の変化は小さい。したがって，子どもに過度の負担をかけることがないよう，直接的な介入にあたっては注意が必要である。

　ダウン症を含め，知的発達に遅れのある子どもの構音については，ほかにも留意すべき点がある。第1に，2つの音の差異を認識（弁別）できているかという点である。たとえば，「さかな」を「たかな」と発音する子どもの場合，「さ」と「た」の異同を問われて「同じ」と認識する子どもには，発音を改善しようとする大人の意図は伝わらない。一般的には，自分の発音は「た」だが，正しくは「さ」であると自覚していることが指導の前提条件となる。

　「じどうしゃ」を「しゃ」のように語尾の音節だけで表現する子どもでは，構音運動に問題があるのではなく，語の末尾の音節だけを記憶しているという可能性もある。語が「じ・どー・しゃ」という3つの音節から成り立っているという知識を前提として，はじめて構音の問題であるといえる。このように，目標となる正しい音形のイメージ（音韻表象）をもっていることが，正確な発音の第2の条件となる。特に知的障害のある子どもの構音の誤りには，目標音形の正しい知識があるかどうかを探る必要がある。

　単音節の発語が中心で，音節の連続がまだ難しい子どもの場合には，2つの音節をつなげることが当面の目標になる。幼児語には「ブーブ」や「ポンする」のように擬音語に由来するものが多く，音韻構造も単純で発音しやすい。日常生活においては，同じ音節の繰り返しや意味の伝わる単純な音形の言葉を活用したり，マカトンサインのような身体を使った表現を併用したりすることが考えられる。年齢が上がると，表現したい内容が相手に伝わらないことで苛立つ子どもも少なくない。子どもの好みや日常生活の様子を家族などから聞き取り，聞き手が文脈から子どもの表現内容を推測する力を高め，「〜なの？それとも〜？」という2択方式で尋ねる。あるいは，聞き取りで得た情報から，子どもにとって重要な事柄を絵などで表し配置したコミュニケーションブックを作成し，AACとして活用する方法も考えられる。

（2）吃　音

　吃音の最初の出現（発吃）は，一般的に，複語文で話すことができるようになる2歳台以降であり，2歳から5歳にかけての発吃が最も多いといわれている。女児より男児に多く起こる。ある時点における吃音の人が総人口に占める割合（有病率：prevalence）は約1％と考えられている。一方，生涯のある時点で吃音になったことのある人の総人口に占める割合（発症率：incidence）は，約5％と推定されている。この有病率と発症率の相違は，一時期に吃音が見られても，その後に消失するケースが多いことを示している。特別な指導を受けずに消失することを自然治癒と呼び，幼児期に発吃した子どもの約7〜8割は自然治癒すると考えられている。自然治癒した子どもを調べてみると，親族に吃音のある人がいなかったり，発吃の時期が早かったりする傾向が報告されているが，こういった子どもの背景だけから子どもが将来自然治癒するかどうかを予測することはできない。

　吃音のある人の中には，非流暢性にともなって，まばたきする，歯ぎしりをする，頭や手足を振るなど，緊張をともなう随伴的な身体運動が見られることもある。吃音の重症度の進展とともに随伴運動も変化する場合もある。また，その時の体調や心的状態，発話の場面によって吃音が生じやすいこともあれば，比較的流暢に話せるときもある。吃音を意識するようになると，流暢に話せるときもあるという事実が安心感をもたらすことはなく，反対に，吃音が生じる不安感を常に抱きながら発話場面に臨むという状況を生む。このように，コミュニケーション場面への恐れや不安，恥ずかしさ，孤立，自己否定といった複雑な心理面への影響があることに留意する必要がある。

　発達臨床からの支援を行うにあたっては，子どもの家庭環境の調整が最も重視されるであろう。子どもの日常的な話し相手である保護者には，子どもの話し方（流暢性）ではなく，子どもが伝えようとしているメッセージの内容に耳を傾けるように助言を行う。親はどうしても「ゆっくり話してごらん」「もう一度言ってごらん」と子どもの吃音に焦点を当てて応答しがちであるが，話し方ではなく，内容について受けとめてもらえることを子どもは期待している。

第Ⅱ部　言語発達のアセスメントと支援

　また，親自身が時間と心にゆとりをもって会話に臨み，ゆったりとした口調で応じることで，子どもはあせらずに話ができる。子どもへの語りかけも，否定的な内容ではなく，肯定的で前向きな発言をすることで，会話を楽しむ雰囲気を作る。子ども自らがどもることを話題にした場合には，話題を避けるよりもむしろオープンに話し合い，話し方を含めて子ども全体を受け入れるようになりたい。

　しかし，現実には，吃音を肯定的に受容することは親として容易ではない。吃音を受容できない親を支援者が不用意に非難し，親自身もそういう自分に罪悪感をもつといった状況に陥ることがないように，親との接し方には十分注意する必要がある。親が子どもの吃音に正直な気持ちで向き合うことができるように，支援者は親の素直な気持ちに耳を傾ける存在となる。支援者との対話を通して，自分自身を肯定的に受容できる親になってもらうことが重要である。

4　聴覚障害のある子どもやその家族への支援

　聴覚障害では耳鼻咽喉科の疾患に関わる対処も重要であるため，医療機関との連携は不可欠である。乳幼児期に発見される難聴は，その後も進行する例もあれば改善する場合もあり，定期的に診察を受ける必要がある。また，難聴児の聴覚管理や言語指導を担当する言語聴覚士との連携も求められる。

（1）聴覚障害の種類

　聴覚器官の構造は，外耳と中耳，内耳に分けることができる。私たちが「耳」と呼んでいる耳介から，外耳道，鼓膜までが外耳を構成する。音として知覚する微細な空気振動は鼓膜でとらえられ，その振動はさらに中耳にある耳小骨と呼ばれる3つの骨の連鎖を経て内耳の入り口（あぶみ骨の底面である前庭窓）に至る。中耳は，振動を内耳に効率的に伝える役割を果たす。

　外耳から中耳の機能の障害による聴覚障害は伝音難聴と呼ばれる。伝音難聴では，補聴器により入力音を増幅することで，聴覚補償の効果が得られやすい。

　内耳にはうずまき状をした，リンパ液で満たされた蝸牛という器官がある。

蝸牛に伝えられた振動はリンパ液を振動させ，基底膜と呼ばれる膜の上に整然と並んだ有毛細胞を刺激する。音の周波数の高低や，大きさの程度によって，基底膜の揺れ方に微妙な違いが生じ，刺激される神経細胞の位置や数に変化が生じる。有毛細胞は，揺れを電気信号に変換し，その情報は神経経路を通って最終的には大脳の聴覚野に到達し，知覚・認識される。

　この内耳以降の段階での聴覚障害は感音難聴と呼ばれる。聞こえても音が歪んでいるという特徴があり，補聴器で入力音を増幅しても，音の歪みは解消しない。伝音難聴を含め，補聴器を常時装用していても騒音や反響があると聞き取りにくく，話者が複数の場では聞き取りが難しいということに周囲は留意する必要がある。

（2）新生児聴覚スクリーニング

　近年，**新生児聴覚スクリーニング**が導入されるようになり，聴覚障害が早期に発見され，早期療育を受けやすい環境になった。新生児聴覚スクリーニングに用いられる検査には，自動聴性脳幹反応（AABR）と耳音響放射（OAE）と呼ばれる2種類があり，検査結果から難聴の疑いが評価される。自動聴性脳幹反応では，乳児の前額中央，後頭下のうなじ，肩にそれぞれ電極を装着する。耳に装着したイヤホンからクリック音を提示し，ABR波形を加算平均処理する。耳音響放射は，蝸牛から能動的に放射される音響現象を測定する手法である。音刺激を提示するイヤホンと記録用のマイクロホンを備えたプローブを外耳道内に挿入して行う。新生児聴覚スクリーニング検査が広く行われるようになったことにより，高度難聴のみならず軽度・中等度難聴児に対しても，乳児期より補聴器の適用を検討する機会が増えてきたが，早期からの装用開始と常用を可能とする支援体制づくりが課題となっている。たとえば，軽度・中等度難聴児の保護者は，日常生活において難聴の影響を理解しにくく，保護者自身が子どもへの補聴器装用を拒む例も少なくない。

（3）人工内耳

　補聴器による聴覚活用が難しいと判断される場合には，**人工内耳**の検討や，

第Ⅱ部　言語発達のアセスメントと支援

視覚的コミュニケーション手段として**手話**の使用を検討する必要がある。人工内耳は、音を電気信号に変え、蝸牛の中に埋め込んだワイヤーの電極を通して、聴神経を直接刺激し、音の感覚を与える装置である。人工内耳システムでは、はじめに、耳掛け式補聴器の形をした装置についたマイクが音を拾い、電気信号に変える。その信号は、耳の上後方につけた送信コイルに送られる。送信コイルから、頭蓋の内側に埋めこんだ受信装置に電気信号が伝えられ、そこから蝸牛に埋め込んだ電極に伝わり、神経細胞を刺激する。

　人工内耳によって得られる音質は明瞭度が高いものではない。人工内耳を装用することで自然に音声言語が獲得されるわけではなく、聞き取りを含めた聴能訓練による長期のフォローアップが必要である。また、人工内耳に内蔵されたコンピュータを各装用者の聞こえに合わせて定期的に調整（マッピング）することが求められる。

（4）聴覚障害児における音声言語の獲得過程

　聴覚障害のある子どもには言語の全般に習得の遅れが認められる。また、子音の弁別が難しいだけでなく、自分の発音が聴覚からフィードバックされにくいので、発音の明瞭度も影響を受ける。健聴児に比べて時期は遅れるが、2語文、疑問詞（「なに、だれ、どこ、どうして、いつ」）の獲得、関係節を含む文の産出といった発達的順序については、健聴児とほぼ同様の過程をたどる（広田、1993）。ただし、聴覚障害児の場合、聴力損失の程度や損失の時期、早期療育の有無や介入の開始時期、家族の教育意欲など、言語発達に関連する要因が複数あるので、発達には個人差が大きい。学齢期に入っても語彙数は健聴児に比べて少なく、聴覚障害児が産出する文は、構文が比較的単純であるだけでなく、統語的な誤りも生じやすい。聾学校すなわち特別支援学校（聴覚障害）に在籍する児童では、作文で特に「が・を・の・に」などの格助詞の誤用が顕著で、格助詞の用法が未分化である場合が多い。また、受身文（「おされる」）や、やりもらい文（「かしてあげる・かしてもらう」）の理解については、聾学校児童生徒は、健聴児の1〜3年と同程度の正答率であることが示されている（我妻ら、1980）。さらに、婉曲な表現による間接的な伝達や、言葉の微妙なニュアンス

を表現するスキルも健常児よりも遅れが見られ，聴覚的な制約は，言語の様々な側面に影響を与えている。

（5）保護者への支援

　乳幼児の難聴は，母子関係にも影響を与える。胎児の内耳は妊娠6か月ほどで形成され，この頃から胎児は頭蓋骨の振動を通して母親の声を不明瞭ながら聞きはじめている。したがって，発話の韻律的特徴を耳にしていた新生児は，生まれた直後から母親の声に関心を示す。一方，先天性の重度難聴を有する子どもは，出生後母親の声に興味を示しにくい。音声を産出する母親の声よりも，世話をする手の方に興味が偏りやすく，母親とあまり目を合わさない。言葉かけへの無反応やアイ・コンタクトが生じにくいことによって，母親の育児不安が増大する可能性がある。したがって，先天性難聴児では，親子関係に焦点を当てた支援が重要となる。

　難聴の発見時期や難聴の程度にかかわらず，養育者の育児不安には常に留意する必要がある。主たる養育者が心の余裕をもって，ていねいに子どもとコミュニケーションが取れるためには，配偶者を含めた家族の協力は欠かせない。家族全体が子どもの成長・発達の喜びを共有し，育児不安が軽減されるような支援が求められる。一方，きょうだいがいる場合は，きょうだいがないがしろにされないような配慮も重要である。また，聴覚障害の子どもをもつ親どうしの交流によって子育ての不安や孤独感が軽減するよう支援したい。

　家庭では，聴覚の活用を促す働きかけが重要である。乳児期には，目を合わせ，表情豊かに身振りを添えて話しかけるよう心がける。子どもが話をするようになったら，生活場面の中で子どもの注目しているものや興味を示している対象について積極的に語りかける。子どもが母親の顔を見たときをとらえて表情豊かに話しかけることを通して，子どもの母親への注目を高めていく。また，子どもの感じていることを推測して言語化して聞かせる。子どもの感情の言語化は，言語による表現方法を学ぶ機会となるだけでなく，子どもの感情が親に受け入れられたという安心感も与える。絵本や紙芝居も身振りや表情を交えて楽しみたい。子どもが成長して日常生活のお手伝いができるようになったら，

第Ⅱ部　言語発達のアセスメントと支援

手伝いも言語指示で求め，適切に応じることができたら家族全員でほめるようにする。

　大人からの語りかけを聞かせるだけでなく，子どもからの発語を促す働きかけも重要である。子どもの身振りを解釈して応じるだけでなく，手をのばす子どもに「“取って”なの？」と尋ねるなど，言葉による表現もやりとりの自然さを損なわない範囲で促していく。「なに・どこ・だれ」などの疑問詞を含む質問については，大人が自分の質問に対して子どもと一緒に考えるようにして答え方を例示していく。助詞の使い方は聴覚障害児にとって学齢期以降も課題となるが，話しかけるときにはできるだけ助詞を省略しないモデルを聞かせる。仮名文字1つずつに手指の形が対応している**指文字**を添えることで，助詞に注意を促すこともできる。

（6）通常の学校における配慮点

　通常の学校で学ぶ聴覚障害児の場合，教室でも十分な配慮が必要である。学習面の遅れや集団参加の困難だけでなく，誤解から仲間同士のトラブルも生じやすい。相手の口形を見て注意を集中できる一対一の会話はできても，3人以上での雑談についていくことは容易でないことが多い。会話の内容が正確に理解できなくても曖昧にうなずく習慣がついてしまい，仲間づくりやコミュニケーションに消極的になってしまう者も少なくない。

　授業では，情報保障の工夫が不可欠である。補聴器は，話し言葉以外の雑音も等しく拾ってしまうため，雑音の少ない環境づくりも重要である。教員がマイクを装用し，子どもの補聴器に音声を送信するFM補聴システムも有用である。学校全体や，学級担任の理解が必須であり，学習面や友だち関係など学校生活全般に配慮がなされるよう支援したい。通級指導教室（きこえとことばの教室）からサポートが得られることも重要である。

（7）手話などについて

　これまで聴覚障害児における音声言語の獲得とその支援について述べてきたが，先天性の重度の聴覚障害をもつ者にとって手話は重要なコミュニケーショ

ン手段である。手話には大きく分けて，「日本語対応手話」と「日本手話」がある。日本語対応手話は，音声言語の文法体系に手話をあてはめたものである。話し言葉を手話単語で表現するため，音声言語と語順が同じであり，話し言葉と併用することができる。聴者にとっては日本語対応手話の方が習得しやすい。一方，日本手話は，聾者の社会の中で自然に培われ，音声言語とは異なる独自の文法体系をもつ。表情や空間の使い方で細かい意味表現が可能である。

　手話とは別に，音を視覚化する方法に指文字がある。指文字は全国共通の表現であり，日本語対応手話と併用して，固有名詞や助詞を表現するのを助ける。

　音を視覚化するもう１つの方法は**キューサイン**（キュードスピーチ）である。子音は母音に比べてエネルギーが弱く，周波数成分も高い領域に分布しているため，聴覚障害者にとって，子音は母音よりも聞きづらく，口形だけからでは判別しにくい子音も多い。たとえば，「な」と「た」は同じ口の動きに見える。キューサインは，五十音の子音部分を表現する手指の形である。ナ行は鼻に指をあて，母音部は口形で表し，タ行は親指と合わせた人さし指をはじく動作と母音部の口形とを合わせて表現する。

　聾児の大多数の親が，手話を使わない健聴の親であるという状況から，聾児にとって手話を習得する環境が十分用意されているとはいえない。手話を第一のコミュニケーション手段として活用すべきか，それとも将来的に社会に出て必要となる音声言語を中心に教育すべきかは，古くから大きな議論となっている。今日では二者択一というよりも，子どもの生活・学習環境や発達段階に合わせてうまく使い分ける方法が広く受け入れられている。手話という選択肢にアクセスしやすい環境をさらに整備する必要がある。

（大伴　潔）

第10章 語用論的アプローチによる言語発達の支援

1 臨床語用論の枠組み

(1) 会話期と前言語期

　語用論の研究領域は非常に広い。各領域をあらわすキーワードを並べると次のようになる。言語行為，言語行為の適切性条件，非字義言語，間接発話，命題態度，明確化，**ターン・テイキング（発話交代）**，話題の管理，聞き手注意確保，結束性，前方照応，前提，会話の含意，新旧情報区別，直示，ていねいさ，体面作業などである。語用能力やその障害の評価において，こうした多くの領域にまたがって臨床語用論の評価を試みているギャラファーとプラッティング（Gallapher & Prutting, 1983）は，**発話行為**，命題行為，**発話内行為・発話媒介行為**の3領域にまず区分し，発話行為を音声／パラ言語，非言語に区別している。音声／パラ言語には，音声の強度，音質，音律などが，非言語には身体的近接，身体接触，姿勢，身振り，表情，視線などが含まれるとしている。命題行為では，語彙選択と使用，新旧情報，伝達スタイルを，発話内行為・発話媒介行為では，言語行為，話題，ターン・テイキングに分けたうえで，ターン・テイキングについては，開始，応答，修復，休止，重複，隣接性，随伴性などを評価するとしている。

　ギャラファーらの提案する語用論評価プロトコルは，語用論の多方面をカバ

ーし包括的な評価を目指すものであるが，それでも語用論のすべてを網羅してはいない。語用論評価のより詳細なプロトコルを目指した作業が望まれるところである。

　同時に，語用障害の症状を詳細に記述するだけでなく，語用障害をもっとコンパクトに把握する，少数のパラメータによって構成される評価法も必要である。カミングス（Cummings, 2009）は，臨床語用論を構成する基本概念と理論として，言語行為，含意，前提，直示，文脈，非字義言語，会話，談話，関連性理論に限定したアプローチを提案している。同様にパーキンス（Perkins, 2007）は，言語行為理論，**会話の含意**，関連性理論，談話分析，会話分析の5つを語用理論の臨床的適用の対象としている。パラメータをさらに減らしたロスとスペックマン（Roth & Speckman, 1984a, 1984b）は，伝達意図，談話の組織化，前提，およびそれらすべてに影響する文脈の4つに基づく，語用能力評価の枠組みを提示している。

　筆者がここで提案する臨床語用論の枠組みはロスとスペックマンの枠組みに近い。基本パラメータは言語行為，**会話の協力**，文脈の利用の3つである。この枠組みは文を生産することができ会話が複数ターンにまたがって行われる会話期の状態の評価に適合する。

　それに対して，前言語期ないし言語への移行期にあるケースの語用論評価では伝達意図，子どもによるその表出と子どもと大人の相互理解に至るプロセスに焦点があてられる。ブルーナー（Bruner, 1983），ゴリンコフ（Golinkoff, 1986）が検証した，母子間のメッセージの交渉が参考となる。彼らによれば，この交渉において母親は単に言語のモデルを子どもに与えるだけでなく，子どもが明確にかつ適切に伝えるように助ける。ブルーナーは交渉を2つの側面に分けて検討した。1つは，大人が子どもの意図を明確にするように助けること，もう1つは，大人が言語共同体の要請や条件に子どもの表現が合うようにすることに関わる。これら2つの具体例は，ゴリンコフら（Golinkoff, 1986；Golinkoff & Gordon, 1988）の知見から導かれる。第一の側面の例は「伝わらなかったメッセージの交渉」であり，それは次の4つの成分からなる。子どもの最初の信号，大人の理解の失敗，子どもの修正，そしてエピソードの最終産物である。大人

249

が理解の失敗を，主に子どもの信号に対する疑問文または明確化要請に再定式化して示すと，子どもが元の信号の反復，別の信号の追加によって修正する。第二の側面の例は「即時成功」で，以下の３つの成分からなる。子どもの最初の信号，大人による解釈または行為，そして子どもによる大人の解釈の暗黙の受容，ないしは大人の行為に対するフォロウスルー（追従的行為）である。大人は解釈を与えるのに主に子どもの信号を平叙文に言い直し，子どもは信号を停止して受容をあらわす。ゴリンコフは「即時成功」を大人の子どもの目標に対する追従としてではなく，子どもの信号の理解として定義している。大人は理解をあらわすのに，あからさまに追従を拒否することさえできる。

　「伝わらなかったメッセージの交渉」の過程は，社会的な関わりを促し，言語とコミュニケーションの発達を進めるとみられている。ゴリンコフは，前言語的な幼児がこうした交渉に参加することで，グライス（Grice, 1968）のいう，コミュニケーションの協力原理の基底成分を学ぶと示唆している。また，「伝わらなかったメッセージの交渉」と「即時成功」はいずれも，幼児の言語への移行に役立ちうる。ブルーナーが言うように，これは大人が子どもの信号を再定式化して既知の原初的な手段を進んだ伝達手段と入れ替えることで実現される。

（2）会話期 ── 言語行為・会話の協力・文脈の利用

　言語行為はコミュニケーションの機能的単位としての発話を指す。サール（Searle, 1986）らの言語行為理論では発話には２種類の意味がある。１つは命題的意味で，発話の文字通りの意味である。もう１つは発話内意味（発語内の力とも呼ばれる）で，発話や書記テキストが聞き手や読み手に及ぼす影響である。言語行為は命題的意味と発語内の力の両方をもつ文または発話である。請負，宣言，指図，表現，描写などの分類がある。あらゆる発話は単独で見たとき言語行為である。

　会話の協力は，グライス（Grice, 1968）らの会話の原則を用いる際の話者同士の協力を指し，協力の原理と呼ばれることがある。会話の原則は４つあり，量の原則（必要なだけの情報を与える），質の原則（正直に話す），関係の原則

（関係のあることを言う），話し方の原則（はっきり簡潔に言う）に分かれる。モノローグを除いて，あらゆる発話は話者同士の交換を作り出す。

　文脈の利用は，ある言語項目が用いられる社会的状況や，テキストを取り巻く前後の語や句を含む文脈の情報をその言語項目に関連づけて話したり理解したりすることを指す。文脈をもたない発話はない。発話は文脈情報のどれかに関連づけられて生産・受容される。そこではスペルベルとウィルソン（Sperber & Willson, 1986）の**関連性理論**が示すように，発話が文脈情報と関連づけられて文脈的効果を生み出し，会話の含意が作り出され，話者は言葉の文字通りの意味が伝達されるコードのコミュニケーションのみならず，話者の想定に発話を関連づける推論によるコミュニケーションに従事する。

　あらゆる発話はそれによって何かを社会的に行う言語行為であり，会話の交換の中で相手と協力する作業をともなっており，また，言葉にならない状況や会話の文脈を利用できる。そのことを次の会話例で示そう。会話が行われたのは羽田空港の出発ゲートの前で，羽田発小松行きの最終便の搭乗案内を待っているときのものである。東京出張から帰りの筆者がそこで同僚の一人と偶然出会い，話しかける。

・　トランスクリプト1
1）筆者：小松からはバス？
2）同僚：（長めの休止を置いて）空港にクルマおいてある。
3）筆者：ぼくも。
4）同僚：よかった，よかった。

　筆者の第一発話は言語行為としてみると相手に対する情報の要請である。会話としてみた場合，質問として相手の情報の提供を期待する役割を果たしている。文脈の利用では，「小松空港からはリムジンバスに乗るの？」とはいわず，空港やリムジンという語を省略している。小松便の飛行機に乗ることが自明であり，わざわざ「空港」と明示する必要はないし，地元在住者にとって東京から金沢とその周辺へ移動するには飛行機の場合小松空港を利用することが自明

第Ⅱ部　言語発達のアセスメントと支援

で，「小松」だけで小松空港とわかる。「リムジン」も同様である。わざわざこれらを言明しないといけないのは，羽田空港から飛んで小松空港に降り，金沢駅にリムジンバスで向かうという経験が多くなさそうな首都圏在住の人物が相手の場合であろう。同僚の第一発話2）は，情報の提供を行っているとともに筆者の質問に対する応答であり，また「空港のパーキングにクルマおいてある」と言わないのは文脈上その必要がないからである。

　この会話は1999年の冬に交わされたものである。なぜそこまで鮮明に筆者が覚えているかといえば，この年の冬は週1か隔週で東京に行く生活が数か月続き，金沢在住の知り合いに羽田のゲートで出会うことが続いたからである。この会話が印象に残ったもう1つの理由は，筆者の第一発話1）の質問に対する同僚の応答が，通常より長い休止をおいてなされたことである。同僚は自分がクルマを空港に置いてきてあることを言いよどんだ。同僚のこの応答は文脈上，自分はクルマに乗って帰宅するということを意味している。それを表明することをためらったのはなぜかが筆者には気になった。筆者の第二発話3）は関係の原則にのっとって関係のあること，すなわち自分もクルマを空港に置いてあることを明示する。さらに筆者もクルマで帰宅するという文脈的意味を作り出している。これらが作り出す会話の含意，つまり，筆者も同僚もクルマを空港に置いてあり，どちらもそれぞれのクルマで帰宅する，したがってどちらも相手をクルマに便乗させる必要はないということが，同僚の第二発話4）「よかった，よかった」ということになる。これは，同僚が筆者をクルマに乗せる可能性を想定したからではないかと思われた。筆者をクルマに乗せるのを快く思わなかったからかもしれない。気まずい展開である。会話の含意は思わぬ副産物をもたらした。

（3）高機能自閉症スペクトラム障害における言語行為の不適切さ

　自閉症スペクトラム障害の中核障害は語用障害である。語用障害は知的能力障害や聴覚障害，失語症などでも見られるので（Perkins, 2007），自閉症の専売特許というわけではないが，典型的な障害像が，言語行為，会話の協力，文脈の利用において出現する（大井，2006，2015）。

第10章　語用論的アプローチによる言語発達の支援

　まず，言語行為の不適切さに関連する事例を2つ挙げよう。高機能広汎性発達障害をもつ6歳の幼稚園児Aくんが大人と行っていた会話の一部をはじめに紹介する。彼は2歳には遅延反響言語が見られ，3歳の時点で文法的な発話によって質問を含む種々の伝達機能を遂行するようになっていたものの，文脈に合わない言葉づかいも顕著であった。5歳には限られた話題であれば会話を続けることができるようになり，またほぼ伝えたい内容にマッチした言葉を使うようになっていたが，一方では若干の繰り返し言語や場面にマッチしない不適切な言葉も残っていた。6歳時点での彼は知能検査の成績は正常範囲にあり，またほとんど普通に話していたが，会話を続けることが難しかったり，独特な言葉づかいが時折みられたりした。

　Aくんと彼の指導を担当している大学院生との間で次のような会話がみられた。場面はプレイルーム内で初めてやったボールを使ったボウリングの遊びである。プラスチックのピンを並べ交替でボールをぶつけて倒した数を競い，3回それを繰り返してAくんが2度目の勝利をおさめ「ぼくの優勝！」と宣言した直後から下記のやりとりが始まった。

・　トランスクリプト2

1）Aくん：「ちょっとこのところで」と立ってボールを頭上にかかげ，次に
　　　　　それをドリブルしながら，ボールを目で追いつつ「またがんばれ
　　　　　ばいいけど」，さらにボールをついて「もう，ゲームはおしまい
　　　　　なんだけど」とボールを頭上にかかげ前方を見る。

2）大人：横から「もうボウリングおしまい？」

3）Aくん：「うん」と前に突きだしたボールを見ながら無表情に，小声で
　　　　　「おしまいなんだけど」

4）大人：「おしまいなんだけど，なあに？」

5）Aくん：「もうゲームはおしまいなんだけど」とボールをおいて，大人に
　　　　　背を向けて「おしまい。おしまいなんだけど，おしまい」と玩具
　　　　　棚の方に歩いていく。

6）大人：「Aちゃん頭ふこうよ」とタオルを差し出す。

253

第Ⅱ部　言語発達のアセスメントと支援

7 ）Aくん：「じゃあ」とタオルで汗をぬぐいながら大きな鏡に映った自分を見ながら「いちにち，もう一度がんばればいいよね」右手を挙げ，「今日はもうこれでおしまい」と左手をそれに合わせる。

8 ）大人：「ボウリングおしまい？」<u>ピンを指して「これで」</u>【下線部は次の9 ）の下線部と重複している】

9 ）Aくん：<u>大人の方に歩み寄り「うん」とうなずき</u>，大人を見て「今日はもうこれでおしまい」

10）大人：ピンを指し直し「これどうしよう？」

11）Aくん：ピンを見て「うん，ちょっと」，鏡の方に向かって歩き「じゃあ次にお片づけをご紹介いただきましょう」といい，ハーと息を吐く。

12）大人：「お片づけするの？」

13）Aくん：大人に向かって歩き「じゃあもう一度がんばればいいのです」

14）大人：「もう1 回ボウリングするの？」

15）Aくん：「うん」とうなずき「だから」とピンを指し「倒れたところでまた元通りにゼロになる」と鏡を向いて言い，大人を振り向いて「じゃあ元通りで早くピンを倒せた方が勝ちだよ」，「よし今度こそ，ま，頑張ってね」と右手を挙げる。

16）大人：「うん」

17）Aくん：「ではまたねえ」と右手を振る。

18）大人：笑って「ではまたねえ？」

19）Aくん：両手を腰に当て鏡に向かって「じゃあ，バイバイしてからボウリングしようね」

20）大人：「うん」

21）Aくん：鏡を見ながら回り「バイバーイ」と両手を振り「じゃあボウリングしよう」と大人に向かっていう。

　上記の文字転写箇所前後のビデオ記録を見ると，Aくんははじめ自分が勝利したキリのいいところでゲームを終わらせたがっているように思えた。しかし

途中どこかで彼の考えが変わったようで，13），15）の通りボウリングの再開を自ら提案している。会話の相手であった大学院生にとっては，Ａくんがボウリングの終結や再開についてどういう考えがあったのか，なぜ最後に21）のような提案をするに至ったのか，結局この会話で一体何が話し合われたのかまるっきりわからなかったとのことであった。

　Ａくんの意図のわかりにくさには不適切な言語行為が関与している。言語行為としての不適切さが目につくのは２か所ある。１つは３）の「おしまいなんだけど」で，Ａくんは１）から続けて同じ言葉を２回繰り返す。これは自閉症児によくみられるステレオタイプな言葉遣いと思われる。「けど」が語尾につく場合とつかない場合の使い分けができているようには思えない。この繰り返される「けど」の奇妙さが，大人の４）をもたらす。大人はＡくんの真意を明確にするように求めざるを得ず，しかもそれは５）で果たされない。２つ目はＡくんの11）である。「お片付け」は「ご紹介」するものではない。このコロケーション（語の組み合わせ）のエラーは家庭でも見られたようで，母親はＡくんの言葉がなぞなぞみたいで，何を伝えたいのかわからないとこぼしていた。

　次の事例では友人とトラブルになりやすいＢくんを含めて，小学５年生の３学期から６年生の３学期まで４人の子どもたちに，２か月に一度大学に遊びに来てもらい，彼らの了承を得たうえでその様子をビデオにとった。初回のビデオの中でトラブルが生じている場面の会話のやりとりを文字転写して分析し，Ｂくんおよびトラブルの相手の子どもを個別に，その場面を再生して見せたうえでインタビューし，その２か月半後に同じビデオを４人で見る機会を設けフィードバックを１回行い，さらに毎回遊んだ後の感想を４人それぞれに述べてもらい話し合った。また，Ｂくんについての理解を助けるためにお母さんとのコミュニケーションについてビデオ分析を行った。

　初回のビデオを見ると，トラブルのきっかけとなったＢくんの発話はプレイルームでの１時間の間に20回以上あった。一例を挙げると次のようなものである。場面は数人の子どもが入れるボールプールにＢくんがつかっているとき，ボールプールの囲いにＸくんが誤ってぶつかりＢくんに怒るほどでもないごく軽い衝撃を与えたところである。

第Ⅱ部　言語発達のアセスメントと支援

・　トランスクリプト3
1）Bくん：「何すんだばか」，小声でつぶやくように「ぶっ殺すぞ」
2）Yくん：「ぶっ殺すやって」
3）Bくん：「うそ」
4）Xくん：「おれにゆったろ」
5）Bくん：<u>「ただの独り言だよ，ばかたれ」</u>
6）Xくん：Bくんを叩く

　下線部の発話がXくんを怒らせてしまった。Bくんに何を言いたかったのか
インタビューしたところ，こういえばXくんが怒らないようにできると思った
とのことであった。このときのBくんは可笑しそうに笑いながらビデオを見て
いた。同じ場面をXくんにもみてもらったが，彼の言い分はBくんが怒るほど
ぶつかったわけではなく，下線部でのBくんは態度が悪いということだった。
このようなBくんの発話をめぐる行き違いはしばしば見られた。Bくんの言葉
は意図を伝えるために適切に選択されていなかった。中でも筆者自身が驚いた
のは次のような例である。

　Yくんとふざけあい，互いにボールをぶつけあったり，押さえつけあったり，
首をしめあったりしている場面の途中でBくんは次のように話した。この時Y
くんはふざけているように見えたが，Bくんはそれをやめたがっているように
みえ，「勘弁してくれよ」と半べそをかいていた。

・　トランスクリプト4
1）Yくん：「Bじゃんけんしよう」
2）Bくん：<u>「あんた誰</u>？」
3）Yくん：「おれ，B」
4）Bくん：「じゃあ，おれBっていうの？」
5）Yくん：「ああん？」
6）Bくん：「じゃあなんでBって呼んだの？」
7）Yくん：「はあ？　何，ばかじゃねえの」

この場面のビデオテープを見せて１人ずつインタビューしたところ，Ｙくんはは B くんの下線部の発話をふざけていっているものと考え，自分もふざけたと答えた。しかし，Ｂくんの真意は自分を押さえつけたりボールを投げつけたりするのを止めてほしいというものであった。驚いた筆者がＹくんの立場でＢくんにボールをぶつけたとして，それを止めてもらいたいときは何と言うのか尋ねると，Ｂくんは「お名前はっていいます」と答えた。相手によっていねいさは変わるものの，既知の相手の名前を聞くことでふざけあいの中止を求める点は２つの発話に共通である。どこで覚えた言葉かＢくんにも記憶がないとのことであった。

（４）高機能自閉症スペクトラム障害における会話の協力の問題

高機能自閉症スペクトラム障害にともなってみられる会話の協力の問題も幅が広い。１人で長時間話し続け相手にターンを渡さない，１つのターンが長すぎる，誰が聞き手かを明示せずに話す，聞き手として話し手を満足させる十分な注意を向けない，話題を同意なしに始めたり変えたりする，自分の話題でばかり話す，一方的なインタビュアーになり相手が話題を始める余裕を与えない，などの問題が見られる。ここでは話し手と聞き手の役割をとるうえでみられた２つの問題について述べる。

まず１つ目のケースである。10歳の少年Ｃくんは，他の３人の高機能の自閉的な子どもたちに自分の考えを提案するとき，次のような話しかけ方をした。場面は，子どもたちのグループ活動で，この時は料理を作るためにそれぞれが分担した仕事をこなしている最中であった。

・　トランスクリプト５
１）Ｃくん：「温度は200度。温度を200度に設定します」誰を見るでもなく，
　　　　　　また，全体を見回しもせず，ホットプレートのダイヤルに触れ，
　　　　　　その周辺に目をやりながら。
２）他児：３人とも反応せず，黙々とそれぞれの仕事を続ける。
３）大人：「Ｃくん，誰に言ってるの？」

第Ⅱ部　言語発達のアセスメントと支援

4）Cくん：「みんなに温度のことを確認しないといけないんだ」

5）大人：「じゃあ，みんな聞いてって言わないとだめだよ」

6）Cくん：「みなさん聞いてください。温度を200度にしていいですか？」

7）他児：3人それぞれに「200度？　どうしてですか？／あ，いいよ／もう
　　　　お肉焼きますか？」

　Cくんにはこのように会話を始める際に聞き手の注意を得ることに問題がある場合がしばしば見られた。他児の方も全員が高機能自閉症スペクトラム障害であったため，Cくんの最初の発話に対して自分たちが潜在的に聞き手になっているかもしれないという判断は生じなかった模様である。

　2つ目の事例は先に出てきたBくんである。Bくんが小学校5年生の冬（診断の直後），彼と母親とのコミュニケーションで行き違いが生じた。テレビでアニメを見ているときに「しがない占い師」というセリフがあり，その意味をBくんが母親に尋ねた。それに対する母親の説明を聞くBくんの態度はあまりほめられたものではなかった。この場面はビデオ記録があるので，それを文字転写し次に示す。

・　トランスクリプト6

1）Bくん：母の説明に注意を向ける様子もなくテレビを見ている。

2）母：「わかってないんやろ。見たいんやろ，これ。」

3）Bくん：「ん？」テレビを見ながら

4）母：「テレビみたいんや。だから聞いてないんやろ。」

5）Bくん：母をみて「聞いとるよ！」大声で怒鳴り，テレビと母のあたりを
　　　　　見る

6）母：「ほんなら，しがない占い師ってどういう意味やった？」

7）Bくん：母を見て「というわけで，びんぼう……たりない，たりない占い
　　　　　師」テレビを見る

8）母：「あはは……たりない占い師ちゃう，とるにたりない，つまらないっ
　　　　てこと。」

9）Bくん：母を見て「つまらない占い師」テレビを見る

10）母：「それでは，あはは……。ねえ，ねえ。」

11）Bくん：母を見て「つまらない占い師。」テレビを見る

12）母：「しがないピエロは？」

13）Bくん：母を見て「つまらないピエロ。」テレビを見る

　Bくんが5）において大声で怒鳴った場面が母親には気になった。テレビの方ばかり見ているのを非難した4）で母親が伝えたかったことは「相手を見るなど説明を聞く態度を示せ」ということであった。しかしBくんは母親の説明を文字通り聞いていなかったわけではなく，「聞いてないんやろ」と言われて抗議したものと思われる。7），9），11），13）を見ればBくんが説明を聞いて理解していることは明らかである。

　ここで起きたコミュニケーションの問題は，会話における協力関係に関わるものである。聞き手は，話し手に対し聞き手であることを明らかに示す（視線を合わす，うなずくなど）必要がある。高機能自閉症スペクトラム障害児では，話し手と聞き手の役割を取り合って協調的に会話することに問題がしばしばみられる。4）で母親が伝えたかったことを「こっち向いて聞いてくれる？」とストレートに伝えることで問題は解決された。ただし「話をするときは人の目を見なさい」と強く言い過ぎたからか，高校2年時点でBくんがこの場面のビデオを見たとき，必要以上にじーっと母親を見つめすぎるという問題も現れていた。また，このビデオを見てBくんは「全然人の話を聞いてない」とこの時の自分を評価することもできており，特に介入しなくても加齢によって会話の協力のスキルが向上する可能性も示唆された。

（5）高機能自閉症スペクトラム障害における文脈の利用の失敗

　ここでも2つの事例を挙げる。クラスメイトの親には自閉的であるとなかなか信じてもらえない6歳の幼稚園年長女児Dちゃんと，健常なクラスメイトVちゃん，Wちゃんの2名との会話は次の通りであった。場面は，大学内のプレイルームで3人で遊んでいるときに，クラスメイトがお医者さんごっこの玩具

第Ⅱ部　言語発達のアセスメントと支援

で遊びはじめたところである。

- トランスクリプト7
（お医者さんの箱を持ったVちゃんがWちゃんに近づく）

1）Vちゃん：Wちゃんの肩を叩き「Wちゃん，ほらお医者さんごっこ」

2）Dちゃん：箱を床に広げるVちゃんを振り返る

3）Wちゃん：「あ，Wもお医者さん」トランポリンから降りる

4）Dちゃん：Wちゃんと入れ替わりでトランポリンに乗る

5）Wちゃん：胸を押さえながら苦しそうな口調で「すみません」Vちゃんに
　　　　　近づく

6）Vちゃん：箱がうまく開かず「あれ？」

7）Wちゃん：「こっち」箱を開けるのを手伝い「W，お医者さん，なんか」
　　　　　大きな聴診器を取る

8）Vちゃん：小振りの聴診器のような物をとり「これ何や？」

9）Wちゃん：「それ知らない」

10）Dちゃん：トランポリンの上から指さして「それ，Vちゃんが持ってるの
　　　　　それ，お医者さんやよ，Vちゃんが持ってるの」

11）Vちゃん：一瞬Wちゃんと顔を見合わせる

12）Wちゃん：聴診器を耳につけ「はいお医者さん，Vさんどうしたんです
　　　　　か？」

Vちゃん，Wちゃんの2人にとって，Dの最後の発言10）はあまりに自明で，
改めて口にする必要もないことを言葉にしたものであった。いうまでもなく目
の前に並んでいるのはいずれもお医者さんごっこの玩具ばかりであり，今しが
た2人はそれを確認し合ったばかりであった。当然のことながら，Dちゃんの
言葉を耳にした2人はキョトンとした様子で，息さえ止まったかのようであっ
た。その直後我に返ったかのように2人は自分たちの話題に戻り，あたかもD
ちゃんの言葉を聞かなかったかのごとく遊びに入っていった。一方，2人への
働きかけに肩すかしを食らったDちゃんは，お医者さんごっこに熱中している

260

２人にトランポリンに注意を向けるようしつこく求め，２人からたしなめられる始末であった。Ｄちゃんは他の場面でも繰り返し他の２人にとって自明な事柄を言葉にして彼らを何度も唖然とさせたり，あるいは，相手の話題や興味の対象とほとんど関連のないことや無意味と思えるようなことを口にして，始終２人をしらけさせたりしていた。会話の文脈に含まれる情報を利用するのに失敗している。

　状況の文脈の情報の利用の失敗例としては，高校生になったＢくんと父親との会話にも見ることができる。髪の毛がかたく毎朝洗面所で寝癖を直そうと苦戦しているＢくんに，居合わせた父親が整髪ムースの缶をみせて「手伸ばせ」といった。それに対しＢくんは万歳をして，両手を上に伸ばした。父親の送ったメッセージはムースのスプレー缶の出口に手を差し出せということであったが，Ｂくんには伝わらなかった。

2　前言語期の伝達意図の解釈受容の支援

　障害の有無にかかわらず，子どもたちは言語システムを立ち上げる前に，前言語的にその伝達意図を表出しはじめる。それに対して大人はマナーに沿ったより明確な表現を求める。定型発達の乳幼児よりはるかに年長の重度知的障害児の場合も，大人は同様の対応をとっている。しかし，それが子どもを戸惑わせ会話を崩壊させるケースのあることを大井（1998）は６歳になろうとする重度知的障害の男児と保育者の会話エピソードから示している。

　このエピソードは障害児通園施設の中で大人が子どもＥくんをシーツに載せて揺らす遊びの最中に生じた。次に示す約50秒ほどのビデオ記録の文字転写資料には，シーツに乗せてもらおうとするＥくんの意図の表出，それに対する大人の明確化の要請，それを受けたＥくんの応答というプロセスが繰り返し現れる。

・　トランスクリプト８

１）Ｅくん：席を立ち数歩歩いて大人のそばに来て，シーツを見ながら声をあ

第Ⅱ部　言語発達のアセスメントと支援

　　　げ，かがんで右手でそれを叩き，起き上がって両頬を打ち，再びしゃ
　　　がみこんで両手でシーツをさわる

2）大人：子どもを見守る

3）Eくん：大人を見ながら椅子の方に後ずさりし，止まって斜め右前に数歩
　　　歩く

4）大人：「もう一回か？」と呼びかける

5）Eくん：大人を見て急いで椅子に戻り，座って右頬を数回打つ

6）大人：子どもを見守る

7）Eくん：立ち上がり両頬を数回打ちながらシーツに向かい，かがんで両手
　　　でシーツをさわり，シーツを見ながら両頬を数回うち，再度シーツを
　　　両手で叩く

8）大人：「何？　Eくん」

9）Eくん：急いで席に戻り，声をあげ，両頬を叩き大人を見る

10）大人：片手でシーツを叩きながら「もう一回か？」

11）Eくん：立ち上がりシーツに近づきそれを見下ろして大きく鋭い声を出す

12）大人：「もう一回か？」と人差し指を子どもの眼前にたてる

13）Eくん：両手を打ち合わせながら大人を見て，シーツに右足をのせる

14）大人：「してちょうだいか，してちょうだいか？」

15）Eくん：向きを大人に変え真正面から大人と向き合って両手を数回打ち合
　　　わせる。

16）大人：シーツを指さし「ねんねは」

17）Eくん：にこにこしながら横たわる

　1）から17）に至るまで紆余曲折がある。大人の言語のみによる明確化要請
4）8）ではEくんに別のメッセージ（椅子に戻る）が伝わってしまい，Eく
んからの適切な明確化をひきだせなかった。それに対して10）12）の身振りつ
きの言葉による明確化要請にはEくんは適切な応答ができた。身振りつきであ
ること，さらに，その身振り10）がEくんの身振り1）の模倣である点が興味
深いところである。身振りつきか言葉のみかで明確化要請の試みの成功失敗が

左右されている。

　重度知的障害児とのコミュニケーションではこのように身振りつきの話かけが功を奏する可能性がある。通じ合いの仕組みは言葉だけでは円滑に運用されないが，身振りが入っただけで大きく様変わりする。重度知的障害では知能と言語に損傷があるが，通じ合いの仕組みは損傷を受けずに保たれていると思われる。

　次に紹介するのは話し言葉をもたない重度知的障害の小学生Ｆくんの前言語的な伝達技能を改善する試みである（大井，1995）。Ｆくんは多くの重度知的障害児と同じく慣習的な要求身振り（彼の場合は合掌とお辞儀）を使うことができたが，手で物をさわるなどの指示身振りや指さしはほとんど使わなかった。そのため，要求身振りを行った際に要求対象を大人が推定できないとき「何？」や「どれ？」と尋ねても伝達内容を明確化することができなかった。「何するの？」と尋ねても，あるいは「じゃシーソーしよう」と要求対象がわかったことを伝えてもＦくんは合掌を繰り返した。彼の身振り伝達のもう１つの問題は視線にあった。合掌を行う直前に大人をチラッと見てはいたが，合掌の際のＦくんの視線の方向は曖昧でどこを向いているか特定できず，相手を見ていなかった。大人が２，３メートル離れていたり背中を向けていたりしていても接近したり正面に移ったりしなかった。なおＦくんの田中ビネー知能検査の精神年齢１歳10か月，IQ19，絵画語い発達検査の語彙年齢２歳２か月であった。形態覚が可能な程度の弱視を合併していた。

　指導はまず身振りの際に相手を見ることを目標に，次に手さしまたは指さしを眼前の事物について用いること，それが達成された後は離れた物や場所を指すことを目標として，約６か月間週１回合計24回行われた。１つの目標についてほぼ同じ伝達場面が頻繁に生じるように計画された。指導ⅠではＦくんの要求を受け入れる際に大人が合掌身振りを模倣し，受け入れない際は腕組みをした。この手続きを経てＦくんは合掌しながら大人を見るようになった（図10-1）。指導Ⅱの単一事物場面ではＦくんの合掌に対して要求事物を大人が手で叩いてみせた。やがてＦくんが自ら叩くようになり，大人がそれを模倣した。複数事物場面では，大人の「どれ？」にＦくんが要求する事物を渡そうとする

第Ⅱ部　言語発達のアセスメントと支援

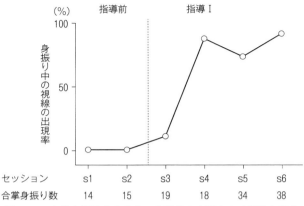

図 10-1　合掌身振り中の大人への視線の出現率の時期的な変化
注：出現率＝（身振り中の視線がある合掌身振り数／合掌身振り数）×100
出所：大井，1995

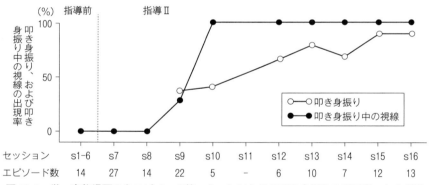

図 10-2　単一事物場面の各エピソード第一ターンにおける叩き身振りの出現率，および叩き身振り中の大人への視線の出現率の時期的な変化
注：出現率＝（叩き身振り数／エピソード数）×100，および（身振り中の視線がある叩き身振り数／叩き身振り数）×100
出所：大井，1995

と大人が叩いて見せたところ，Ｆくんはすぐ「どれ？」に事物を選んで叩くようになり，やはり大人はこれを模倣した。単一事物場面でも複数事物場面でもはじめは事物を叩くことに大人への視線がともなっていなかったが，後には大人を見ながら物を叩くようになった（図10-2）。指導Ⅲの遠隔事物場面でも退室場面でも，Ｆくんが手さし（到達行動，リーチングとも言う）に対して大人が

264

それを模倣したところ，やはり大人を見ながら手さしするように変化した。こうして当初の目標は達成され，大人を見ながら合掌するようになり，厳密には指さしではないが大人を見ながら手さしで要求するようになり，大人の「何？」「どれ？」に対しても手さしで応じるようになった。

3　会話期における語用論的なアプローチによる支援

（1）言語行為・会話の協力・文脈の利用に関わる支援

まず不適切な言語行為の介入事例を挙げる。Ｇくんは中学２年生である。小中学生を対象とする小集団活動で小学校低学年の他児とトラブルになった。ラジカセで音楽を鳴らしていた小学生に近づいて次のようにすごんだ。

・　トランスクリプト９
1）Ｇくん：「てめえ殺してやる」大声で
2）筆者：「何が言いたいの？」
3）Ｇくん：「ラジカセで音楽を鳴らさないでほしいんだ」
4）筆者：「じゃあ，そういえば」
5）Ｇくん：「あのー，すみませんがラジカセで音楽を鳴らさないでくれませんか？」

Ｇくんは時折第一発話のような暴言を吐いた。小学校５年生のときは担任に「あっちいけ，お前は鬼だ」などと言ったことから，暴力を振るわれ，それがトラウマになって長らくフラッシュバックが続いていた。彼の暴言は，別の言葉で言い換えることができる程度のもので，激しい口調はどこかからの借り物である可能性が高い。

次は会話の協力の問題への介入である。先に示したトランスクリプト５において，大人は聞き手が誰であるかと子どもに問いかけ，聞き手の注意を引く必要性を明示している。これによって子どもが注意確保の言葉を用い，メッセー

第Ⅱ部　言語発達のアセスメントと支援

ジが他児に伝わる結果となった。また，先に示したトランスクリプト6の子ど
もの場合，別の機会に母親が「こっち向いてくれる？」という子どもの注意確
保の言葉を発することで，聞き手としての態度を示すようになった。

　文脈の利用の問題に対する介入を次に挙げよう。8歳でIQが150近くあっ
た男の子Hくんと彼の自宅を訪れた客との会話をみよう（高橋，1997）。彼は幼
少期から博学でこの頃は恐竜の話など古生物学に詳しく，100種類近くの恐竜
の特徴，食性，生態，繁殖方法，生存した年代など詳しい専門的な知識をもっ
ていた。恐竜絶滅についても，よく知られている隕石説のほか，卵の殻の厚さ
説，哺乳類との闘争での敗北説，生物種としての恐竜の寿命説，植生の変化に
よる飢餓説を含め9種類の仮説を説明することができていた。そんな彼と自宅
を訪れた客，それに彼の母親との間で次のようなやりとりがあった。

・　トランスクリプト10

1 ）客：「どうしてこの恐竜は絶滅したの？」

2 ）Hくん：「わからん」

3 ）客：「そんな説明はなかった？」

4 ）Hくん：「わからん。だってねえ，研究してみないとわからない」

5 ）母親：「Hくんはでも説があるのは知ってるでしょう。第1説は？」

6 ）Hくん：「隕石」

7 ）母親：「第2説は？」

8 ）Hくん：「卵の厚さ」

9 ）母親：「うん。殻，殻」

10）Hくん：「殻の厚さ」

11）母親：「がどうなるの？」

12）Hくん：「が，厚すぎたり薄すぎたりして子どもが生まれなくなった」

　客の質問に対する彼の応答は，恐竜絶滅に関する結論がまだないという古生
物学研究の現状を述べたもので，客が期待した何でもいいから知っていること
を話してもらいたいという期待に応えるものではない。それに対して彼の母親

第10章　語用論的アプローチによる言語発達の支援

は，子どもが持っている知識を客に提供するよう求める。それは彼が当初採用した会話の方法（正確な事実を話す）でなく，客の期待する会話の方法（関連のある情報を提供する）への変更を促すものとなっている。その結果恐竜絶滅の学説があるはずだという客の想定という文脈情報に関連づけて話すことができた。

（2）コミュニケーション支援への会話分析の原理の導入

　ここでは，高機能自閉症スペクトラム障害の5歳から8歳の5人の男の子たちと，その相手となった5人の大人たちとの会話をみる。

　まずIくん，6歳。慣れていないソーシャルワーカーの女性と遊んでいた。

・　トランスクリプト11

1）大人：両手を首と顎の境目あたりで手のひらを横につなげて上下させながら「I，こっから上に投げるの止めようか？」

2）Iくん：「投げた」ブロックを追い，大人の言葉の途中で走りだす「すっげー！！飛んでった！」

3）大人：動きを追いながら「ほんとだ。お顔当たるの危ないから，ルール決めるぞ！」

4）Iくん：「うーしょ，うーしょ」片足ケンケンで飛んだブロックを集めている

5）大人：「1個だけルールを決めても良いですか？」

6）Iくん：「うん」と言いながら視線は横。集音マイクをみつけ開けようとする

7）大人：「あ，それマイクだから，マイク開けないでね」Iくんの傍に行き袋から出すのを止めようとする

8）Iくん：ブロックを握り，投げようと大人の顔をじっと見る

9）大人：首と顎の境目に両手を横に当てて，顎から下へ手を上下動かしながら「顔，だめよ。ここから下よ」Iくんの様子を見ながら「じゃ，1，2，3！」

第Ⅱ部　言語発達のアセスメントと支援

10）Ｉくん：大人の顔から視線を少し下に動かして，首から下に向かって投げ，
　　　　　　　大人の顔を見て笑いながら「逆攻撃！」

　Ｉくんはなかなか大人の提案に耳を傾けない。話している最中に無関係な行
動を始める。会話を協力してすすめる気がないように見える。大人は８）をす
かさずチャンスとして大げさで明瞭な身振り９）をする。これでやっと提案を
聞いてもらうことができた。
　次はＪくん，６歳。未知の言語聴覚士との会話である。

・　トランスクリプト12
1）　Ｊくん：「ジェストコースター乗ったことある？」
2）　大人：「ある。こわかったやろー」
3）　Ｊくん：「こわくなかった」
4）　大人：「こわくなかった？」
5）　Ｊくん：「ほして，パーキングも乗った」
6）　大人：「ん？」
7）　Ｊくん：「パーキング」
8）　大人：「パーキング行った？」
9）　Ｊくん：「うん」
10）大人：「ふーん，駐車場？」
11）　Ｊくん：「え？」
12）大人：「駐車場。パーキングって何？」
13）　Ｊくん：「パーキングってあの揺れるやつ」
14）大人：「あ，わかったバイキングか。はいはい船みたいなやつね」
15）　Ｊくん：「うん」

　この場面もそうだが，Ｊくんと大人の会話はしばしば行き違いが生じ，話が
まとまらないことが頻繁にあった。Ｊくんは前置きなしに話し，大人にはなん
のことかさっぱりわからないということがたびたびであった。大人はなかなか

突っ込んだ質問や指示ができずにいたが，ここでは12）で，ためらいなく質問
した結果やっと話がまとまった。

　次の 7 歳の K くんは未知の大学院生とのセッションを終了する合意をつくる
ことがなかなかできなかった。セッションを終わるタイミングであることを大
学院生がそれとなく伝えても，ほとんど無視同然であった。

・　トランスクリプト13
1 ）大人：「おっじゃあそろそろ時間だし　片づけしますか？」
2 ）Kくん：ブロックをいじったままで「んー」
3 ）大人：「ねえ」
4 ）Kくん：ブロックをいじり続ける
5 ）大人：「ふふ」笑い
6 ）Kくん：ブロックを飛ばそうとする
7 ）大人：「よっ飛ばない」
8 ）Kくん：手に持っているブロックを見せながら「飛ばない。半分飛んでっ
　　　　　た」
9 ）大人：手でちょっとのしぐさをしながら「ちょこっとちょこっと」
10）Kくん：「ちょこっと飛んでった」ブロックをいじる
11）大人：「ねえねえKくんそろそろお片づけしませんか？」Kくんのほうを
　　　　　覗き込む
12）Kくん：5 秒間くらいブロックをさわり，パチッとさせて大人の方に見せ
　　　　　る
13）大人：「飛ばない」
14）Kくん：パチッとブロックを飛ばそうとする。もう一回飛ばそうとする
15）大人：「よっ」笑い
16）Kくん：投げるようにしながらブロックを飛ばす
17）大人：笑い「今ちょっと投げたよね」飛ばすしぐさをしながら，笑い
18）Kくん：手元のブロックを見ながら「だってなかなか飛ばないんだもん」
19）大人：「ねぇー飛ばないねー」

第Ⅱ部　言語発達のアセスメントと支援

20）Kくん：5秒間くらいブロックをいじる

21）大人：「じゃあまた今度飛ばす研究しようか？ねっ」Kくんの方を見る

22）Kくん：大人の方を見て，自分の手元と大人のほうをちらちら交互に2回
　　　　　　見た後，大人の方に向かってブロックを飛ばそうとする。

　セッションの終了の誘いかけは1）11）21）の3回行われたが，いずれも効果をあげない。それで2週間後のセッションでは，このような不発のやりとりを重ねた後，筆者の提案に沿って可能な限りあからさまにかつ詳しく話しかけることにした。

・　トランスクリプト14

大人：「Kくん，さっきお母さんとね，あの時計が4か5くらいになったら終
　　　わりにしますって言ったんだけど，だからお姉さんはそろそろ終わらせ
　　　たいんですが，Kくんはいつ終わりにしたいですか？」

Kくん：「もうそろそろ終わらせたい」

（以下はこの大学院生の感想である。「言葉を増やしたら，終了まではスムーズだった。でも，お母さんに終了時間を伝えていることを一番先に伝えたり，Kくんにとってはけっこうキツめに“終わりにしなければならない”ことが伝わってしまったかな，と感じた。本当に終わりにしたかったのなら問題はないのだけれど，本当は終わらせたくないのに言わせたという可能性も考えられるのかな？　と私自身少しひっかかった」。）物事をあるタイミングで終了することや開始することの交渉は自閉症児が相手の場合円滑にすすまないことがよくある。大人の側があからさまにいうと伝わる。なかなかここまであからさまにいうのは大人にはためらわれるところである。

　次はLくん7歳。未知の特別支援学校の教師との会話である。

・　トランスクリプト15

1）Lくん：バイキンマンを袋から出して床に落とす「だれんち？」

　　　　　　　　　　　　　　　　第10章　語用論的アプローチによる言語発達の支援

２）大人：うん？
３）Ｌくん：「だれんち？」袋の口を大きくひらく
４）大人：「誰のうちやろ」「バイキンマンのおうちかな」
５）Ｌくん：ドキンチャンを出す

　４）の大人の終助詞つきのコメントにＬくんは反応していない。大人が正解
を言ったので満足したのか，それとも誤答だったので無視したのかもわからな
い。発話中の形容動詞の未然形や終助詞の利用に問題があることは日本語の自
閉症児ではしばしばみられる。次のセッションでは筆者からの提案で大人は終
止形を用いて断定的に言うことにした。

・　トランスクリプト16
１）大人：絵を指さし「これ　しょくぱんトラックは　バイキンマンが　こわ
　　　　　した」
２）Ｌくん：絵を指さし「バイキンマンが　こっちに　穴あいて」　また指さ
　　　　　し
３）大人：「はーん　バイキンマン　穴あけたんや」指さし
４）Ｌくん：指さし「これが　あいて」
５）大人：「うん」
６）Ｌくん：「こうじょうして　おうちにはいって……　こっちになった」左
　　　　　側の絵を指さし
７）大人：右側の絵を指さし「バイキンマンが　こわしたから　新しく　こっ
　　　　　ちになったんや」左側の絵を指さし
８）Ｌくん：左側の絵をちょっと指さし「こっちが　トラッ……」　右側の絵
　　　　　を指さし「こっちが　トラック」

　この後も長く話が続いていきＬくんと大人はおもちゃについての認識を共有
することができ，無反応でＬくんが何を考えているかわからない，という事態
は避けられた。

第Ⅱ部　言語発達のアセスメントと支援

　最後のMくん8歳の会話の相手は日本語も話せる北米からの女子留学生であった。彼女とMくんの会話では，疑問詞質問が無反応になるケースが目立ち，はい・いいえ型の質問を使うことを筆者から提案した。また，彼女がMくんの話が誰に向けられているのかわからないという問題も浮かび上がった。日本人の相手ではあまり起きない問題だが，聞き手を特定せずに話すということは確かにMくんには認められた。そのことを留学生からお母さん伝えたところ，おうちで〇先生と呼んでから話しかけるようにと助言されたそうで，次のセッションでは〇先生と呼んで聞き手を特定していた。はい・いいえ質問は予想通り効果を上げ，疑問詞質問のように大人を無視するということはなくなった。

　上記の5名の子どもたちが示したコミュニケーションの問題はそれぞればらばらであった。語用論の取り扱う領域が非常に広いこと，高機能自閉症スペクトラム障害の個人差が大きいこと，およびそもそもコミュニケーションというものの変動性が高いことが，こうした状況に影響していると思われる。会話の分析は，実施されるたびに多様な解決すべきコミュニケーションの問題を示すこととなると予想される。

（大井　学）

第11章 ディスレクシアのアセスメントと支援

1 ディスレクシアの実態

　ディスレクシア（dyslexia）は学習障害（LD）の1つであり，音韻処理能力などの要素的な認知機能の障害（機能低下）に起因する「読みの障害」を主たる特徴とし，他の能力に比して結果として読みのスキルが大幅に抑制された状態を示す。決してまったく読めないわけではないが，文字や文字列を正確に読むこと，スムースに読み進めることが特に難しくなる。ディスレクシアは学習障害の中核となっており，幼少期に読みや書きの困難さが放置され，あるいは適切な支援を行わなければ，読解力や学習到達度全般に大きく問題が拡大する。学習面の問題が拡大すればメタ認知や学習意欲にも影響し，不登校をはじめとする二次的な課題を引き起こすことも決して少なくない。発達支援に際しては心理面，行動面，学習面全体を概括し因果関係を把握しつつ支援を検討する。

　なお，発達期の読み障害の場合，書き（綴り）の障害も合併する割合がきわめて高く，「ディスレクシア」（発達性ディスレクシア）は「発達性読み書き障害」と訳される場合が多い。また，DSM-5 の日本語訳（2014）ではディスレクシアは「失読症」と訳されているが，実態やわかりやすさに即して本章では「ディスレクシア」の表記に統一する。本章で取り扱う読み書き（綴り）に関する評価や支援はあくまでディスレクシアを対象としている。

第Ⅱ部　言語発達のアセスメントと支援

（1）ディスレクシアの「読み」の困難さ

　音読，黙読，読解，読みのプロセスも様々であるが，まずここではディスレクシアで課題となる読みのプロセスとは何か整理する。ディスレクシアとは文字や文字列を音や音の並びに変換する「デコーディング」（後述）のプロセスの障害である。読解プロセスの最初の段階に問題をきたしている状態といえる。「読解」は「理解」のプロセスを含むが，デコーディングの段階は書かれた文字列を音に変えるまでのプロセスであり「理解する」プロセスは含まれない。黙読の際も頭の中で音を変換するプロセスが働いているため影響を受ける。結果的にディスレクシアでの読みの困難さが読解力に与える影響は大きい。

（2）ディスレクシアの「書き」（綴り）の困難さ

　ディスレクシアによる書きの困難さは「エンコーディング」（後述）の過程の障害であり，文字の形を覚えて効率よく思い出すことの困難さと，文字と音の表記のルールに従って文字を綴ることの困難さに分けると理解しやすい。前者には漢字など形態素が複雑な文字を覚えたり思い出したりすることが困難であるために，形や意味が近い文字へと書き誤る，書字に時間がかかる，といったことが該当する。後者はたとえば「きゅうきゅうしゃ」「わたしはきってをかった」と綴るべきところを「きゅきゆうしや」「わたしわきておかつた」と綴ってしまうような誤りが該当する。アルファベット圏では後者の「綴り」の困難さのみが対象となっている場合がほとんどである。一方，漢字文化圏では前者の問題が特に大きく学習に影響を及ぼす。

（3）デコーディング（Decoding）とエンコーディング（Encoding）

　デコーディングは文字から音に変換する「復号化」のプロセスである。ディスレクシアの読み障害はこの「デコーディング」のプロセスを担ういずれかの「役割」の不具合によって発生すると考えられており，どの「役割」が障害されるかによって読み間違いの傾向や流暢性への影響が異なる。読解のプロセスにはデコーディングだけでなく，すでに獲得した知識（語彙や文法）に照らし

合わせて読むといった側面も含む。

　一方，エンコーディングは音や意味から文字へと変換する過程であり，書きのプロセスのうち，音に対応する文字（視覚心像）を想起するまでを指している。ディスレクシアの綴りや書きの問題はこのプロセスの障害によるものであり，想起した文字のイメージを実際の書きに移すプロセスは含まれない。

（4）定義からディスレクシアを理解する

　「学習障害」の定義は教育と医学で異なる。教育上の定義に基づく場合，学習障害と判断される児童のおよそ80％が読み（書き）の症状を持つとされている。文部科学省の学習障害の定義（1999）には，ディスレクシアをはじめ学習に影響を及ぼすいくつかの異なる症状が含まれており，結果として学習に障害をきたした状態の総称を指しているといえる。一方，医学界における学習障害の定義としては DSM-5 における限局性学習症／限局性学習障害（Specific Learning Disorder：SLD）が代表的である（2014）。SLD には読みと読みの困難にともなう読解，書き，計算の困難さが含まれており，SLD の中でさらに該当する場合に「読字の障害を伴う」「書字表出の障害を伴う」「算数の障害を伴う」を特定せよ，とされている。

　教育，医学ともに共通するのは「乖離」に基づいた鑑別であることと，他の要因では説明できない学習上の困難さを認めた状態を指すことの２点である。例を挙げて説明すると，生活年齢12歳の知的発達が９歳相当の児童がおり，その児童が平仮名を正しく読んだり書いたりすることができないという状態を認めたとして，その主な理由を「知的な遅れ」に求めることは無理があろう。一般的に平仮名の読みの正確性は７歳の段階ですでに100％，書きの正確性も７歳後半でほぼ100％に到達し，個人差も少ない。９歳の発達段階にありながら６歳程度の読み書きの発達段階にとどまっているこの差（＝「乖離」）を鑑別の基準とするのである。

　なお，「乖離」による鑑別基準に関しては若干の補足説明が必要である。この例であれば，生活年齢が12歳の子どもの知的水準が９歳レベルで読み書きが６歳レベルのとき，知的レベル（９歳相当）と読み書きのレベル（６歳相当）

第Ⅱ部　言語発達のアセスメントと支援

に「乖離」があると考える。この基準を機械的に当てはめるならば，この児童の知的レベルも6歳であれば，そこに「乖離」は認められないと判断することになる。しかしながら，読み書きのレベルが6歳であれば，知的レベルが9歳であっても6歳であっても，そこに質的な違いは認められないというのが近年の英語圏の研究の一般的な結論である。DSM-5によるSLDの定義でも，「生活年齢に比べて著しい遅れが見られ，学業や日常生活に障害を引き起こしている場合」というように，狭い意味での乖離基準は定義には含まれなくなっている。

　また，読み書きのスキルは学力に影響を及ぼすが，学力にはそれ以外にも様々な要因が影響するため，ディスレクシアに学力低下が必ずともなうというわけではない。しかしながら，「学力に問題がないから支援の対象にならない」「ディスレクシアは読み書きの支援だけをすればよい」と考えるべきではない。小学校1，2年生は読み書きの習得そのものが目標であり，学力への影響も小さいため，単なる「個人差」と誤解されやすい。また当事者が（特に苦手意識の強い児童であれば）通常の子どもの何倍もの努力をして学習をようやく保っている場合も多いからである。

（5）ディスレクシアの出現頻度

　文部科学省初等中等教育局特別支援教育課（2012）による，学級担任教師の評定に基づく調査結果によれば，通常の小・中学校で「「読み」または「書き」に著しい困難さを示す」児童生徒の割合は2.4％であった。一方，子どもたちに直接検査を実施し，読み書きにつまずく子どもがもっと高い割合で存在することを見出している研究もある。宇野ら（Uno et al., 2009）は，小学校2〜6年生を対象とし，平仮名，片仮名，漢字の読み書きについて調べている。漢字については，3年生〜6年生に対しては2学年下の漢字の読み書きを（たとえば6年生には4年生で学習した漢字の読み書きを調べる），2年生に対しては1年生で学んだ漢字の読み書きを調べた。その結果，各学年で平均よりも標準偏差の1.5倍以上低い得点の子どもたちが6〜7％いることを見出し，この子どもたちが漢字の読み書きにつまずいていると結論づけている。さらに，読みの流暢

性のみに困難をもつ子どもは1％程度存在すると推定されており（川崎，2012），合わせると7～8％がディスレクシアの可能性がある。標準偏差の1.5倍という基準は，子どもたちの分布の中での相対的な位置関係を表すものなので，つまずきの程度や深刻さを直接反映するものではないことに注意する必要があるが，「「読み」または「書き」に著しい困難さを示す」と教師が考える子どもの割合（2.4％）よりも，実際には多くの子どもたちが読み書きにつまずいている可能性があるということについては十分注意する必要があるだろう。なお，学習障害やディスレクシアは近年の概念であるが，戦前より読み書き困難の人が一定の割合で存在していたことが明らかになっている（斉藤，2012）。

　また，ディスレクシアの出現率は言語によって異なることも明らかとなっている。英語圏ではディスレクシアの出現率は7～15％と日本語に比べて高い。これは使用する言語の特徴による違いであり，言語によって習熟に必要とされる認知機能とその重要度が異なるためである。モーラ単位の表記であり，比較的文字と音との対応関係が安定している日本語のひらがなと音素単位の表記であり文字と音との対応関係が複雑である英語では音韻処理能力にかかる負担も異なる。この知見はバイリンガルで片方の言語においてのみディスレクシアの症状を示す可能性（Wydell & Butterworth, 1999）や日本語では問題がない児童でも小学校高学年以降の英語習得で苦手さを示す可能性を示唆している。後者については今後の英語教育のあり方や第二言語として日本語を習得する児童への支援を検討するうえで考慮する必要がある。また他の発達障害同様に女性に比して男性に多い傾向にあり，英語圏の報告ではディスレクシアを引き起こす可能性のある遺伝子も特定されつつある（Schumacher et al., 2007）。ただし，同じ候補遺伝子を対象としたわが国の研究では異なる結果となっている（上坂ら，2011）。1つのリスク因子として理解しておくとよいだろう。

第Ⅱ部　言語発達のアセスメントと支援

2　読み困難を引き起こす背景から実態を理解する

（1）ディスレクシアの神経生物学的基盤について

　近年の脳イメージング研究や解剖学的研究の進展によって，読みの心的プロセスに対応する領域が明らかになりつつある。この読みに関連する領域の機能低下がディスレクシアを引き起こしていると考えられている。文字を読むためには，まず視覚的な情報である文字を処理する段階がある。視覚情報は最初に一次視覚野である後頭葉で処理が行われるが，その後，後頭頂葉皮質にいたる背側経路を経て動的な知覚や空間的な知覚の処理が，また，側頭葉に向かう腹側経路を経て色や大きさなどの要素的な視知覚の処理が行われる。ディスレクシアの障害仮説として，この背側経路を担う「大細胞障害説」（Stein, 2001）が呈されたが，この段階の障害だけでディスレクシアを引き起こすとは考えにくい。次いで読みの中核のプロセスである文字や文字列を音へと変換する段階では，左頭頂側頭移行部が文字を直接音に変換する「非語彙ルート」（後述）に，左下側頭回の一部である紡錘状回がまとまり読みを可能とする「語彙ルート」（後述）の音読にそれぞれ関与している。ディスレクシアを対象とした研究において定型発達児童に比して左頭頂-後頭葉近傍の灰白質容積の低下や，左下頭頂小葉をはじめ複数の領域での皮質容量の低下や，紡錘状回から下側頭回近傍の灰白質容積低下を示したという報告があり，おおむねディスレクシアでは左頭頂葉下部から側頭-後頭葉にかかる領域が症候と関与していると考えられている。これらの脳科学の知見はわれわれにとって症状を理解し効率的な支援を考えるうえできわめて有益である。しかし，あくまで脳イメージングによって得られた画像は器質的要因や機能低下部と症候との因果関係を直接推定しうるものではない。目の前に示される困難さは多くの交絡因子とその児を取り巻く教育環境などの環境因子の影響を受けた結果であることに注意をする必要がある。

第11章　ディスレクシアのアセスメントと支援

（2）ディスレクシアの背景となる認知機能から実態を理解する

　ディスレクシアと関係が深いとされる認知機能障害として現在，①音韻情報処理過程の障害（音韻認識，音韻処理の障害），②視覚情報処理過程の障害（主に視知覚認知過程，視覚性記憶の障害），③自動化能力の障害（呼称速度の遅延）等が示唆されている。特に読み正確性と音韻情報処理能力，書き正確性と視覚情報処理能力，読み書きの流暢性と自動化能力の関連が深く，視機能，注意機能，全般的知的発達などの要因も影響を及ぼす。すなわち，音韻障害を中心に単独ではなくいくつかの認知障害を併せもった結果「ディスレクシア」の状態を生じると考えられる。ひらがな，カタカナ，漢字といった影響を受ける文字種や読みの誤りの傾向は「どのような認知障害を併せもつか」によってある程度決まり，重症度はそれぞれの認知障害の程度や関連要因，環境要因との相互作用によってある程度決まると操作的にディスレクシアの障害機序を示すことができる。また，読みや書きへのそれぞれの認知機能の寄与の仕方は読みや書きの発達段階（時期）によっても変わることに考慮する必要がある。

①　音韻情報処理過程と読みへの関与

　音韻情報処理過程には音の認識，分解，抽出，操作するといった一連の過程が含まれる。話し言葉を聞き取る中で単語の音（音列）を音素や音節の単位に分解，認識し，操作するプロセスであり，「文字」と「音」とを相互に変換する過程の中核を担っている。日本語のひらがなやカタカナは音ではなく「さ（sa）」といったモーラ単位の表記であり英語に比べると文字と音との対応関係の規則性は明確である。しかし日本語も音韻情報処理能力に問題をきたすと特殊音節（拗音，促音，長音）の音読や表記に影響を及ぼす。特殊音節の読み誤りが多いことは，音韻情報処理過程の問題を示唆する所見の1つと考えられる。

②　視覚情報処理過程と読みへの関与

　視覚情報処理過程は「対象である文字をしっかり見る（視機能）」「対象をとらえて要素を認知する（視知覚）」「全体をとらえ，対象を分解し操作する（視

279

覚認知）」「（過去の記憶を手がかりとし）対象を記憶し必要に応じて記憶を取り出す（視覚的記憶）」といった役割から成り立っている。視機能には視力，視野，追視や輻輳，サッケードといった眼球運動機能，両眼視機能，色覚およびコントラスト感度といった機能が該当する。視知覚には長短，大小，位置，傾き，形態，動きの知覚が該当する。視覚的記憶はとらえた視覚刺激を補完したり，記憶した文字を学習，保持し効率よく再認する働きである。日本語のディスレクシアでは書き困難の背景に視覚性記憶や視知覚の問題を示唆した報告が多い（岡本，2014）。特に漢字は形態素が複雑で文字の種類・数も多いため，視知覚の低下は文字の形態素をとらえるうえで，視覚性記憶の低下は正しく効率よく思い出すうえで影響を及ぼしてしまうと考えられる。なお視機能障害単独でディスレクシアは生じないとする報告もあるが，厳密には「視機能と読み書きのあくまで「正確性」とは関連がない」（後藤ら，2010）というだけであって，流暢性については今後の検討が必要である。

③　自動化能力

自動化能力とは「読み書き」に関する情報処理過程をいかに効率よく働かせることができるかといった側面を指している。すなわち「対象を認識し音を想起する際の処理の効率」であり，数唱や呼称スピードなどを指標として評価される。自動化能力の低下は特に読みの流暢性に関連する。アルファベット圏では音韻障害と「呼称スピードの遅さ」によってディスレクシアが生じるという「二重障害仮説」が存在する。

（3）読み困難の実態──読みのプロセスモデルの視点から

ここでは，代表的な読みのプロセスモデルであり，ディスレクシアの読み困難の分析にもよく用いられる「二重経路モデル（Dual Route Cascaded Model）」（DRC モデル）（Coltheart et al., 2001）について説明する（図11-1）。二重経路モデルは，読みの一連の過程を，いくつかの「辞書」と「処理機構」の結合によって説明する。読みは語彙経路と非語彙経路を通じて行われる。漢字は語彙経路が，仮名1文字や非語の場合は非語彙経路が，仮名単語の場合は読む単語に

第11章 ディスレクシアのアセスメントと支援

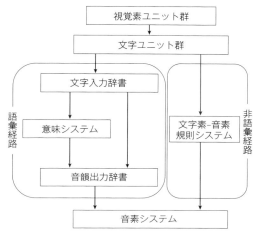

図11-1 二重経路（DRC）モデル
出所：Coltheart et al., 2001を一部改変

よって負荷がかかる程度は異なるものの，双方の経路が活性化される。

　ある文字列が提示されると，それが漢字であっても仮名であっても，まずは視覚的特徴が分析され，文字ユニットと照合して書かれた文字が同定される（視覚的分析）。ここから文字・単語の種類によって2つの経路に分かれる。たとえば平仮名で「さみだれ」と提示された場合は，非語彙経路では文字列が分解され，1つずつ対応する音へ「さ→/sa/・み→/mi/・だ→/da/・れ→/re/」と規則に則って変換されるか，あるいは，語彙経路を経て単語のまとまりとして瞬時に/samidare/と変換される。また，漢字で「五月雨」と提示された場合は主に語彙経路を経るが，この場合も瞬時に/samidare/，あるいは「五月」の部分だけの処理が行われて/gogatsu/と変換されるか，途中の意味システムを経由し，「五月雨」→五月にふるあめのことだから……と意味を経由して/samidare/と変換される。

　実際の読みでは一番効率のよい経路を経て処理が行われるが，どれか1つの経路のみが活性化するわけではなく，複数の経路が同時に活性化することで，互いに補完し合っている。たとえば「五月雨」を/gogatsu/と読みはじめても，途中で気がついて直すことができることも，複数の経路が同時に働いているこ

第Ⅱ部　言語発達のアセスメントと支援

とを示すものである。

　ディスレクシアの場合，非語彙経路にまず問題を抱え語彙経路の成立が遅れること，読みの経験の低下にともなって語彙経路の文字入力辞書が十分に育たない（小さい）こと，そのために意味システムを十分に働かせることができないなどといったことが想定される。また相互の経路のバランスが崩れることによって読み誤りの修正が難しくなる場合や，独特の誤り方をする場合が増えると考えられる。

3　ディスレクシアのアセスメント

　ディスレクシアのアセスメントは読み書きの困難さの程度とその背景をできる限り明らかにし，学習全般への影響についても把握することが求められる。良好に保たれた学習経路を検討して支援の手がかりをつかむとともに，実現可能な支援の目標（ゴール）の設定と発達の時間軸を意識した支援に必要な情報を得ることを目的とする。

　アセスメントでは困難さの実態や背景要因を掘り下げ，個別支援や合理的配慮に必要な情報を得るだけでなく，予後予測や目標の設定，支援効果，個の支援と集団を形成する他の児童生徒への波及効果が検証可能となるようにアセスメントの枠組みを構築する。一部に偏重したアセスメントのために支援の「偏り」を生じさせてはならない。

　現在，ディスレクシアのアセスメントでは「乖離モデル（乖離理論）」に基づいた評価・介入と「RTI（Response to Intervention）モデル」という異なる2つの方向性が存在する。前者は知的能力と言語の発達的側面における「差」から障害の実態把握と背景要因の掘り下げを行うものである。一方後者は特定のスキル（たとえば読み）について集団全体に対して一定の介入を行う。簡便な到達度評価を一定期間ごとに行い，一定期間の指導で到達度評価が基準を下回った場合に個別指導の対象とする。

　RTIモデルは困難さの有無にかかわらず学齢初期の到達度の底上げに効果があるだけでなく，児童を取り巻く集団全体への効果も期待できる。だが

第11章　ディスレクシアのアセスメントと支援

RTI モデルでは個々人の詳細な認知的特徴や到達度を把握することは困難であり，一定の見きわめ期間が入るため介入時期の遅れが問題になる場合も想定される。乖離モデルでは評価の実施に時間が必要であり，一つひとつの掘り下げ検査に関する専門的知識も必要となる。さらに双方のモデルともに読みに着目したモデルで読解力や学力といった観点は含んでいない。

　ディスレクシアのためのアセスメントの枠組みを整理すると，①児童の知的発達の全体像をとらえるための知能検査，②読み書き到達度に関する検査，③読みと関連する語彙力や統語力の検査・読みが影響する読解力の検査，④読み書き困難の背景となる認知機能検査（掘り下げテスト），⑤良好に保たれた学習経路の検査，⑥並行して学習状況，学習意欲などの行動面の評価となる。

（1）知能検査──知的発達の全体像を把握する

　ディスレクシアに対して支援のために知能検査を実施し潜在的知能を推定する場合には，できる限り WISC-IV を実施する。WISC-IV では，FSIQ と 4 つの指標得点，各下位検査の得点傾向を分析することで対象児の認知特性を知る手がかりを得ることができる。ただし，その後の掘り下げ検査が不要になるわけではない。併せて可能であれば KABC-II を実施することが望ましい（できれば少なくともどちらか一方は直接の支援者が実施することが望ましい）。KABC-II は認知総合尺度と習得度総合尺度に分かれている。前者が潜在的知能を推定するうえで役立つだけではなく，後者から読みに関する到達度をある程度把握することができるのは大きな利点である。

　潜在的知能を推定するにあたり，スクリーニングとして視覚性推論課題のみで構成された簡易型の動作性の知能検査であるレーヴン色彩マトリックス検査（RCPM）も適用可能である。RCPM は検査施行時間も短く，WISC-III の動作性 IQ との相関も高いとされている。RCPM の児童期の基準値は「小学生の読み書きスクリーニング検査」（宇野ら，2006）にも掲載されている。他の検査結果の妥当性を検証するうえで有効な手段である。

　WISC-IV の解釈についてディスレクシアを対象とした際の注意点について記す。まず，あくまで FSIQ は「いろいろな要因が影響した結果としての，

第Ⅱ部　言語発達のアセスメントと支援

（測定した時点での）知的発達段階」と解釈し，次に各指標得点はあくまで相対的なプロフィールを示すものであることを留意する。ディスレクシアで言語理解（VCI）得点と知覚推理（PRI）得点の乖離を示す事例が散見されるが，乖離の有無や傾向に一貫性があるわけではない。処理速度（PSI）は読みの効率とも関係が想定されるが，文字と音との変換効率と処理速度（PSI）指標をそのまま置き換えることはできない。ワーキング・メモリ（WMI）指標の解釈にはさらに注意が必要である。そもそも学習行為全般に「ワーキング・メモリ」は介在するため，目の前の困難さと WMI の関連は他の指標や検査，行動観察を行ったうえで検討する。加えてバッドレイ（Baddeley, 2000）の「ワーキング・メモリ」は聴覚・視覚双方の刺激を記憶するプロセスを指す，短期記憶や実行機能を含んだ包括的な概念となっている。一方，WISC-IV での WMI は「数唱」「語音整列」「算数」と聴覚言語性の課題のみで構成されており，システム全般を包含していない。また，WMI の指標得点の低下から「ワーキング・メモリの弱さがある」と解釈を加えただけでは，特定の刺激に対するリハーサルが上手くいかないのか，短期記憶の容量に問題があるのか，自分の得意な記憶方略の認識に問題があるのか明らかにしたことにならない。WISC-IV の「ワーキング・メモリ」の弱さは結論にするのではなく，関連要因を掘り下げる契機とする。

（2）読み書き到達度の評価

①　評価の観点 ── 正確性と流暢性

　読みの実態を評価する際には正確性と流暢性という2つの側面でとらえる。読み書きの障害の検出もこの正確性と流暢性という2つの側面から定量的に行われている。簡潔に正確性と流暢性を定義すると「正確性は文字音韻変換規則に則って文字から音もしくは音から文字に正しく変換する能力であり，流暢性は文字音韻変換規則の効率性を指す」（水野, 2013）となる。つまり正確性は「どれだけ正しく読むことができるか」といった側面であり，流暢性は「いかにスムースに読み進めることができるか」といった側面を指している。それぞれ正確性では特定の文字や単語，文を正確に読めた正答数やその割合（正答

第11章　ディスレクシアのアセスメントと支援

率），流暢性では決められた文字や文字列の読み所要時間や，一定時間内で読めた量を指標とする場合が多い。それぞれ文字の種類や文字列の長さ，内容（有意味・無意味）ごとに上記指標を測定し，結果を同様の文化・教育圏の同じ年齢の集団との結果と比較し相対的な到達度から評定する。正確性と流暢性の関係は読みの正確性が低下した場合，流暢性も低下するが，流暢性だけが低下した事例も存在する。

　正確性と流暢性とともに支援に際しては「易疲労性」の観点も重要である。いかに正確かつ流暢に読み書きできたとしてもすぐに疲れてパフォーマンスが低下するようでは実用的ではない。「読みのパフォーマンスをどの程度維持できるか」を見きわめておく必要がある。易疲労性の評価を行いうる検査や指標は存在しないが，筆者は便宜的に音読流暢性課題（後述）の無意味単語速読課題を用いて前半と後半の遂行結果の比（二頁目音読所要時間／一頁目音読所要時間）を採用している。基準の検査だけでなく，支援対象児者の状況に応じて工夫が必要である。

② 評価法

　本稿執筆時点（2016年8月時点）でわれわれが利用可能な読みや書きの到達度の検査において実際にディスレクシアの指導に実績があり使用頻度の高いものを中心に概説する。読みと書きの評価では必ず前述の通り流暢性と正確性の評価が必要である。読みの困難さをもつ場合，その大部分で書きの困難さをともなう。よって，読みの評価だけでなく少なくとも書きの正確性についても押さえておく必要がある。先述のように読みは正確性が低下すれば流暢性も低下する。読みスキルと学力との関係の報告は多い（吉田ら，2012）。書きの正確性は学齢に比例して学力に及ぼす影響が高くなるが（荻布ら，2017），書きの正確性と流暢性の関係や書きの流暢性が学力に及ぼす影響については明らかとなっていない。書きの流暢性の評価は「小学生の読み書きの理解（URAWSS）」（河野ら，2013）にも含まれているが，筆者はあくまで書き流暢性の一部であるが簡便に「視写力」としての評価にとどめ，奥村ら（2007）の遠見・近見視写課題を用いている。

第Ⅱ部　言語発達のアセスメントと支援

1）　小学生の読み書きスクリーニング検査（STRAW）

　小学生の読み書きスクリーニング検査は読みと書きの主に正確性をもとに評価する検査である。小学生を対象としており，ひらがな，カタカナ，漢字の文字種ごとの評価を可能としている。ひらがなカタカナは一文字と単語，漢字は単語のみで各課題（すべて各20問）から構成されている。漢字単語は各学年，2学年下の学年配当漢字（小学校2年生は1年生の配当漢字）から選択されている。対象は小学校1年生から6年生までであり，1,200名以上の小学生をもとに各課題，学年ごとの平均正答数と SD が示されており，平均−1.5SD を基準としている。個別式だけでなく集団での実施も可能である。

　この検査では読みと書きの正確性の到達度を知ることができる等の利点がある反面，特に読みの流暢性はきわめて限定的な情報しか得ることができない。また，検査名が示す通り「スクリーニング」を前提とした症候の有無を判別するための検査であり，結果が満点に偏った分布になっていること，そのため課題1つの誤りが結果に及ぼす影響が大きくなっていること（平均正答数19/20で標準偏差が0.5とすると2問間違い18/20で−2SD となってしまう）に注意が必要である。漢字の課題選択基準は学年配当に基づいているが，本検査は鑑別検査であり，検査結果をそのまま読み書きの相対的な到達度（習得度）に置き換えることはできない。基準値を下回る場合や正常範囲であっても読み書きに時間がかかる場合，気になる反応を示す場合は，かなであれば102モーラすべての読みや書き（聴写），50音表の自発書字などもあわせて実際に確認し相対的な到達度を把握する。漢字の場合，本検査の対象児の学年配当の段階まで検査を延長し到達度確認することも可能である（4年生であれば4年の学年配当の漢字を選択している6年の課題まで場合によって実施）。筆者らは個別指導の掘り下げの際には本検査と別個に学年配当漢字表をもとに70％程度の到達を探るようにしている。なお，この検査は改訂が予定されており，改訂版では対象が中学3年生にまで拡大され，読みの流暢性の検査が加えられる模様である。またインターネット環境下で利用可能な ATLAN（高橋ら，2015）や KABC-Ⅱの尺度の一部を利用することも可能であり，対象児のスキルを当該学年集団と比較する際にはきわめて有用である。なお ATLAN は誤り傾向の検討も可能である。

第11章　ディスレクシアのアセスメントと支援

２）　特異的発達障害診断・治療のための実践ガイドライン（音読流暢性検査）

「特異的発達障害診断・治療のための実践ガイドライン」（稲垣ら，2010）は読みの正確性と流暢性を評価する検査である。単音節，有意味語と無意味単語それぞれ30単語からなる２つの単語音読課題，複文構造をもつ文を含んだ３文からなる短文の音読課題で構成されており，それぞれ誤り数と読みの所要時間を指標としている。対象は小学校１〜６年，217〜528名のデータをもとに各課題各学年で基準値を算出している。読み困難の基準は２課題以上，平均−1.5SDの値を示すか，１課題でも平均−2SDの値を示した場合としている。なおこの検査は保険点数に対応している（2015年度時点）。

この検査の特徴的な点は，有意味単語，無意味単語の２つの単語課題にあり，読みの２つの経路である語彙経路（有意味単語→まとまり読み），非語彙経路（無意味単語→主にデコーディング力を反映）にそれぞれの課題がおおむね対応していることから読みの方略の特徴の一端を知ることができる。また「単文音読課題」を除く課題（単音・単語）で，学力への影響や学業不振と本検査指標との関連が高いことも明らかとなっている（荻布ら，印刷中）。特に高学年では短文音読課題以外で読み流暢性の低下を示す結果が出た場合には，読みにとどまらずすでに学習全般への影響が出ている可能性が高いとも判断できる。ただ，小学校１年生の基準値が明らかに高く，１年生の読み困難の判断は注意が必要である。特に有意味単語音読課題でその傾向を示しているが，その理由として，まとまり読みの段階に進む背景には前述の通り読み経験や語彙力の影響が大きく，個人差が大きい。集団によっても変わる。そのため筆者は別途一般小学生をもとに基準値を取って，データとともに補足的ではあるが判断材料の１つとしている。また，最も難易度が高く読み困難の出現率も高い漢字の読みの評価や書きの評価が含まれていないため，別の検査で補わねばならないが本検査は読み書き困難の検出力も高く学力との関連も示唆されていることから，読み評価における汎用性の高い必須検査であるといえる。

概括すると音読流暢性検査で読みを，STRAWで読みを補いつつ書きの正確性を評価し，KABC-IIの習得度尺度の結果も踏まえるとよい（KABC-IIでは読みだけでなく，読解のプロセスを含んでいることを考慮しておく）。また児童

第Ⅱ部　言語発達のアセスメントと支援

生徒個々の読みや書きの実態に合わせて，学年配当に配慮したかたちで課題を追加し，また読み書きの場面の行動観察も踏まえて総合的に判断する。

③　認知機能や読み書き以外の言語ドメインの評価

認知機能評価の目的はディスレクシアの背景となっている認知機能障害を把握し困難が予測されている学習経路を知ることである。併せて支援に向けて良好に保たれた学習経路についても知る。認知検査は行動評価でまずあたりをつけたうえで「裏づけ」として行う。

1）　視覚情報処理に関する検査

視機能，視知覚，視覚認知，視覚的記憶のうち，視機能では DEM，視機能や視知覚，視覚認知を含んだものではフロスティック視知覚検査（DTVP），視知覚から視覚的記憶を含んだ課題としてレイの複雑図形テスト（ROCFT）などがある。また WISC の積み木課題など知能検査の項目の中から推定しているような事例も散見されるが，掘り下げ検査を実施し再現性を確認し，より確実な評価をすべきである。ディスレクシアの評価であれば視覚情報処理全般を包括的に，また特に視覚的記憶をしっかりと評価しうる課題が望ましい。臨床的な所感であるが DTVP はディスレクシアの児童にとって決して難易度は高くなく比較的容易にクリアする。今後，国内でも DTVP3 の標準化が予定されている。

ROCFT は複雑な幾何図形の模写課題，即時再生課題，遅延再生課題から構成されており，幾何図形を18個のパーツに分け１つ２点で合計点を指標とした課題である。各合計得点だけでなく，再生得点／模写得点，遅延再生／模写得点から視覚性記憶の学習効率の指標とすることもできる。

ROCFT はディスレクシアの視覚情報処理の評価として比較的多く用いられているが，評価に習熟が求められること，標準化されていないこと，に留意して使用する必要がある。また元々成人を対象とした検査であることから小学校１，２年生ではやや難易度の高い検査であり，いくつか示されている基準値にも若干ばらつきがある（萱村・萱村，2007ほか）。

第11章　ディスレクシアのアセスメントと支援

2）　音韻情報処理に関する検査

　音韻情報処理能力の障害はアルファベット圏ではディスレクシアの最も大きな背景要因（認知機能障害）の１つであり，日本語においても重要な背景要因の１つであることは間違いない。しかしながらディスレクシアの検出を目的とした標準化された音韻処理能力に関する検査は存在しない。現状では有意味語や非語の復唱や逆唱課題，「「たいこ」から「た」を除くと……」といったモーラ削除課題等をもとに正答数と課題遂行時間を指標として各臨床施設で課題を作り個別に基準値を策定して評価しているのが現状である。国立精神神経センター版（鹿島ら，2008）や大阪医大 LD センター版（若宮ら，2006），「読み書き困難児のための音読・音韻処理能力簡易スクリーニング検査」（加藤ら，2016）などが存在する。日本語の音韻課題ではモーラ単位での操作となるため，音を操作する際に一旦，頭の中にひらがなで想起し回答することが可能であり，正答数だけでは音韻処理の指標として十分とはいえない。必ず課題遂行時間を計る必要がある。小学校高学年では有意味単語４モーラの逆唱課題で誤りに気づかない，正答に至らない，正答に至るが反応開始まで５秒以上，正答に至るまでに10秒程度かかるといった場合には音韻処理能力は決して高いとはいえない。なお音韻処理能力の検査として構築されているわけではないが，包括的領域別読み能力検査 CARD（奥村ら，2014）のドメイン指数の１つである「文字音変換」のうち，下位検査である「音しらべ」課題は若宮ら（2006）の音韻削除課題，逆唱課題と高い相関を認めている。「言語発達コミュニケーションスケール（LCSA）」（大伴ら，2012）ではリテラシー指数の１つに「音韻意識」がある。CARD は小学校１年から６年生4,193名，LCSA は小学校１年から４年生まで356名のデータをもとに標準化されている。

3）　自動化能力

　自動化能力は RAN 課題を用いて数字や事物の線描画などを用いた速読，呼称スピードを指標として評価される。標準化されたものは存在せず，数字と線描画両方を使用したものや絵のみのものもある（金子ら，2007；松本，2009）。

　金子ら（2007）は，就学前と１年生時に RAN 課題と仮名表記の非単語の音読課題を実施している。結果をまとめると，①RAN 課題成績の不良群の約 8

第Ⅱ部　言語発達のアセスメントと支援

割がその後改善，②しかし就学前の RAN 成績不良者の40％以上は１年後の音読成績が不良，③一方，読み困難を示さない RAN 成績不良群が存在する。すなわち，自動化能力の要因だけで読み困難の出現を説明することはできないが，自動化能力の障害が読み障害の一因である可能性を示している。

④　語彙力や統語力，読解力の評価

　語彙力や統語力は読みに影響を及ぼす因子であり，SLD における読みの障害の３側面「読みの正確さ」「読みの流暢さ（速さ）」「読解力」の「読解力」にデコーディングとともに影響を及ぼす。また語彙力は漢字の読みの正確性と密接に関連する（川崎，2012）。評価では語彙と読み書きの到達度の乖離，読解力への各要因の影響を推定する。

　評価すべき語彙力の３側面は，語彙の広がり（語彙の量やネットワーク）・深さ（意味の拡がり）・語から意味へのアクセススピード（単語を聞いてその意味にたどり着くまでの速さ）の３つである（Tannenbaum et al., 2006）。既存の語彙検査は主に PVT-R 絵画語い発達検査や標準抽象語理解力テスト（SCTAW）等が合致する。これらはおおむね語彙の到達度を知る検査として有効である。語彙の側面だけでなく包括的な言語能力検査として適応型言語能力検査（Adaptive Tests for Language Abilities：ATLAN）がある（第６章参照）。留意点としては「適応型検査」であり対象児の年齢によってインターネットでの利用となっていることである。SCTAW では抽象語に特化しており音声言語だけでなく文字単語での提示も可能であることや，誤り傾向（意味関連・音韻関連・無関連誤答）の分析ができることも大きな特徴である。「語の意味へのアクセススピード」の側面はスムースな読解を支えるうえで重要な視点である。この点に特化した語彙検査は存在しないが，CARD の中のドメイン指数「単語の活性化」や，教研式読書力テストの下位テスト２「語彙力」は語の意味へのアクセススピードに関する課題となっている。語の理解の誤り傾向は小学校低学年では知らない言葉を聴くと音の似通っている自分の既知の単語に置き換えて誤る「音韻関連誤答」が多く，学齢が上昇し語の意味のネットワークが構築されるに従って意味に関連した誤り（意味関連誤答）が多くなる。こういった視

点は行動面（実際の学習場面）の実態でも確認が可能であり，児童の実態把握に役立てることができる。

　文法力を評価するための検査で，実際に指導に活用されているものの一部として失語症構文検査（STA）や国リハ式言語発達遅滞検査の一部がある。あくまで文法力の一端であるが，評価項目に統語の観点を含んだ検査には CARD（ドメイン指数「3．統語」），教研式読書力診断テスト（下位テスト3「文法力」）等が存在する。J．COSS 日本語理解力テストは統語の指数としては存在しないが発達段階に沿った統語課題が多分に含まれている。なお，STA は「STC 新版　構文検査──小児版」が新たに刊行されており，S-S 法は就学前の段階までが対象である。通常，ディスレクシア単独であれば統語面の遅れはともなわない。よく「文末を読み誤る」場合が散見されるが，読み困難によるものである。

　読解力を含んだ読みに関する包括的な検査には CARD や教研式読書力テストが該当する。CARD ではドメイン指数の「読解」だけでなく，プロセス指数の「上位プロセス」がいわゆる「トップダウンでの読み」の段階を反映しており，「文の読み③」の読解課題は関係性の理解に基づく読解（説明文）と他者視点取得をともなう読解（心の理論課題を含む物語文）の2つから構成されており，他の検査や学力テストと相関が高く妥当性が保障されている。

　鑑別診断のアセスメントと異なり，支援のための評価では目の前の学習面全般の困難さと，読解と読み書きスキルや語彙や統語といった言語ドメインの関係がどのように影響しているか推定する必要がある。読解力は文字音韻変換（デコーディング）の力や「まとまり読み」の力（文字列を単語として認識する力や語のアクセススピード）といった読みの基礎力が文レベルの読み（統語含む）に，文レベルの読みが読解に相互に影響し，語彙の量や深さはすべてのプロセスに相互に影響を及ぼすことが明らかになっている。図 11-2 に読解のプロセスモデルを示す（川崎ら，2014）。

　ディスレクシアのアセスメントは「難しい」「専門性が高く実施困難」といった印象をもつ支援者も多いと思われる。様々な制約がある場合や，支援者が必ずしも個別支援担当を兼ねていない場合等は行動観察や関連他職種との連携

第Ⅱ部　言語発達のアセスメントと支援

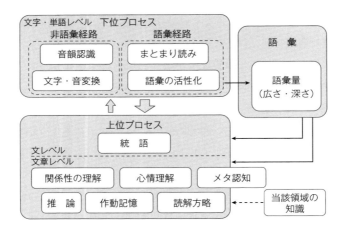

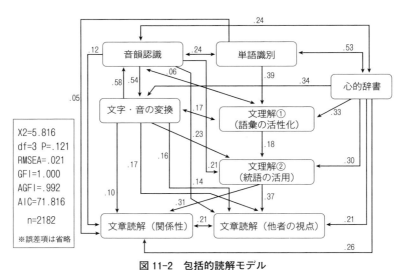

図 11-2　包括的読解モデル

注：上段は模式図，下段は共分散構造分析結果
出所：川崎・奥村，2014；奥村ら，2015

で対応する。アセスメントを構成する検査をただシステマティックに実施するのではなくて綿密な行動観察や聞き取りをもとに検査結果を予測したうえで直接検査にあたらねばならない。

第11章　ディスレクシアのアセスメントと支援

4　ディスレクシアの支援

　ディスレクシアの支援とその方向性は，前述した乖離モデルや RTI モデルなどの当該となる困難さの程度と背景要因を明らかにしその部分に診断介入を行うことを前提とした支援モデルと，個々のスキルに直接介入できない場合を含め，心理面や環境調整を中心とした支援を中心とするモデルがある。最も望ましい支援のかたちは当事者によって選択されたゴールをもとに個別に読み書きへ介入指導を行う個別指導，心理面の配慮，困難さがあることによって学校生活を送るうえで不具合やその児童生徒にとってマイナスを生じないようにする集団の中での支援や配慮がアセスメントに基づいて系統だって行われることにある。

（1）読むことや学習を楽しむために —— 学習意欲など心理面の配慮

　学習面でのつまずきを契機として不登校となった児童に対して心理面と学習面どちらの専門的介入を優先すべきか大きな判断を迫られることは決して少なくない（無論，緊急避難的な対応が迫られる場合もあろうし，選択肢は個々の事例で異なる）。

　文部科学省学習状況調査（2012）では「学習意欲」「学習規律の徹底」「学習習慣」「自尊感情」が学習到達度や学力向上につながると指摘されているが，実は関連があるというだけで因果関係は証明されていない。ディスレクシアの児童にとって配慮がなされず，十分にスキルが積み重なっていない状況で読解や学習を繰り返させられれば，学習規律や学習習慣の徹底の大義名分のもとに二次的障害の拡大を生じる原因となりかねない。ディスレクシア児童は自分の苦手さの気づきがある場合が多く，メタ認知の問題をもつ場合も多い。よって単純に「できないことはさせない」「学習場面はストレスだから遠ざける」という判断は緊急避難的な場合を除いては正しいとは言い難く，「できないことはあるが（正しく自分の苦手さに気づく），工夫したら私はできる」といった体験，実感を通じて自己効力感や学習意欲の向上を図ることが望ましい。支援者

第Ⅱ部　言語発達のアセスメントと支援

の役割は「できないからさせない，得意なものだけをさせておく」ではなくて「（少しでも）できると本人が実感できる手段を示す」ことにある。

　学習意欲と学力の因果関係について筆者らの知見を示す（Kawasaki et al., 2016）。学習意欲を構成する 2 つの因子（学習習慣因子と不安因子）と学力との因果関係を検討した結果，学習習慣は確かに学力に影響を及ぼすが直接ではなく不安因子を介して学力に影響していることが明らかとなった。つまり，学習習慣をつけたとしても不安因子を押し上げる何らかの要因が作用し続ける限り学力は伸びないことになり，また，繰り返しの失敗経験がより学習不安を高め結果として学力をより押し下げる結果にもなりかねない。ディスレクシアに対する心理面の支援では「自己効力感を高める」や「できることを伸ばす」といった冗長的な支援内容を掲げるのではなくて，たとえば不安因子に直結する要因を「読み書きや学習到達度に起因する不安」（①読みや書きが苦手であることによる学習不安，②読みや書きの困難さを抱えたうえで周囲と同様の学習到達度を保たねばならない不安），次いで「学習場面や関係性に起因する不安」（③自分のできないことが繰り返される不安，④できない自分を実感することに対する不安，⑤友達や先生，両親など関係性の中で感じる不安）と整理しそれぞれの観点で具体的に支援内容を掲げていくことが望ましい。

（2）読み書きに直接介入する――個別支援

　個々の読みや書きのスキルへの直接介入（個別支援）は①根拠に基づいた指導（介入）方法，②トップダウンの視点に基づいた目標設定に基づいてなされなければならない。ディスレクシアの読みや書きの困難さが音韻情報処理過程を含めたいくつかの認知機能障害に起因し，語彙や統語といった側面が漢字の読みの正確さや文の読みの速さに影響を及ぼし，ひいては読みの問題が結果として読解に影響を及ぼしていることを踏まえて指導内容を検討し導入する。すなわち，目標を立てるときは読み書きだけでなく学習全般に及ぼす影響を想定したうえで決める。指導方法の選択では困難さの背景となる認知機能への負荷を減らし良好に保たれた認知機能を活用あるいは代償することで常に効率よく学習を成立させる。言語聴覚士や学習障害通級指導学級教諭等が個別支援の役

第11章　ディスレクシアのアセスメントと支援

割を担う場合も多いが，そのような場合でも生活年齢や学習環境やコミュニケーション環境に応じて支援全体の中で個別支援が担う役割について常に考えておく。

①　指導目標とその考え方 ── 子どもの視点

　まず読みと綴りの基礎となる文字-音変換ルールの習得を目指す。次いでルールが入ってもかな文字の形が正しく学習されていない，あるいは思い出すのに時間がかかる場合は正しい文字の形と効率の良い思い出し方を学習する。次いでルールの強化（流暢性の向上）を目指す。語彙の指導は並行して行う。知っている話と知らない話ではもちろん知らない話の方が読むのが困難であり，知らない言葉が多く出現するとその度に読みは滞り理解に至らないためである。
　また段階に応じてかなから漢字の指導も取り入れる。漢字の読み指導は語彙指導と密接に関連する。学年が上がるにしたがって，読解力への影響を念頭に置いて読みや書きに対するボトムアップの観点からの指導だけでなく読解方略の指導などトップダウンの観点からの指導も導入することが望ましい。

②　文字-音変換ルールの獲得 ── 読みと綴りの基礎

　読みの指導では，正確さだけでなく，正確かつ素早く文字と音を変換できることを到達目標とし，周囲が「まとまり読み」の段階に到達する2年生までに達成を目指す。この時点（小学校2〜3年生）で文字-音変換のルールが十分学習されていない場合，周囲との読みスキルの差は顕著となり，本人の苦手意識も高くなるため，文字を読もうとする意欲を大きく損ねかねない。読む機会が少なくなると語彙力の低下に直結する。学校でもこの「差」が生じてはじめて「読みが苦手」と気づかれる場合が多い（いわゆる結果論としての「9歳の壁」）。
　指導のポイントは苦手の背景である音韻処理の負荷をいかに減らして学習を成立させるかにある。読み誤りや上手く読めない箇所を繰り返し聞かせる，あるいはスモールステップで段階的に読ませるといったアプローチは不適切である。ディスレクシア児は一般の子どもよりもたくさんの経験や練習を積まされている場合が多く，それだけではルールが成立しなかったものが誤りとして残

っている。一般的には視覚的な手がかりを付加することで聞くだけではイメージしにくかった音の数や，違い，対応に気づかせる指導や，ルールを音声言語化し，そのフレーズ（例，「『ちゃ』は「ち」と「や」」）を記憶することによってルールを気づかせるといった指導（水野ら，2013）が行われる。すなわち視覚刺激や音声言語の長期記憶力を音韻処理に代わるバイパスとした指導である。後者の音声言語の長期記憶力を活用した読み書きの指導法は「聴覚法」「口唱法」（川崎・宇野，2005；春原ら，2005）と呼ばれ，聞いて覚える力（音声言語の長期記憶力）が優れた児童であれば，自動性の高い音系列を利用した指導により正しく読むこと（正確性）だけでなく効率よく文字を想起できること（流暢性）の向上が可能である。ディスレクシアの児童では直音（清音，濁音，半濁音）はルールがわかりやすいため読める場合が比較的多い。しかしながら，一部の読みに問題がないことが「一般の児童と同じやり方でも努力すればできる」とはならない。文字と音との対応のイメージができる濁音・半濁音を使って学習方法を意識させ，難易度の高い拗音，長音，促音へと指導を展開することが重要である。

③　語彙の指導

　語彙の指導では言葉の意味を教え深めるなど，語彙の「広がり」や「深さ」に関する指導がイメージされやすい。ただし，語彙ルートの音読における意味システムの役割を鑑みればディスレクシアに対する語彙指導のポイントは語から意味へのアクセススピード（活性化）の向上にある。多くの意味を同時に付与することは結果としてアクセススピードを下げてしまうことにもなりかねない。実際の指導では使用される頻度の高い意味に絞って学習することが望ましい。対象となる語彙よりも意味に対して有縁性の高い用例（文脈を手がかり）や語彙を含んだ動作絵を用いて等価性の成立を図る。漢字の読み指導に先行して新出漢字を含んだ語彙（熟語），意味を想起するまでに数秒以上時間を要する語彙を標的として予習中心で指導することが望ましい。語彙指導の中では通常の学習場面での自立可能な語彙学習の方略形成につながるように教材作成の場を児童と共有するなど指導を工夫する。

④ 漢字書字正確性に関する指導

　書字の正確性を保つためには文字の形態素を正しく学習し，記憶し，効率よく想起しなければならない。書き正確性にはディスレクシアだけでなく発達性協調運動障害など，手指の運動の問題なども影響を及ぼすが，ディスレクシアの認知特性との関連では漢字書字困難と視覚情報処理（特に視覚性記憶）の関連は明らかであり（岡本，2014），漢字書字指導ではこの「書字の負担」となっている視覚情報処理過程の役割を，別の経路に置き換えることが望ましい。漢字書字指導として①文字の構成要素を音声言語化して学習する聴覚法（前述），②なぞり書きを用いた指導，③漢字パズルを用いた指導，④漢字のへんやつくり，漢字の構成要素の一部を段階的に手がかりとして与える指導，などがある。①は音声言語の長期記憶力，②は運動感覚を活用した手法であり，③④は文字のとらえ方を形態想起の手がかりとしたものである。その児童の特徴や指導する文字に応じて「思い出すプロセス」への援助が重要となる。文字をとらえ記憶する方法や手順が，そのまま，書字の際の文字をすばやく思い出せる手がかりとなるように工夫する。文字の構成要素を分解し音声言語化して学習する聴覚法も「言って唱えて覚える」だけでなく「唱えて覚えたフレーズが思い出す手がかり」とならなければならない。

　指導方法によって軽減・代償する視覚情報処理のプロセスは若干異なるため，対象の認知特性や指導する文字の誤り方をよく観察し指導方法を選択する。

（3）集団の中でできる支援，集団の中でやるべき支援 —— 合理的配慮

　集団の中で行うべき支援は①困難さによって生じる不利益をできる限りゼロにしつつ当事者のもつ様々な可能性を引き出していくための支援，②集団を形成するすべての人が同じラインのうえに立つための必要な配慮や手立ての検討，の2側面から考えていくとよい。前者は読み書き困難があっても学習到達度を落とさない配慮や授業のユニバーサルデザイン化，デジタル教科書やICTの活用等が該当する。その効果は当事者だけでなく，その集団を構成する他の児童生徒へも波及すると予想される。また，合理的配慮も個別支援同様に根拠に基づいて個別支援との整合性を保って行われなければならない。なお，「でき

第Ⅱ部　言語発達のアセスメントと支援

ないことは一切やらなくてよい」や「本人の自由にさせる」は支援でも配慮で
もない。

①　学校（授業）での支援・配慮

　集団の中で子どもの可能性を高める支援について以下の5つの「工夫」につい
て筆者らの具体例をもとに述べる。支援効果を高めるためには集団を構成する
すべての大人の協力と，いかに学校の中で自然な仕掛けを行うかが重要である。

１）　授業展開の工夫

　たとえば国語の漢字の指導では先に熟語の意味の指導や用例を作成に時間を
割き，読み→書きへと読みの心的モデルに応じた手順とする，また，授業の冒
頭でその時間内に出現する難しい語彙の説明や読みを確認する，振り返りの学
習では以前の学年の漢字の読みを確認するといった工夫が該当する。

２）　授業の構成や教材の工夫

　授業全体の要点をまとめた資料を授業当初に配布し，学習内容の見通しをつ
けやすくする。授業の最初に全体の要点を示し，授業の最後に次回の授業の予
告を入れる。板書は情報が厳選され一定の順序で構成されているものとする。

３）　授業環境や雰囲気作りの工夫

　わからないことは何時でも質問できる環境，答えを知ることができる環境を
保障する。皆の前で「知らない」とは言いづらいが，質問することはよいこと
だという雰囲気が形成されるように配慮する。補助の教員との役割分担で対応
することもできる。われわれの取り組みでは授業中で出てきたわからない言葉
は付箋紙に書いて机に貼っておくと後で必ず先生に教えてもらえる，といった
ものも有効であった。また，辞書や電子辞書の利用も有効であるが，そもそも
「読み」や「語彙力」に問題を抱えているので正しい読み方を教える，（辞書を
引いた後で）文脈に沿えばどの意味が正しいか教える，といった配慮を必要に
応じて行う。辞書はあまり分厚いもの，電子辞書は多機能なものは避け，音韻
処理の負荷と速さを考えれば50音配列のキーボードのものを使用するとよい。

４）　学習方略や手がかりの工夫

　いろいろな覚え方，学習方略の多様性を認める。個別指導でその児童の特性

第11章　ディスレクシアのアセスメントと支援

に応じた学習方法を習得しても他の人と違う覚え方を嫌がる場合も多い。複数の学習方略を提示し，その中に個別指導で学習した方法を必ず入れておくとよいだろう。

５）　達成水準の工夫

　教科や課題，状況に応じて「どこまでもとめるか」検討しておく。少し読み間違いがあっても内容が正しく理解できればよい場面では読み誤りを修正する必要は必ずしもない。たとえば連絡帳は後で本人や家の人が見て内容が正しく読み取ることができればよい，といった具合である。場面ごとの達成目標に応じて困難さのあるスキルについて達成水準を明確化しておくとよいだろう。将来的に本人が判断できるようになることが望ましい。宿題は一方的になくすのではなくて，達成感を保つことのできる別の課題への読み替えが望ましい。

② 家庭での支援・配慮

　家庭での学習は学齢期では学校の学習に対しては予習を中心に行う。正確かつ流暢に読むためにはまず内容が理解できていることがきわめて重要である。次回の単元について先に大人が読み聞かせ，わかりにくい点については質問をさせるなど，本人が大筋を把握したうえで授業に望めるようにしておくとよい。

　直接読み書きの困難さに対して家庭で働きかける場合は復習を中心とし，個別指導を受けている場合には必ず指導方針に沿った定着のための練習にとどめるべきである。「読めない」「書けない」からといってできるようになるまで無目的に繰り返し読ませたり書かせたりしてしまうと，自己肯定感の低下だけでなく，読み書きの行為自体に忌避的になる可能性がある。読み経験の低下は語彙力低下に直結する。家庭学習では本人が自ら知らない言葉にアクセスし，知る喜びを体感することが肝要である。大人はそれを可能とする環境を保障しなければならない。

　関与する専門家は指導の現状をよく保護者にフィードバックし，本人に負担の少ない書き言葉の活用のあり方を保護者や関係者に示し，根拠のないスモールステップトレーニングを行わせないように配慮しておく。

299

③　同じラインの上に立つための配慮

　2011年以降，大学入試センター試験では試験時間の延長が認められている。ただし，この制度の活用状況は実際のディスレクシアの出現率に比してきわめて少ない。また，高校入試においても大学入試に準じて合理的配慮が行われる。各都道府県によって対応は若干異なるが，時間延長だけでなく，読み上げやPCによる解答が認められた事例もある。

　ただし，これらの配慮を受けるためには①診断があること（手帳の有無は問われない），②高校入試では中学で，大学入試では高校ですでに配慮を受けていることが必要条件となっている。すなわち，日頃からの支援環境を整えておくことが必須となる。定期試験での配慮や，板書をノートに写す場面では板書を写真に撮ること，レコーダーに録音することなども合理的配慮となる。残念ながら板書を写真に撮ることに抵抗感を示す教育関係者は多いが，難聴児のノートテイク同様，情報保障は支援者の義務であることを忘れてはならない。また携帯端末やタブレットのメモ機能の活用も有効であり，支援者は実際の場面ごとにテクノロジーの利用を含めて当事者に様々な手段を提案することが望ましい。ただしテクノロジーの利用は戦略的に行わなければならない。奥村ら（2011）はディスレクシアを対象として読み上げ機能が読解成績に与える影響について検討し，読み上げのみの条件では必ずしも読解成績は向上せず，読み上げと読んでいる箇所のハイライトで読解成績が向上することを示した。この結果は障害特性や個々の認知特性のアセスメントに基づき導入されなければ期待した効果を得ることができないことを示唆している。

　最後に，ディスレクシア児童生徒の支援では，本人が読解を含めて文字を読む行為を楽しいと感じることができること，大人がその環境を整えることがまず重要となる。読みや書きの到達度が落ちているからその訓練をするのではなくて，本人のやりたいことの必要性に応じて目標を決めて，場合によってはスキルの指導も行う。つまり個別指導や評価は目標を達成する手段でありそれ自体が支援をする目的ではない。発達臨床心理士のやるべきアセスメントや支援と鑑別診断を前提としたアセスメントや訓練との違いがここにある。

（川﨑聡大）

文　　献

第 1 章

Burling, R.（2007）．言葉を使うサル：言語の起源と進化（松浦俊輔，訳）．東京：青土社．

Cattaneo, L., Fabbri-Destro, B., Sonia, C., & Pieraccini, C.（2007）. Impairment of Actions. *Proceedings of the National Academy of Sciences of the United States of America,* **104**(45), 17825-17830.

Catchpole, C., & Slater, P. J. B.（2008）. *Bird song: Bioligical themes and variations.* Cambridge: Cambridge University Press.

Chomsky, N.（1975）．言語と精神（川本茂雄，訳）．河出書房新社．

Chomsky, N.（2002）. *On Nature and Language.* Cambridge, UK: Cambridge University Press.

Chomsky, N.（2008）. Human nature and the origins of language. *Radical Anthropology,* **2**, 19-23.

ドーキンズ，R.（1992）．利己的な遺伝子（日高敏隆・岸　由二・羽田節子・垂水雄二，訳）．東京：紀伊国屋書店．

Deacon, T. W.（1998）. *The symbolic species:The co-evolution of language and the brain.* New York: W. W. Norton and Company.

Dehaene, S.（2005）. *From monky brain to human brain: A Fyssen Foundation Symposium.* Cambridge, MA: MIT Press.

Doupe, A., & Kuhl, P. K.（1999）. Birdsong and human speech: common themes and mechanisms. *Annual Review of Neuroscience,* **22**, 567-631.

Duvernoy, H. M.（1999）. *The human brain: Surface, three-demensional anatomoy with MRI, and blood supply.* New York: Springer.

藤田耕司・岡ノ谷一夫．（2012）．進化言語学の構築をめざして．藤田耕司・岡ノ谷一夫（編），進化言語学の構築（pp. 1-11）．東京：ひつじ書房．

Goodall, J.（1986）. *The chimpanzees of gombe.* Harvard: Bellknap Press.

長谷川眞理子．（2012）．言語の出現を可能にしたヒトの固有の進化．長谷川寿一（編），言語と生物学（pp. 149-178）．東京：朝倉書店．

Hauser, M. D., Chomsky, N., & Fitch, W. T.（2002）. The faculty of language: What is it, who has it, and howdid it evolve? *Science,* **298**, 1569-1579.

Jackendoff, R.（1994）. *Patterns in Mind: Language and Human Nature.* New York: Basic Books.

Jackendoff, R.（2002）. *Foundations of Language: Brain, Meaning, Grammar, Evolution.*

Oxford: Oxford University Press.

Jarvis, E. (2006). Selection for and against vocal learning in birds and mammals. *Ornithologicaience*, **5**, 5-14.

Lenneberg, E. H. (1974). 言語の生物学的基礎（佐藤方哉・神尾昭雄，訳）．東京：大修館．

Mitani, J. C., & Marlar, P. (1989). A phonological analysis of male gibbon singing behavior. *Behaviour*, **109**(1-2), 20-45.

岡ノ谷一夫．(2003)．小鳥の歌からヒトの言葉へ．東京：岩波書店．

Okanoya, K. (2004). Song syntax in bengalese finches: Proximate and ultimate analyes. *Advaces in the Study of Behavior*, **34**, 297-346.

岡ノ谷一夫．(2006)．言語の起源と進化．石川　統ほか（編），ヒトの進化（シリーズ進化言語学 5）(pp. 169-209)．東京：岩波書店．

岡ノ谷一夫．(2012)．進化言語学の生物学的基礎．藤田耕司・岡ノ谷一夫（編），進化言語学の構築（pp. 117-132）．東京：ひつじ書房．

Okanoya, K., & Merker, B. (2007). Neural substrates forstring-context mutual segmentation: A path to human language. In C. Lyon, C. L. Nehaniv, & A. Cangelosi (Eds.), *Emergence of Communication and Language* (pp. 421-434). New York: Springer Verlag.

Pinker, S. (1994). *The Language Instinct: How the Mind Creates Language*. New York: William Morrow & Company.

Rilling, J. K., Glassser, M. M., & Preuss, T. M. (2008). The Evolution of the arcuate fasciculus revealed with comparative DTI. *Nature Neuroscience*, **11**(4), 426-428.

Rizzolatti, G., & Craighero, L. (2004). The mirror-neuron system, *Annual Review of Neuroscience*, **27**, 169-192.

Rorenz, K. (1987). ソロモンの指環：動物行動学入門（日高敏隆，訳）．東京：早川書房．

Schachner, A., Brady, T. F., Pepperberg, I. M., & Hauser, M. D. (2009). Spotaneous motor Entrainment to music in multiple vocal mimicking species. *Current Bioglapy*, **19**, 831-836.

Tinbergen, N. (1975). 本能の研究（永野為武，訳）．東京：三共出版．

Tomasello, M. (1999). *The Cultural Origin of Human Cognition*. Cambridge: Harvard University Press.

Tomasello, M. (2003). *Constructing a Language: A Usage-Based Theory of Language Acquisition*. Cambridge, MA: Harvard University Press.

Tomasello, M. (2008). *Origin of Human Communication*. Cambridge, Mass: MIT Press.

Tomasello, M., & Call, J. (1997). *Primate cognition*. Oxford: Oxford University Press.

Tomasello, M., Call, J., & Hare, B. (2003). Chimpanzees understand psychological states: The question is which ones and to what extent. *Trends in Cognitive Sciences*, **7**, 153-156.

Tomasello, M., Carpentar, M., & Liszkowski, U. (2007). A new look at infant pointing. *Child Development*, **78**, 705-722.

Tomasello, M., George, B., Kruger, A., Farrar, J., & Evans, A. (1985). The development of gestural communication in young chimpanzees. *Journal of Human Evolution*, **14**, 175-186.

Tomasello, M., Nagell, K., Olguin, R., & Carpenter, M. (1994). The learning and use of gestural signals by young chimpanzees: a trans-generational study. *Primates*, **35**, 137-154.

Tomasello, M., & Zuberbühler, K. (2002). Primate vocal and gestural communication. In M. Bekoff, C. Allen, & Burghardt (Eds.), *The cognitive animal: Empirical and theoretical perspectives on animal cognition*. Cambridge, Mass.: MIT Press.

Wilson, E. O. (1975). *Sociobiology: The new synthesis*. Cambridge, MA: Harvard University Press.

Yamasaki, S., Yamasue, H., & Abe, O. (2010). Reduced gray matter volume of pars opercularis is associatedwith impaired social communication in high-functioning autism spectrum disorders. *Biological Psychiatry*, **68**(12), 1141-1147.

遊佐典昭. (2012). ブローカ野における階層構造と回帰的計算. 藤田耕司・岡ノ谷一夫 (編), 進化言語学の構築 (pp. 77-94). 東京：ひつじ書房.

第 2 章

Akhtar, N. (2001). Acquisition basic word order: Evidence for data-driven learning of syntactic structure. In M. Tomasello, & E. Bates (Eds.), *Language development: The essential readings* (pp. 187-202). Malden, MA: Blackwell Publishing.

Akhtar, N., & Tomasello, M. (1997). Young children's productivity with word order and verb morphology. *Developmental Psychology*, **33**, 952-965.

Andersen, E. S. (1975). Cups and glasses: Learning that boundaries are vague. *Journal of Child Language*, **2**, 79-103.

Bar-Adon, A., & Leopold, W. F. (Eds.) (1971). *Child language: A book of readings*. New Jersey: Prentice-Hall, Inc.

Bates, E., & Roe, K. (2001). Language development in children with unilateral brain injury. In C. A. Nelson, & M. Luciana(Eds.), *Handbook of developmental cognitive neuroscience* (pp. 281-307). Cambridge, MA: The MIT Press.

Bever, T. G. (1970). Cognitive basis for linguistic structures. In J. R. Hayes (Ed.),

Cognition and the development of language (pp. 279-352). New York: John Wiley & Sons.

Birdsong, D. (2005). Interpreting age effects in second language acquisition. In I. F. Kroll, & A. M. B. De Groot (Eds.), *Handbook of bilingualism: Psycholinguistic approaches* (pp. 109-127). New York: Oxford University Press.

Braine, M. D. S. (1994). Is nativism sufficient? *Journal of Child Language*, **21**, 9-31.

Brown, R., & Fraser, C. (1964). The acquisition of syntax. *Monographs of the Society for Research in Child Development*, **29**(1), 43-79.

Chomsky, N. (1957). *Syntactic structures.* London: Mouton. (Chomsky, N. (1963). 文法の構造（勇　康雄，訳）．東京：研究社.）

Chomsky, N. (1965). *Aspects of the theory of syntax.* Cambridge, MA: Cambridge University Press. (Chomsky, N. (1970). 文法理論の諸相（安井　稔，訳）．東京：研究社.）

Chomsky, N. (1981). *Lectures on government and binding.* Dordrecht, Holland: Foris.

Chomsky, N. (1988) *Generative grammar: Its basis, development, and prospects.* Special Issue of Studies in English Linguistics and Literature, Kyoto: Kyoto University of Foreign Studies.

DeKeyser, R., & Larson-Hall, J. (2005). What does the critical period really mean. In J. F. Kroll, & A. M. B. De Groot (Eds.), *Handbook of bilingualism: Psycholinguistic approaches* (pp. 88-108). New York: Oxford University Press.

Eimas, P. D., Siqueland, E. R., Jusczyk, P., & Vigorito, J. (1971). Speech perception in infants. *Science*, **171**, 303-306.

Fernald, A. (1992). Human maternal vocalizations to infants as biologically relevant signals: An evolutionary perspective. In J. H. Barkow, L. Cosmides, & J. Tooby (Eds.), *The adapted mind: Evolutionary psychology and the generation of culture* (pp. 391-428). New York: Oxford University Press.

Hoff, E. (2009). *Language development.* Wadsworth, OH: Wadsworth.

Huttenlocher, P. R. (1979). Synaptic density in human frontal cortex-developmental changes and effect of aging. *Brain Research*, **163**, 195-205.

岩立志津夫．（1994）．幼児言語における語順の心理学的研究．東京：風間書店.

岩立志津夫．（2001）．言語獲得の理論．中島義明（編），現代心理学［理論］事典（pp. 449-467）．東京：朝倉書店.

岩立志津夫．（2002）．言語発達とその支援．岩立志津夫・小椋たみ子（編），言語発達とその支援（pp. 2-6）．京都：ミネルヴァ書房.

岩立志津夫．（2006）．生得論と使用に準拠した理論で十分か？：社会的・生物的認知アプローチ．心理学評論，**49**(1)，9-18.

文　献

岩立志津夫. (2009). 言語の核心に迫る言語獲得研究：多様な発達の現実をとらえた理論構築のために. 月刊言語, **38**(12), 62-67.

岩立志津夫. (2012). 言語獲得理論の［適用事例］. 中島義明（編）, 現代心理学［事例］事典 (pp. 293-306). 東京：朝倉書店.

岩立志津夫. (2016). 言語発達研究と理論の歴史，そして展望. 田島信元・岩立志津夫・長崎　勤（編）, 新・発達心理学ハンドブック (pp. 155-164). 東京：福村書店.

岩立志津夫・小椋たみ子（編）. (2002). 言語発達とその支援. 京都：ミネルヴァ書房.

Johnson, J., & Newport, E. L. (1989). Critical period effects in second language learning: The influence of maturational state on the acquisition of English as a second language. *Cognitive Psychology*, **21**, 60-99.

加我君孝（編）. (2013). 新耳鼻咽喉科学　改訂11版. 東京：南山堂.

Kamiloff-Smith, A. (1992). *Beyond modularity: A developmental perspective on cognitive science*. Cambridge, MA: The MIT Press.

Kim, K. H. S., Relkin, N. R., Lee, K., & Hirsch, J. (1997). Distinct cortical areas associated with native and second languages. *Nature*, **388**, 171-174.

Langacker, R. (2000). A dynamic usage-based model. In M. Barlow, & S. Kemmerer (Eds.), *Usage-based model of language* (pp. 1-63). Stanford: SLI Publishing.

Lenneberg, E. (1967). *Biological foundation of language*. New York: John Wiley & Sons.

Markman, E. M. (1990). Constraints children place on word meanings. *Cognitive Science*, **14**, 57-77.

Mervis, C. B., & Bertrand, J. (1995). Early lexical acquisition and the vocabulary spurt: A response to Goldfield & Reznick. *Journal of Child Language*, **22**(2), 461-468.

皆川泰代. (2016). 脳科学からの示唆. 田島信元・岩立志津夫・長崎　勤（編）, 新・発達心理学ハンドブック (pp. 222-231). 東京：福村書店.

南　雅彦. (2005). 語用論的側面から見た言語発達. 岩立志津夫・小椋たみ子（編）, よくわかる言語発達 (pp. 50-53). 京都：ミネルヴァ書房.

Neville, H. J., & Bavelier, D. (1999). Specificity and plasticity in neurocognitive development in humans. In M.Cazzaniga (Ed.), *The new cognitive neurosciences* (2nd ed.) (pp. 83-99). Cambridge, MA: MIT Press.

西山佑司. (1999). 語用論の基礎概念. 田窪行則・西山佑司・三藤　博・亀山　恵・片桐恭弘（編）, 談話と文脈 (pp. 1-54). 東京：岩波書店.

大井　学. (2010). 語用論的アプローチ. 玉井ふみ・深浦順一（編）, 言語発達障害学 (pp. 216-230). 東京：医学書院.

岡本夏木. 1982. 子どもとことば. 東京：岩波書店.

Olguin, R., & Tomasello, M. (1993). Twenty-five-month-old children do not have a grammatical category of verb. *Cognitive Development*, **8**, 245-272.

Penfield, W., & Roberts, L. (1959). *Speech and brain mechanism*. Princeton, NJ: Princeton University Press.（Penfield, W., & Roberts, L.（1965）．言語と大脳：言語と脳のメカニズム（上村忠雄・前田利男，訳）．東京：誠信書房．）

Sano, T. (1995). A study of UG with special reference to child grammar. Unpublished Ph. D. dissertation, UCLA.

Savage-Rumbaugh, S. (1990). Language as a cause-effect communication system. *Philosophical Psychology*, **3**, 55-76.

Savage-Rumbaugh, S.（1992）．チンパンジーの言語研究：シンボルの成立とコミュニケーション（小島哲也，訳）．京都：ミネルヴァ書房．

Slobin, D. I. (1985). Crosslinguistic evidence for the language-making capacity. In D. I. Slobin（Ed.），*The crosslinguistic study of language acquisition: Vol. 2.*（pp. 1157-1249). Hillsdale, NJ: Lawrence Erlbaum Associates.

Snow, C. E., & Ferguson, C. A. (Eds.) (1977). *Talking to children*. Cambridge: Cambridge University Press.

Tager-Flusberg, H.（1999）．*Neurodevelopmental disorders*. Cambridge, MA: MIT Press.

Tomasello, M.（1992）．*First verbs: A case study in early grammatical development.* Cambridge, MA: Cambridge University Press.

Tomasello, M.（1999）．*The cultural origins of human cognition*. Cambridge, MA: Harvard University Press.

Tomasello, M.（2003）．*Constructing a language: A usage-based theory of language acquisition.* Cambridge, MA: Harvard University Press.

綿巻 徹．（2002）．文法の発達．岩立志津夫・小椋たみ子（編），言語発達とその支援（pp. 84-88）．京都：ミネルヴァ書房．

Werker, J. E., & Mcleod, P. J. (1989). Infant preference for both male and female infant-directed talk: A developmental study of attentional and affective responsiveness. *Canadian Journal of Psychology*, **43**, 230-246.

Wexler, K. (1982). A principle theory for language acquisition. In E. M. Wanner, & L. R. Gleitman（Eds.），*Language acquisition: The state of the art*（pp. 288-315). Cambridge, MA: Cambridge University Press.

横山正幸．（2008）．文法の獲得 2：助詞を中心に．小林春美・佐々木正人（編），新・子ども達の言語獲得（pp. 142-164）．東京：大修館書店．

第 3 章

阿部雅子．（2014）．構音障害の臨床．東京：金原出版．

我妻敏博．（2011）．聴覚障害児の言語指導．東京：田研出版．

DeCasper, A. J., Lecanuet, J., Busnel, M., Granier-Deferre, C., & Maugeais, R. (1994). Fetal reactions to recurrent maternal speech. *Infant Behavior and Development*, **17**, 159-164.

DeCasper, A. J., & Spence, M. J. (1986). Prenatal maternal speech influences newborns' perception of speech sounds. *Infant Behavior and Development*, **9**, 133-150.

Eimas, P. D. (1971). Speech perception in early infancy. *Science*, **171**, 304-306.

江尻桂子. (2000). 乳児における音声発達の基礎過程. 東京：風間書房.

Fernald, A. (1993). Approval and disapproval: Infant responsiveness to vocal effect in familiar and unfamiliar languages. *Child Development*, **64**, 657-674.

林安紀子. (1999). 声の知覚の発達. 桐谷　滋 (編), ことばの獲得 (pp. 38-68). 京都：ミネルヴァ書房.

林安紀子. (2005). 音声知覚の発達. 音声言語医学, **46**, 145-147.

林安紀子. (2013). 言語発達を説明する理論. 今泉　滋 (編), 言語聴覚士のための基礎知識　音声学・言語学 (pp. 186-197). 東京：医学書院.

比企静雄. (2000). 情報伝達に音声を使う利点. 日本音声言語医学会 (編), 声の検査法　基礎編 (pp. 6-9). 東京：医歯薬出版.

廣瀬　肇. (2000). 発声の生理. 日本音声言語医学会 (編), 声の検査法　基礎編 (pp. 19-42). 東京：医歯薬出版.

廣瀬　肇. (2000). 声の年齢変化. 日本音声言語医学会 (編), 声の検査法　基礎編 (pp. 183-202). 東京：医歯薬出版.

廣瀬　肇・柴田貞雄・白坂康俊. (2005). 言語聴覚士のための運動障害性構音障害学. 東京：医歯薬出版.

今泉　敏. (2014). 言語聴覚士のための音響学. 東京：医歯薬出版.

梶川祥世. (2007). 乳幼児における韻律の知覚と産出の発達. 音声研究, **11**(3), 48-54.

加藤正子. (2013). 音声・構音の発達. 加藤正子・竹下圭子・大伴　潔 (編), 構音障害のある子どもの理解と支援 (p. 58). 東京：学苑社.

Kent, R. D., & Murray, A. D. (2013). 第Ⅳ章　言語発達学 (市島民子, 訳). 今泉　敏 (編), 言語聴覚士のための基礎知識　音声学・言語学 (pp. 199-207). 東京：医学書院. (Kent, R. D., & Murray, A. D. (1982). Acoustic features of infant vocalic utterances at 3, 6, 9 months. *Journal of Acoustic Society of America*, **72**, 353-365.)

小嶋祥三. (1999). 声からことばへ. 桐谷　滋 (編). ことばの獲得 (p. 2, pp. 9-14). 京都：ミネルヴァ書房.

構音臨床研究会 (編). (2010). 新版　構音検査. 東京：千葉テストセンター.

Kuhl, P. K., & Miller, J. D. (1975). Speech perception by the chin-chila: Voiced-voiceless distinction in alveolar plosive consonants. *Science*, **190**, 69-72.

松田佳尚. (2014). 対乳児発話 (マザリーズ) を処理する親の脳活動と経験変化. ベビ

ーサイエンス，**14**，22-33.

三科　潤．（2007）．新生児聴覚スクリーニングマニュアル，厚生労働科学研究費補助金（子ども家庭総合研究事業）「新生児聴覚スクリーニングの効率的実施および早期支援とその評価に関する研究」班．http://www.aiiku.or.jp/~doc/houkoku/h18/70774004.pdf．（2016.8.1.）

森　浩一・皆川泰代．（2004）．乳幼児の音声知覚と脳活動．日本音響学会誌，**60**(2)，85-90.

中西靖子．（1982）．構音発達．内須川洸・長沢康子（編），講座言語障害治療教育4，構音障害（pp.37-64）．東京：福村出版．

小椋たみ子．（2011）．音韻の発達．岩立志津夫・小椋たみ子（編），よくわかる言語発達（pp.32-33）．京都：ミネルヴァ書房．

Oller, D. K., Eilers, R. E., Bull, D. H., & Carnay, A. E. (1985). Prespeech vocalizations of a deaf infant : A comparison with normal metaphonological development. *Journal Speech Hearing Research*, **28**, 47-63.

Palmer, J. M. (2005). ことばと聞こえの解剖学（田邊　等，医学監修．三田地真実，監訳）．東京：学苑社．(Palmer, J. M. (1993). *ANATOMY for Speech and Hearing* (4th ed.) Philadelphia, Pennsylvania: Williams & Wilkins.)

Papousek, M., Bornstein, M. H., Nuzzo, C., & Papousek, H. (1990). Infant responses to prototypical melodic contours in parental speech. *Infant Behavior & Development*, **13**, 539-545.

Ramus, F., Hauser, M. D., Miller, C., Morris, D., & Mehler, J. (2000). Language discrimination by human newborns and by cotton-top tamarin monkeys. *Science*, **288**, 349-351.

Stoel-Gammon, C., & Menn, L. (1997). Phonological Development: Learning sounds and sound patterns. In J. G. Berko (Ed.), *The development of language* (pp. 69-121). Needham Heights, Massachusetts: Allyn and Bacon.

Stoel-Gammon, C., & Otomo, K. (1986). Babbling development of hearing-impaired and normally hearing subjects. *Journal of Speech and Hearing Disorders*, **51**, 33-41.

竹下圭子．（2013）．機能性構音障害児の評価．加藤正子・竹下圭子・大伴　潔（編），構音障害のある子どもの理解と支援．東京：学苑社．

田中美郷・小林はるよ・進藤美津子・加我君孝．（1978）．乳児の聴覚発達検査とその臨床および難聴時早期スクリーニングへの応用．*Audiology Japan*，**21**，52-73.

Thelen, E. (1981). Rhythmical behavior in infancy: An ethological perspective. *Developmental Psychology*, **17**, 237-257.

常石秀市．（2008）．感覚器の成長・発達．バイオメカニクス学会誌，**32**(2)，69-73.

Werker, J. F., & Tees, R. C. (1984). Cross language speech perception: Evidence for

文　献

perceptual reorganization during the first year of life. *Infant Behavior & Development*, **7**, 49–63.

第 4 章

Bates, E.（1976）. *Language and context: The acquisition of pragmatics*. London: Academic Press.

Bruner, J. S.（1983）. *Child's talk: Learning to use language*. Oxford: Oxford University Press.（Bruner, J.（1988）. 乳幼児の話しことば（寺田　晃・本郷一夫, 訳）. 東京：新曜社.）

Clark, H. H., & Clark, E. V.（1977）. *Psychology and Language: An introduction to psycholinguistics*. New York: Harcourt Brace Javanovich.（Clark, H. H., & Clark, E. V.（1987）. 心理言語学　下（藤永　保ほか, 訳）. 東京：新曜社.）

Lakoff, G., & Johnson, M.（1980）. *Metaphors we live by*. Chicago: The University of Chicago Press.（Lakoff, G., & Johnson, M.（1986）. レトリックと人生（渡辺昇一・楠瀬淳三・下谷和幸, 訳）. 東京：大修館書店.）

Legerstee, M.（2005）. *Infants' sense of people*. Cambridge: University of Cambridge Press.（Legerstee, M.（2014）. 乳児の対人感覚の発達（大藪　泰, 訳）. 東京：新曜社.）

McNeil, D.（1985）. So you think gestures are nonverbal? *Psychological review*, **92**, 350–371.

Mehler, J., & Dupoux, E.（1990）. *Naître humain*. Paris: Odile Jacob.（Mehler, J., & Dupoux, E.（2003）. 赤ちゃんは知っている：認知科学のフロンティア（加藤晴久・増茂和男, 訳）. 東京：藤原書店.）

Melzoff, A. N., & Moore, M. K.（1977）. Imitation of facial and manual gestures by human neonates, *Science*, **198**, 75–78.

Miller, G. A.（1981）. *Language and speech*. San Francisco: Freeman.（Miller, G. A.（1983）. 入門ことばの科学（無藤　隆・久慈洋子, 訳）. 東京：誠信書房.）

Moore, C., & Dunham, P.（Eds.）（1995）. *Joint attention: Its origins and role in development*. New York: Laurence Erlbaum Associations.（Moore, C., & Dunham, P.（Eds.）（1995）. ジョイント・アテンション：心の起源とその発達を探る（大神英裕, 訳）. 京都：ナカニシヤ出版.）

大神英裕.（2002）. 共同注意の発達的起源. 九州大学心理学研究, **3**, 29–39.

Oksaar, E.（1977）. *Spracherwerb im vorschulater: Einführung in die pädolinguislik*. Stuttgart: W. Kohlhammer.（Oksaar, E.（1980）. 言語の習得（在間　進, 訳）. 東京：大修館書店.）

大藪　泰.（2004）. 共同注意. 東京：川島書店.

Papoušek, M., & Papoušek, H. (1981). Musical elements in the infant's vocalization: Their significance for communication, cognition, and creativity. In L. P. Lipsitt (Ed.), *Advances in infancy research*, vol. 1 (pp. 163-224). Norwood: Alex Pub. Corp.

Piaget, J. (1936). *La naissance de l'intelligence chez l'enfant.* Neuchâtel: Delachaux & Niestlé. (Piaget, J. (1978). 知能の誕生（谷村　覚・浜田寿美男, 訳）. 京都：ミネルヴァ書房.）

Tomasello, M. (1999). *The cultural origins of human cognition.* Cambridge, Mass: Harvard University Press. (Tomasello, M. (2006). 心とことばの起源を探る（大場壽夫・中澤恒子・西村義樹・本多　啓, 訳）. 東京：勁草書房.）

Tomasello, M. (2008). *Origins of human communication.* Cambridge, Mass: Massachusetts institute of technology. (Tomasello, M. (2013). コミュニケーションの起源を探る（松井智子・岩田彩志, 訳）. 東京：勁草書房.）

Trevarthen, C., & Hubley, P. (1978). Secondary intersubjectivity: Confidence, confiding and acts of meaning in the first year. In A. Rock (Ed.), *Action, gesture and symbol* (pp. 183-229). London: Academic Press.

Vauclair, J. (2004). *Développement du jeune enfant: Motricité, perception, cognition.* Paris: Belin. (Vauclair, J. (2012). 乳幼児の発達：運動・知覚・認知（明和政子, 監訳　鈴木光太郎, 訳）. 東京：新曜社.）

Vygotsky, L. (1956). Мышление и ркчь. (Vygotsky, L. (1962). 思考と言語　上（柴田義松, 訳）. 東京：明治図書.）

Wittgenstein, L. (1953). *Philosophical investigations.* London: Blackwell Publishing Ltd. (Wittgenstein, L. (1976). ウィトゲンシュタイン全集 8　哲学探究（藤本　隆, 訳）. 東京：大修館書店.）

山田洋子. (1978). 言語発生を準備する一条件としての三項関係の発生：指さし, showing, goiving などの出現経過. 日本心理学会第42回大会発表論文集, 840-841.

やまだようこ. (1987). ことばの前のことば：ことばが生まれるすじみち 1. 東京：新曜社. （やまだようこ. (2010). 著作集 1 巻　ことばの前のことば：うたうコミュニケーション. 東京：新曜社.）

やまだようこ. (1998). 身のことばとしての指さし. 秦野悦子・やまだようこ（編）, コミュニケーションという謎（pp. 3-31）. 京都：ミネルヴァ書房.

やまだようこ. (2004). 小津安二郎の映画「東京物語」にみる共存的ナラティヴ：並ぶ身体・かさねの語り. 質的心理学研究, **3**, 130-156.

やまだようこ. (2005). ことばの前のことば：並ぶ関係と三項関係. 北山　修（編）, 共視論：母子像の心理学（pp. 74-87）. 東京：講談社.

山口真美. (2003). 赤ちゃんは顔をよむ：視覚と心の発達学. 東京：紀伊國屋書店.

文　献

第5章

Asher, J. J., & Garcia, R. (1969). The optimal age to learn a foreign language. *The Modern Language Journal*, **53**(5), 334-341.

Baldwin, D. A. (1991). Infants' contribution to the achievement of joint reference. *Child Development*, **62**, 875-890.

Baldwin, D. A. (1993). Infants' ability to consult the speaker for clues to word reference. *Journal of Child Language*, **20**, 395-418.

Bates, E., Marchman, V., Thal, D., Fenosn, L., Dale, P., Reznick, J. S., Reilly, J., & Hartung, J. (1994). Developmental and stylistic variation in the composition of early vocabulary. *Journal of Child Language*, **21**, 85-123.

Bialystok, E., & Luk, G. (2012). Receptive vocabulary differences in monolingual and bilingual adults. *Bilingualism: Language and Cognition*, **15**(2), 397-401.

Bialystok, E., Luk, G., Peets, K. F., & Yang, S. (2010). Receptive vocabulary differences in monolingual and bilingual children. *Bilingualism: Language and Cognition*, **13**(4), 525-531.

Bornstein, M. H., Cote, L. R., Maital, S., Painter, K., Park, S.-Y., Pascual, L.,Pecheux, M.-G., Ruel, J., Venuti, P., & Vyt, A. (2004). Cross-linguistic of vocabulary in young children: Spanish, Dutch, French, Hebrew, Italian, Korean and American English. *Child Development*, **75**, 1115-1139.

Brooks, R., & Meltzoff, A. N. (2005). The development of gaze following and itsrelation to language. *Developmental Science*, **8**, 535-543.

Brown, R. (1973). *A first language: The early stages*. Cambridge: Harvard University Press.

Bruner, J. (1994). The "remembered" self. In U. Neisser, & R. Fivush (Eds.), *The remembering self. Construction and accurancy in the self-narrative*. New York: Cambridge University Press.

Bruner, J. S. (1998). 可能世界の心理（田中一彦，訳）．東京：みすず書房．

Bruner, J. S. (1999). 意味の復権：フォークサイコロジーに向けて（岡本夏木・仲渡一美・吉村啓子，訳）．京都：ミネルヴァ書房．

Caselli, C., Bates, E., Casadio, P., Fenson, J., Fenson, L., Sanderl, L., & Weir, J. (1995). A cross-linguistic study of early lexical development. *Cognitive Development*, **10**, 159-199.

Chen, S. H., Kennedy, M., & Zhou, Q. (2012). Parents' expression and discussion of emotion in the multilingual family does language matter? *Perspectives on Psychological Science*, **7**(4), 365-383.

Coelho, E., & Rivers, D. (2004). *Adding English: A guide to teaching in multilingual classrooms*. Ontario: Pippin Publishing Corporation.

Costigan, C. L., & Dokis, D. P. (2006). Relations between parent-child acculturation differences and adjustment within immigrant Chinese families. *Child Development*, **77**(5), 1252-1267.

Cummins, J. (1981). The role of primary language development in promoting educational success for language minority students. *Schooling and language minority students: A theoretical framework*, 349.

Cummins, J. (1984). *Bilingualism and special education: Issues in assessment and pedagogy* (Vol. 6). Clevedon: Multilingual Matters.

Cummins, J. (2000). *Language, power, and pedagogy: Bilingual children in the crossfire* (Vol. 23). Multilingual Matters.

Cummins, J., & Swain, M. (1986). *Bilingual in Education*. New York: Longman.

Dunn, J., Bretherton, I., & Munn, P. (1987). Conversations about feeling states between mothers and their young children. *Developmental Psychology*, **23**, 132-139.

Eisenberg, A. R. (1985). Learning to describe past experiences in conversation. *Discourse Processes*, **8**, 177-204.

Farroni, T., Csibra, G., Simion, F., & Johnson, M. H. (2002). Eye contact detection in humans from birth. *Proceedings of the National Academy of Sciences*, **99**(14), 9602-9605.

Fenson, L., Dale, P. S., Reznick, S. J., Bates, E., Thal, D., & Pethick, S. (1994). Variability in Early Communicative Development. *Monographs of the society for research in child development*, **59**(5), (Serial No. 242).

Filippova, E., & Astington, J. W. (2010). Children's understanding of Social-cognitive and social-communicative aspects of discourse irony. *Child Development*, **81**(3), 913-928.

Fivush, R., Gray, J. T., & Fromhoff, F. A. (1987). Two-year-olds talk about the past. *Cognitive Development*, **2**, 393-409.

古屋喜美代. (1996). 幼児の絵本読み場面における「語り」の発達と登場人物との関係：2歳から4歳までの縦断的事例研究. 発達心理学研究, **7**, 12-19.

Gentner, D., & Boroditsky, L. (2001). Individuation, relativity and early word learning. In M. Bowerman, & S. Levinson (Eds.), *Language acquisition and conceptual development* (pp. 215-256). Cambridge, U.K.: Cambridge University Press.

Golinkoff, R. M., & Hirsh-Pasek, K. (2008). How toddlers begin to learn verbs. *Trends in Cognitive Sciences*, **12**, 397-403.

Goren, C. C., Sarty, M., & Wu, P. Y. (1975). Visual following and pattern discrimination of face-like stimuli by newborn infants. *Pediatrics*, **56**(4), 544-549.

Grice, H. P. (1975). 'Logic and conversation'. In P. Cole, & J. Morgan (Eds.), *Studies in Syntax and Semantics III: Speech Acts* (pp. 183-198). New York: Academic Press.

Han, J. J., Leichtman, M. D., & Wang, Q. (1998). Autobiographical memory in Korean, Chinese, and American children. *Developmental Psychology*, **34**, 701-713.

秦野悦子. (2009). 幼児期の言語発達. 今泉 敏 (編), 言語聴覚士のための基礎知識 音声学・言語学 (pp. 226-241). 東京：医学書院.

Herbert, H. C. (1996). *Using language*. Cambridge: Cambridge University Press.

Hollich, G. J., Hirsh-Pasek, K., & Golinkoff, R., M. (2000). Breaking the Language Barrier: An emergentist coalition model for the origins of word learning. *Monographs of the Society for Research in Child Development*, **65**(3), (Serial No. 262).

岩立志津夫. (2008). 文法の獲得〈1〉：動詞を中心に. 小林春美・佐々木正人 (編), 新・子どもたちの言語獲得 (pp. 119-140). 東京：大修館書店.

岩立志津夫. (2017). 文法発達①統語の発達. 岩立志津夫・小椋たみ子 (編), よくわかる言語発達 改訂新版 (pp. 50-53). 京都：ミネルヴァ書房.

Johnson, J. S., & Newport, E. L. (1989). Critical period effects in second language learning: The influence of maturational state on the acquisition of English as a second language. *Cognitive Psychology*, **21**(1), 60-99.

加藤重広. (2016). 総説. 加藤重広・滝浦真人 (編), 語用論研究法ガイドブック (pp. 1-47). 東京：ひつじ書房.

加用文男・新名加苗・河田有世・村尾静香・牧ルミ子. (1996). ごっこにおける言語行為の発達的分析：方言と共通語の使い分けに着眼して. 心理科学, **18**, 38-59.

小林哲生・永田昌明. (2008). 日本語を母語とする幼児の初期語彙発達：ウェブ日誌法による早期出現語彙の特定. 日本心理学会第72回大会論文集, 1122.

小山 正. (2009). 言語獲得期にある子どもの象徴機能の発達とその支援. 東京：風間書房.

久津木文. (2014). バイリンガルとして育つということ：二言語で生きることで起きる認知的影響. Theoretical and applied linguistics at Kobe Shoin：トークス, **17**, 47-65.

Landau, B., Smith, L., B., & Jones, S. S. (1988). The importance of shape in early lexical learning. *Cognitive Development*, **3**, 299-321.

Maguire, M. J., Hirsh-Pasek, K., & Golinkoff, R. M. (2006). A unified theory of word learning: Putting verb acquisition in context. In K. Hirsh-Pasek, & R. M. Golinkoff (Eds.), *Action meets word: How children learn verbs* (pp. 364-391). New York: Oxford University Press.

マーハ, ジョン・八代京子. (1991). 日本のバイリンガリズム. 東京：研究社出版.

Mandel, D. R., Jusczk, P. W., & Pisoni, D. B. (1995). Infants' recognition of the sound patterns of their own names. *Psychological Science*, **6**, 314-317.

Maratsos, M. P. (2014). Brown, Roger. In Patricia J. Brooks & Vera Kempe (Eds.), *Encyclopedia of Language Development*. (pp. 64-66). Thousand Oaks: Sage Publications.

Markman, E. M. (1989). *Categorization and naming in children: Problems of induction*. Cambridge, MA: MIT Press.

松井智子. (2013). 子どものうそ，大人の皮肉：ことばのオモテとウラがわかるには. 東京：岩波書店.

松井智子. (2016). 関連性理論・実験語用論. 加藤重広・滝浦真人（編），語用論研究法ガイドブック（pp. 187-216）. 東京：ひつじ書房.

McLaughlin, B. (1984). *Second language acquisition in childhood: Volume 1: Preschool Children* (2nd ed.) Hillsdale, New Jersey: Lawrence Erlbaum Associates.

Miller, P. J., Wiley, A. R., Fung, H., & Liang, C.-H. (1997). Personal storytelling as a medium of socialization in Chinese and American families. *Child Development*, **68**, 557-568.

南　雅彦. (2006). 語用の発達：ナラティヴ・ディスコース・スキルの習得過程. 心理学評論，**49**, 114-135.

Minami, M., & McCabe, A. (1995). Rice balls and bear hunts: Japanese and North American family narrative patterns. *Journal of Child Language*, **22**, 423-445.

文部科学省. 学校基本調査. http://www.mext.go.jp/b_menu/toukei/chousa01/kihon/1267995.htm.

森川尋美. (2006). 孤島から文法の大陸へ：形態統語獲得の使用基盤モデルに関する理論的背景と諸研究. 心理学評論，**49**(1), 96-109.

Murray, L., & Trevarthen, C. (1986). The infant's role in mother-infant communications. *Journal of Child Language*, **13**(1), 15-29.

中島和子. (2009). マルチリンガル教育への招待：言語資源としての外国人・日本人年少者. 東京：ひつじ書房.

中島和子. (2013). 日ロ・バイリンガル育成のための継承ロシア語の保持・伸長：心理的要因と社会的要因を中心に. ロシア語教育研究，**4**, 1-17.

Ogden, C. K., & Richards, I. A. (1967). 意味の意味（石橋幸太郎，訳）. 東京：ぺりかん社.

小椋たみ子. (1997). 障害児のことばの発達：初期言語発達と認知発達の関係. 佐々木正人・小林春美（編），子どもたちの言語獲得（pp. 185-209）. 東京：大修館書店.

小椋たみ子. (1999). 語彙獲得の日米比較. 桐谷　滋（編），ことばの獲得（pp. 143-194）. 京都：ミネルヴァ書房.

小椋たみ子. (2005). 言語発達における生得的制約と経験の役割. 波多野誼余夫・稲垣

佳世子（編），発達と教育の心理的基盤（pp. 31-44）．東京：放送大学教育振興会．

小椋たみ子．（2007）．日本の子どもの初期の語彙発達．言語研究，**132**，29-53．

小椋たみ子．（2011）．幼児の初期語彙発達．山口真美・金沢　創（編著），心理学研究法（pp. 169-191）．東京：誠信書房．

Ogura, T., Dale, P. S., Yamashita, Y., Murase, T., & Mahieu, A.（2006）. The use of nouns and verbs by Japanese children and their caregivers in book reading and toy-play contexts. *Journal of Child Language*, **33**(1), 1-29.

小椋たみ子・小山　正・水野久美．（2015）．乳幼児期のことばの発達とその遅れ：保育・発達を学ぶ人のための基礎知識．京都：ミネルヴァ書房．

小椋たみ子・綿巻　徹．（2004）．日本語マッカーサー乳幼児言語発達質問紙「語と身振り」手引き．京都：京都国際社会福祉センター．

小椋たみ子・綿巻　徹・稲葉太一．（2016）．日本語マッカーサー乳幼児言語発達質問紙の開発と研究．京都：ナカニシヤ出版．

岡本夏木．（2009）．言語使用の発達と教育：意味の成層化とストーリー化．発達心理学研究，**20**，13-19．

大久保愛．（1984）．幼児言語の研究：構文と語彙．東京：あゆみ出版．

大伴　潔・宮田 Susanne・白井恭弘．（2015）．動詞の語尾形態素の獲得過程：獲得の順序性と母親からの言語的入力との関連性．発達心理学研究，**26**(3)，197-209．

Oyama, S.（1976）. A sensitive period for the acquisition of a nonnative phonological system. *Journal of Psycholinguistic Research*, **5**(3), 261-283.

Patterson, J. L., & Pearson, B. Z.（2004）. Bilingual lexical development: Influences, contexts, and processes. In B. A. Goldstein（Ed.）, *Bilingual language development and disorders in Spanish-English speakers*（pp. 77-104）. Baltimore: Brookers Publishing Company.

Pouline-Dubois, D., & Graham, S. A.（2007）. Cognitive process in early word learning. In E. Hoff, & M. Shatz（Eds.）, *Blackwell Handbook of Language Development*（pp. 191-211）. Malden, MA: Blackwell Publishing.

Reese, E., Haden, C. A., & Fivush, R.（1993）. Mother-child conversations about the past: Relationships of style and memory over time. *Cognitive Development*, **8**, 403-430.

Senju, A., & Csibra, G.（2008）. Gaze following in human infants depends on communicative signals. *Current Biology*, **18**, 668-671.

Sharma, D.（2006）. United States of America: Language situation. In A. H. Anderson（Ed.）, *Encyclopedia of Language and Linguistics, Encyclopedia of language & linguistics*（Vol. 1）（pp. 253-259）. Amsterdam: Elsevier.

Shin, H. B., & Kominski, R. A.（2010）. Language use in the United States: 2007, American community survey reports, ACS-12. Washington, DC: US Census Bureau.

Skutnabb-Kangas, T. (1989). *Bilingualism or not: The education of minorities* (Vol. 7). Multilingual matters.

Snow, C. E. (1986). Conversations with children. *Language Acquisition*, **2**(69-76), 31.

Sperber, D., & Wilson, D. (1986). Relevance: Communication and cognition. Cambridge, MA: Harvard University Press. (2nd Ed., 1995).

高橋朋子. (2013). 移民の母語教育. 多言語化現象研究会（編）, 多文化社会日本. 東京：三元社.

Thompson, I. (1991). Foreign Accents Revisited: The English Pronunciation of Russian Immigrants. *Language Learning*, **41**(2), 177-204.

Tomasello, M. (1997). The pragmatics of word learning. 認知科学, **4**(1), 59-74.

Tomasello, M. (2008). ことばをつくる：言語習得の認知言語学的アプローチ（辻　幸夫・野村益寛・出原健一・菅井三実・鍋島弘治朗・森吉直子, 訳）. 東京：慶應義塾大学出版会. (Tomasello, M. (2003). *Constructing a language: A usage-based theory of language acquisition*. Cambridge, MA: Harvard University Press.)

Tomasello, M. (2010). *Origins of human communication*. MIT Press.

Tomasello, M., & Haberl, K. (2003). Understanding attention: 12-and 18-month-olds know what is new for other persons. *Developmental Psychology*, **39**(5), 906.

内田伸子. (1995). 生活言語から読み書き能力へ. 内田伸子・南　博文（編）, 講座生涯発達心理学3　子ども時代を生きる：幼児から児童へ. 東京：金子書房.

Vihman, M. M., & McCune, L. (1994). When is a word a word? *Journal of Child Language*, **21**, 517-542.

綿巻　徹. (1999). ダウン症児の言語発達における共通性と個人差. 東京：風間書房.

綿巻　徹. (2001). 発話構造の発達. 秦野悦子（編）, ことばの発達入門 (pp. 82-113). 東京：大修館書店.

綿巻　徹. (2016). 文法の発達. 小椋たみ子・綿巻　徹・稲葉太一. 日本語マッカーサー乳幼児言語発達質問紙の開発と研究 (pp. 139-181). 京都：ナカニシヤ出版.

綿巻　徹. (2017). 文法発達②　形態面での発達. 岩立志津夫・小椋たみ子（編）, よくわかる言語発達　改訂新版 (pp. 54-57). 京都：ミネルヴァ書房.

綿巻　徹・小椋たみ子. (2004). 日本語マッカーサー乳幼児言語発達質問紙「語と文法」手引. 京都：京都国際社会福祉センター.

Waxman, S. R. (1991). Convergences between semantic and conceptual organization in the preschool years. In J. P. Byrnes, & S. A. Gelman (Eds.), *Perspectives on language and thought: interrelations in development* (pp. 107-145). England: Cambridge University Press.

Wilson, D., & Sperber, D. (2006). Relevance theory. In G. Ward, & L. Horn (Eds.), *Handbook of Pragmatics* (pp. 607-632). Wiley-Blackwell.

Winner, E., & Leekam, S. (1991). Distinguishing irony from deception: Understanding the speaker's second-order intention. *British Journal of Developmental Psychology*, **9**(2), 257-270.

山本雅代. (2014). バイリンガリズム入門. 東京：大修館書店.

横山正幸. (2008). 文法の獲得〈2〉：助詞を中心に. 小林春美・佐々木正人（編），新・子どもたちの言語獲得 (pp. 141-164). 東京：大修館書店.

第6章

Adams, M. J. (1990). *Beginning to read: Thinking and learning about print*. Cambridge, MA, US: The MIT Press.

天野　清. (1986). 子どものかな文字の習得過程. 東京：秋山書店.

天野　清・黒須俊夫. (1992). 小学生の国語・算数の学力. 東京：秋山書店.

Anglin, J. M. (1993). Vocabulary development: A morphological analysis. *Monographs of the Society for Research in Child Development*, **58**(10), v-165. doi: 10.1111/1540-5834.ep9410280902

Bialystok, E. (1992). Symbolic representation of letters and numbers. *Cognitive Development*, **7**(3), 301-316. doi:10.1016/0885-2014(92)90018-M

長南浩人・澤　隆史. (2007). 読書力診断検査に見られる聾学校生徒の読書力の発達. ろう教育科学, **49**, 1-10.

Cummins, J.・中島和子（訳著）. (2011). 言語マイノリティを支える教育. 東京：慶應義塾大学出版会.

Ellis, N. C., Natsume, M., Stavropoulou, K., Hoxhallari, L., van Daal, V. H. P., Polyzoe, N., Tsipa, M.-L., & Petalas, M. (2004). The effects of orthographic depth on learning to read alphabetic, syllabic, and logographic scripts. *Reading Research Quarterly*, **39**(4), 438-460. doi:10.1598/RRQ.39.4.5

福田由紀（編）. (2012). 言語心理学入門：言語力を育てる. 東京：培風館.

後藤隆章・雲井未歓・小池敏英. (2008). LD児における漢字の読み書き障害とその発達支援：認知心理学的アプローチに基づく検討〈特集：学習障害, 読み書き障害〉. 障害者問題研究, 35, 263-273.

Gough, P. B., & Tunmer, W. E. (1986). Decoding, reading, and reading disability. *Remedial and Special Education*, **7**, 6-10.

萩原浅五郎. (1964). 巻頭言. ろう教育, **19**, 7.

Hayes, D. P., & Ahrens, M.G. (1988). Vocabulary simplification for children: A special case of "motherese?" *Journal of Child Language*, **15**, 395-410.

Kintsch, W. (1998). *Comprehension: A paradigm for cognition*. Cambridge, UK: Cambridge University Press.

Kintsch, E., Caccamise, D., & Kintsch, W.（2012）．文章理解理論の読解教育への応用．福田由紀（編），言語心理学入門：言語力を育てる（pp. 1-8）．東京：培風館．

窪薗晴夫・本間　猛．（2002）．音節とモーラ．東京：研究社．

Levin, I., & Korat, O. (1993). Sensitivity to phonological, morphological, and semantic cues in early reading and writing in Hebrew. *Merrill-Palmer Quarterly*, **39**(2), 213-232.

Levin, I., & Landsmann, L. T. (1989). Becoming literate: Referential and phonetic strategies in early reading and writing. *International Journal of Behavioral Development*, **12**(3), 369-384. doi:10.1177/016502548901200306

Lonigan, C. J. (2015). Literacy development. In L. S. Liben, U. Müller, R. M. Lerner, L. S. Liben, U. Müller, & R. M. Lerner (Eds.), *Handbook of child psychology and developmental science, Vol. 2: Cognitive processes* (7th ed.) (pp. 763-805). Hoboken, NJ, US: John Wiley & Sons Inc.

Masonheimer, P. E., Drum, P. A., & Ehri, L. C. (1984). Does environmental print identification lead children into word reading? *Journal of Reading Behavior*, **16**(4), 257-271.

Muter, V., Hulme, C., Snowling, M. J., & Stevenson, J. (2004). Phonemes, rimes, vocabulary, and grammatical skills as foundations ofearly reading development: Evidence from a longitudinal study. *Developmental Psychology*, **40**, 665-681.

Nagy, W. (1997). On the role of context in first- and second-language vocabualry learning. In N. Schmitt, & M. McCarthy (Eds.), *Vocabulary: Description, Acquisition and Pedagogy* (pp. 64-83). New York, NY: Cambridge University Press.

岡本夏木．（1982）．子どもとことば．東京：岩波書店．

岡本邦広．（2014）．漢字書字に困難のある児童生徒への指導に関する研究動向．国立特別支援教育総合研究所研究紀要，**41**，63-75.

Ouellette, G., & Beers, A. (2010). A not-so-simple view of reading: How oral vocabulary and visual-word recognition complicate the story. *Reading and Writing*, **23**, 189-208.

Ravid, D. & Tolchinsky, L. (2002). Developing linguistic literacy: A comprehensive model. *Journal of Child Language*, **29**, 417-447.

佐々木正人・渡辺　章．（1984）．"空書"行動の文化的起源：漢字圏・非漢字圏との比較．教育心理学研究，**32**，182-190.

柴山真琴・高橋　登・池上摩希子・ビアルケ（當山）千咲．（2015）．小学生作文の評価法の開発：多様な環境のもとでの「書き言葉」の習得を支援するために．日本発達心理学会第26回大会発表論文集．

島村直己・三神廣子．（1994）．幼児のひらがなの習得：国立国語研究所の1967年の調査

との比較を通して．教育心理学研究，**42**，70-76.

総合初等教育研究所．(2005)．教育漢字の読み・書きの習得に関する調査と研究．東京：総合初等教育研究所.

Spencer, P. E., & Marschark, M. (2010). *Evidence-based practice in educating deaf and hard-of-hearing students.* New York, NY: Oxford University Press.

Swanborn, M. S. L., & de Glopper, K. (1999). Inidental word leariring while reading: a meta-analysis. *Review of Educational Research*, **69**, 261-285.

高橋　登．(1997)．幼児のことば遊びの発達："しりとり"を可能にする条件の分析．発達心理学研究，**8**，42-52.

高橋　登．(2001a)．文字の知識と音韻意識．秦野悦子（編），ことばの発達入門　入門コース・ことばの発達と障害1　(pp. 196-218)．東京：大修館書店.

高橋　登．(2001b)．学童期における読解能力の発達過程：1～5年生の縦断的な分析．教育心理学研究，**49**，1-10.

Takahashi, N. (2012). Japanese children's understanding of notational systems. *Journal of Experimental Child Psychology*, **113**(4), 457-468. doi:10.1016/j.jecp.2012.07.008

高橋　登．(2012)．コミュニケーションの発達．根ヶ山光一・仲真紀子（編），発達の基盤：身体，認知，情動（発達科学ハンドブック4）．東京：新曜社.

高橋　登・中村知靖．(2009)．適応型言語能力検査（ATLAN）の作成とその評価．教育心理学研究，**57**，201-211.

高橋　登・中村知靖．(2015)．漢字の書字に必要な能力：ATLAN書取り検査の開発から．心理学研究，**86**，258-268.

高橋　登・大岩みどり・西元直美・保坂裕子．(1998)．音韻意識と読み能力：英語圏の研究から．大阪教育大学紀要，Ⅳ，教育科学，**47**，53-80.

玉岡賀津雄．(2014)．談話．日本認知心理学会（編），認知心理学ハンドブック（pp. 242-243)．東京：有斐閣.

津田知春・高橋　登．(2014)．日本語母語話者における英語の音韻意識が英語学習に与える影響．発達心理学研究，**25**，95-106.

内田伸子．(1989a)．物語ることから文字作文へ：読み書き能力の発達と文字作文の成立過程．読書科学，**33**，10-24.

内田伸子．(1989b)．子どもの推敲方略の発達：作文における自己内対話の過程．お茶の水女子大学人文科学紀要，**42**，75-104.

Verhoeven, L., van Leeuwe, J., & Vermeer, A. (2011). Vocabulary growth and reading development across the elementary school years. *Scientific Studies of Reading*, **15**(1), 8-25. doi:10.1080/10888438.2011.536125

Vygotsky, L. S. (2001)．思考と言語（新訳版）（柴田義松，訳）．東京：新読書社.

脇中起余子．(2013)．「9歳の壁」を越えるために：生活言語から学習言語への移行を

考える．京都：北大路書房．

渡辺弥生．(2011)．子どもの「10歳の壁」とは何か？：乗りこえるための発達心理学．東京：光文社．

Wood, D. J., Bruner, J. S., & Ross, G. (1976). The role of tutoring in problem solving. *Journal of Child Psychiatry and Psychology*, **17**, 89-100.

Ziegler, J. C., & Goswami, U. (2005). Reading acquisition, developmental dyslexia, and skilled reading across languages: A psycholinguistic grain size theory. *Psychological Bulletin*, **131**, 3-29.

第7章

Bishop, D. V. M. (2003). *The Children's Communication Checklist-2 Version2 (CCC-2)*. London: Pearson Assessment.

Brown, R. (1973). *A first language: The early stage*. Cambridge: Harvard University Press.

原　由紀．(2015)．吃音　治療　小児．熊倉勇美・今井智子（編），発声発語障害学第2版（pp. 283-293）．東京：医学書院．

原　由紀．(2016)．吃音と発達障害．石田宏代・石坂郁代（編），言語聴覚士のための言語発達障害学第2版（pp. 70-75）．東京：医歯薬出版．

秦野悦子．(2012)．乳幼児期の言語発達の障害と支援．日本発達心理学会（編）　無藤隆・長崎　勤（責任編集），発達科学ハンドブック　6　発達と支援（pp. 175-185）．東京：新曜社．

秦野悦子・瀬戸淳子・野村直子・鈴木普子・大澤絢乃・隠村美子．(2012)．保育活動参加に関する行動アセスメント（1）：発達障害幼児の行動特性の評価．日本特殊教育学会第50回大会発表論文集，P3-M-4.

今井智子．(2011)．小児構音障害．廣瀬　肇（監修）．言語聴覚テキスト第2版（pp. 356-364）．東京：医歯薬出版．

稲垣真澄・小枝達也・小池敏英・若宮英司・加我牧子（編）．(2010)．特異的発達障害診断・治療のための実践ガイドライン．東京：診断と治療社．

伊藤友彦．(1994)．幼児の発話における非流暢性に関する言語心理学的研究．東京：風間書房．

金子真人・宇野　彰・春原則子・粟屋徳子．(2012)．就学前年長児における就学後の読み困難を予測する確率とその限界：スクリーニング検査としての Rapid Automatized Naming の有用性．脳と発達，**44**，29-34.

小枝達也（主任研究者）．(2007)．厚生労働科学研究費補助金　子ども家庭総合研究事業　軽度発達障害児の発見と対応システムおよびそのマニュアル開発に関する研究．平成18年度総括・分担研究報告書．

文　　献

厚生労働省．（2023）．（令和 3 年度）新生児聴覚検査の実施状況等について．https://www.mhlw.go.jp/content/11925000/001231811.pdf．（2023.5.7.）

久保田あや子・窪島　務．（2007）．発達性ディスレクシアのアセスメントにおける Rey-Osterrieth 複雑図形（ROCF）の有効性の検討：小学生における ROCF の発達的変化と書字エラーとの関連．滋賀大学教育実践研究指導センター紀要，**15**，66-77．

文部省．（1999）．学習障害児に対する指導について（報告）．http://www.mext.go.jp/a_menu/shotou/tokubetu/material/002.htm．（2016.5.30.）

中西靖子・大和田健次郎・藤田紀子．（1972）．構音検査とその結果に関する考察．特殊教育研究施設報告，**1**，1-41．

奥村智人・川崎聡大・西岡有香・若宮英司・三浦朋子．玉井　浩（監修）．（2014）．CARD 包括的領域別読み能力検査．滋賀：ウィードプランニング．

大伴　潔．（2001）．知的障害．西村辨作（編），ことばの障害入門（pp. 79-104）．東京：大修館書店．

大伴　潔．（2005）．言語障害の種類．岩立志津夫・小椋たみ子（編），よくわかる言語発達（pp. 122-123）．京都：ミネルヴァ書房．

瀬戸淳子．（2016）．言語・コミュニケーションのアセスメント．尾崎康子・三宅篤子（編著），知っておきたい発達障害のアセスメント（pp. 80-89）．京都：ミネルヴァ書房．

瀬戸淳子・秦野悦子・野村直子・鈴木普子・大澤絢乃・隠村美子．（2012）．保育活動参加に関する行動アセスメント（2）：発達障害幼児の言語・コミュニケーションの評価．日本特殊教育学会第50回大会発表論文集，P3-M-5．

高田　哲．（2011）．ADHD の発達と行動特徴 2　幼児期，学童期の特徴・症状．小野次郎・小枝達也（編著），別冊発達31　ADHD の理解と援助（pp. 51-56）．京都：ミネルヴァ書房．

玉井ふみ．（2009）．基礎理論と臨床．今泉　敏（編著），言語聴覚士のための基礎知識　音声学・言語学（pp. 259-274）．東京：医学書院．

田中裕美子．（2015）．特異的言語発達障害．玉井ふみ・深浦順一（編），言語発達障害学第 2 版（pp. 142-153）．東京：医学書院．

田中裕美子．（2016）．レイトトーカー，特異的言語発達障害，言語学習障害，読み障害の発達的関係．石田宏代・石坂郁代（編），言語聴覚士のための言語発達障害学第 2 版（pp. 157-165）．東京：医歯薬出版．

槻舘尚武・大井　学・権藤桂子・松井智子・神尾陽子．（2015）．Children's Communication Checklist-2　日本版の標準化の試み：標準化得点の検討．コミュニケーション障害学，**32**，99-108．

宇野　彰．（2016）．発達性読み書き障害の評価．コミュニケーション障害学，**33**，22-

26.

綿巻　徹．（2001）．発話構造の発達．秦野悦子（編），ことばの発達入門（pp. 82-113）．
　　東京：大修館書店．

Zambrana, I. M., Pons, F., Eadie, D., & Ystrom, E. (2014). Trajectories of language delay
　　from age 3 to 5: persistence, recovery, and late onset. *International Journal of
　　Language and Communication Disorders*, **49**(3), 304-316.

第8章

Drotar, D., Baskiewicz, A., Irvin, N,. Kennell, J., & Klaus, M. (1975). The adaptation of
　　parents to the birth of an infant with a congenital malformation: A hypothetical
　　model. *Pediatrics*, **6**(5), 710-717.

今西満子・川西光栄子・玉村公二彦．（2014）．学級経営・生徒指導に活かすティーチャ
　　ー・トレーニングの試み．奈良教育大学教育実践開発研究センター研究紀要，**23**，
　　219-225.

伊藤友彦．（2002）．言語発達評価と診断の要点，第1節・評価の流れ．岩立志津夫・小
　　椋たみ子（編著），言語発達とその支援．京都：ミネルヴァ書房．

岩坂英巳（編）．（2012）．困っている子をほめて育てる PT ガイドブック．東京：じほ
　　う社．

岩坂英巳・井潤知美・中田洋二郎．（2004）．AD/HD 児へのペアレント・トレーニング
　　ガイドブック．東京：じほう社．

小山　正．（1999）．親になること，自立．村井潤一・小山　正・神土陽子．発達心理
　　学：現代社会と子どもの発達を考える（pp. 114-130）．東京：培風館．

河西朱音．（2013）．観察のポイント．山梨県立こころの発達総合支援センター（編），
　　発達障害の人たちの支援に関わる専門家のための研修テキスト：幼児期編．http:
　　//www.pref.yamanashi.jp/kokoro-hattatsu/documents/text2.pdf（2017.5.30.）

中川信子．（1998）．ことばの発達の行動観察記録表．検診とことばの相談（pp. 45-72）．
　　東京：ぶどう社．

中田洋二郎．（1995）．親の障害の認識と受容に関する考察：受容の段階説と慢性的悲哀．
　　早稲田心理学年報，**27**，83-92.

野口啓二・のぐちふみこ．（2009）．むずかしい子を育てる PT．東京：明石書店．

Olshansky, S. (1962). Chronic sorrow: A response to having a mentally defective child.
　　Social Casework, **43**, 190-193. (Olshansky, S. (1968)．絶えざる悲しみ：精神薄弱
　　児をもつことへの反応（松本武竹子，訳）．家族福祉　家族診断・処遇の論文集
　　（pp. 133-138）．東京：家庭教育社.）

上林靖子・河内美恵．（2009）．こうすればうまくいく発達障害の PT 実践マニュアル．
　　東京：中央法規出版．

Wikler, L., Wasow, M., & Hatfield, E. (1981). Chronic sorrow revisited: Parent vs. professional depiction of the adjustment of parents of mentally retarded children. *American Journal of Orthopsychiatry*, **51**(1), 63-69.

第9章

我妻敏博・菅原広一・今井秀雄. (1980). 聴覚障害児の言語能力（Ⅲ）：うけみ・やりもらい文の理解. 国立特殊教育総合研究所研究紀要, **7**, 39-47.

Cleave, P. L., Becker, S. D., Curran, M. K., Owen van Horne, A. J., & Fey, M. E. (2015). The efficacy of recasts in language intervention: A systematic review and meta-analysis. *American Journal of Speech-Language Pathology*, **24**, 237-255.

Girolametto, L., Weitzman, E., Wiigs, M., & Pearce, P. S. (1999). The relationship between maternal language measures and language development in toddlers with expressive vocabulary delays. *American Journal of Speech-Language Pathology*, **8**, 364-374.

Greenspan, S. I., & Wieder, S. (2006). 自閉症の DIR 治療プログラム：フロアタイムによる発達の促し（広瀬宏之，訳）. 大阪：創元社. (Greenspan, S. I., & Wieder, S. (2006). *Engaging Autism: Using the Floortime Approach to Help Children Relate, Communicate, and Think*. Boston: Da Capo Press.)

Hancock, T. B., & Kaiser, A. P. (2002). The effects of trainer-implemented enhanced milieu teaching on the social communication of children who have autism. *Topics in Early Childhood Special Education*, **22**, 39-54.

広田栄子. (1993). 聴覚障害児における早期からの聴覚口話法による言語指導の実際とその成果. 音声言語医学, **34**(3), 264-272.

Kasari, C., Kaiser, A., Goods, K., Nietfeld, J., Mathy, P., Landa, R., Murphy, S., & Almirall, D. (2014). Communication interventions for minimally verbal children with autism: A sequential multiple assignment randomized trial. *Journal of the American Academy of Child & Adolescent Psychiatry*, **53**(6), 635-646.

Mahoney, G., & MacDonald, J. D. (2007). *Autism and Developmental Delays in Young Children: The Responsive Teaching Curriculum for Parents and Professionals*. Austin, Texas: Pro-Ed.

Morales, M., Mundy, P., Delgado, C. E. F., Yale, M., Neal, R., & Schwartz, H. K. (2000). Gaze following, temperament, and language development in 6-month-olds: A replication and extension. *Infant Behavior & Development*, **23**, 231-236.

Murza, K. A., Schwartz, J. B., Hahs-Vaughn, D. L., & Nye, C. (2016). Joint attention interventions for children with autism spectrum disorders: A systematic review and meta-analysis. *International Journal of Language & Communication Disorders*,

51(3), 236-251.

Prizant, B. M., Wetherby, A. M., Rubin, E., Laurent, A. C., & Rydell, P. J. (2006). SCERTS モデル：自閉症スペクトラム障害の子どもたちのための包括的教育アプローチ　2巻　プログラムの計画と介入（長崎　勤・吉田仰希・仲野真史，訳）．東京：日本文化科学社．（Prizant, B. M., Wetherby, A. M., Rubin, E., Laurent, A. C., & Rydell, P. J. (2006). *A Comprehensive Educational Approach for Children with Autism Spectrum Disorder. Volume II Program Planning and Intervention.* Baltimore: Paul H. Brookes Publishing.）

Rogers, S. J., & Dawson, G. (2009). *Early Start Denver Model for Young Children With Autism: Promoting Language, Learning, and Engagement.* New York: Guilford Press.

Saxton, M. (2005). 'Recast' in a new light: Insights for practice from typical language studies. *Child Language Teaching and Therapy,* **21**(1), 21-38.

Schmidt, C. L., & Lawson, K. R. (2002). Caregiver attention-focusing and children's attention-sharing behaviours as predictors of later verbal IQ in very low birthweight children. *Journal of Child Language,* **29**, 3-22.

Tomasello, M., & Farrar, M. J. (1986). Joint attention and early language. *Child Development,* **57**, 1454-1463.

Toth, K., Munson, J., Meltzoff, A. N., & Dawson, G. (2006). Early predictors of communication development in young children with autism spectrum disorder: Joint attention, imitation, and toy play. *Journal of Autism and Developmental Disorders,* **36**, 993-1005.

Warren, S. F., & Bambara, L. (1989). An experimental analysis of milieu language intervention: Teaching the action-object form. *Journal of Speech and Language Disorders,* **54**, 448-461.

Wolfe, D., & Heilmann, J. (2010). Simplified and expanded input in a focused stimulation program for a child with expressive language delay (ELD). *Child Language Teaching and Therapy,* **26**(3), 335-346.

Yoder, P. J., Kaiser, A. P., Alpert, C., & Fischer, R. (1993). Following the child's lead when teaching nouns to preschoolers with mental retardation. *Journal of Speech, Language, and Hearing Research,* **36**, 158-167.

第10章

Bruner, J. S. (1983). *Child's Talk-Learning to use language.* Oxford: Oxford University Press.

Cummings, I. (2009). *Clinical Pragmatics.* Cambridge: Cambridge University Press.

Gallagher, T. M., & Prutting, C. A. (1983). *Pragmatic Assessment and Intervention Issues in Language*. San Diego: College-Hill Press.

Golinkoff, R. M. (1986). 'I beg your pardon' The preverbal negotiation of failed messages. *Journal of Child Language*, **13**, 455-476.

Golinkoff, R. M., & Gordon, L. (1988). What makes communication run? Characteristics of immediate success. *First Language*, **8**, 103-124.

Grice, H. P. (1968). Utterer's meaning, sentence-meaning, and word-meaning. *Foundation of Language*, **4**, 225-242.

大井　学．(1995)．言語発達の障害への語用論的接近．東京：風間書房．

大井　学．(1998)．重い遅れと通じ合う身体．秦野悦子・やまだようこ（編），コミュニケーションという謎．京都：ミネルヴァ書房，52-76．

大井　学．(2006)．高機能広汎性発達障害にともなう語用障害：特徴，背景，支援．コミュニケーション障害学，**23**(2)，87-104．

大井　学．(2015)．隠喩，皮肉，間接依頼：自閉症における言語の字義性について．コミュニケーション障害学，**32**(1)，1-10．

Perkins, M. (2007). *Pragmatic Impairment*. Cambridge: Cambridge University Press.

Roth, F. P., & Speckman, N. J. (1984a). Assessing the pragmatic abilities of children: Part 1. Organiziational framework and assessment parameters. *Journal of speech and hearing disorders*, **49**, 2-11.

Roth, F. P., & Speckman, N. J. (1984b). Assessing the pragmatic abilities of children: Part 2. Guidelines, considerations, and specific evaluation procedures. *Journal of speech and hearing disorders*, **49**, 12-17.

Searle, J. R. (1986)．言語行為：言語哲学への試論（坂本百大・土屋　俊，訳）．東京：勁草書房．(Searle, J. R. (1969). Speech Act: An Essay in The Philosphy of Language. Cambridge: Cambridge University Press.)

Sperber, D., & Wilson, D. (1993)．関連性理論：伝達と認知（内田聖二・中逵俊明・宋南先・田中圭子，訳）．東京：研究社出版．(Sperber, D., & Wilson, D. (1986). *Relevance: communication and cognition*. Cambridge, Massachusetts: Harvard University Press.)

高橋和子．(1997)．高機能自閉症児の会話能力を育てる試み：応答能力から調整能力をめざして．特殊教育学研究，**34**(5)，99-108．

第11章

American Psychiatric Association. (2014)．DSM-5 精神疾患の診断・統計マニュアル．（日本精神神経学会，日本語版用語監修）（高橋三郎・大野　裕，監訳）．東京：医学書院．(American Psychiatric Association. (2013). *Diagnostic and Statistical*

Manual of Mental Disorders (5th ed.). (*DSM-5*). American Psychiatric Publishing.)

Baddeley, A. (2000). The episodic buffer: A new component of working memory. *Trends in cognitive sciences*, **4**(11), 417-423.

Coltheart, M., Rastle, K., Perry, C., Langdon, R., & Ziegler, J. (2001). DRC: A dual route cascaded model of visual word recognition and reading aloud. *Psychological Review*, **108**(1), 204-256.

後藤多可志・宇野　彰・春原則子ほか．（2010）．発達性読み書き障害児における視機能，視知覚および視覚認知機能について．音声言語医学，**51**(1)，38-53.

春原則子・金子真人．（2002）．標準抽象語理解力検査．東京：インテルナ出版．

東江浩美・大西祐好・東川　健・飯塚直美・知念洋美・原　広美．小寺富子・倉井成子・佐竹恒夫（監修）．（1998）．国リハ式〈S-S法〉言語発達遅滞検査（改訂第4版）．千葉：エスコアール．

飯鉢和子・鈴木陽子・茂木茂八．（1977）．DTVPフロスティッグ視知覚発達検査．東京：日本文化科学社．

稲垣真澄・小枝達也・小池敏英・若宮英司・加賀牧子．（2010）．特異的発達障害診断・治療のための実践ガイドライン．東京：診断と治療社．

金子真人・宇野　彰・春原則子・粟屋徳子．（2007）．就学前6歳時における小学校1年ひらがな音読困難児の予測可能性について：Rapid Automatized Naming（RAN）検査を用いて．音声言語医学，**48**，210-214.

加藤醇子・安藤壽子・原　恵子・縄手雅彦．（2016）．読み書き困難児のための音読・音韻処理能力簡易スクリーニング検査　ELC．東京：図書文化社．

川崎聡大・奥村智人・荻布優子・石野絵美子・若宮英司．（2012）．学習障害検出におけるひらがな読み流暢性課題の意義：正確性に依存した読み書き困難検出の問題とその検証．日本コミュニケーション障害学会学術講演会予稿集，**38**，92.

川崎聡大・宇野　彰．（2005）．発達性読み書き障害児1例の漢字書字訓練．小児の精神と神経，**45**，177-181.

Kawasaki, A., Murakami, Y., Nakanishi, M., Ogino, Y., & Oumura, T. (2016). Casual relationship between scholastic ability and willingness for learning, fundamental learning skill (writing-skill) -astructural equation modeling approach-. The 31st International Congress of Psychology. Program. 143.

萱村俊哉・萱村朋子．（2007）．Rey-Osterrieth複雑図形の模写における正確さと構成方略の発達．武庫川女子大学紀要（人文・社会科学），**55**，79-88.

河野俊寛・平林ルミ・中邑賢龍．（2013）．URAWSS Understanding Reading and Writing Skills of Schoolchildren. atacLab.

松本敏治．（2009）．発達障害児におけるSTRAWの読み成績，ディスレクシア特徴，音読速度，RAN，音韻分析および視覚処理についての研究．弘前大学教育学部紀

要，**101**，121-128.

水野奈緒美・川﨑聡大・後藤多可志・荻布優子・和泉慶子・伊藤和子．（2013）．流暢性の向上を目指した発達性 dyslexia 児一例のひらがな書字指導経過．言語聴覚研究，**9**(3)，150-158.

文部科学省．（2012a）．通常の学級に在籍する発達障害の可能性のある特別な教育的支援を必要とする児童生徒に関する調査．

文部科学省．（2012b）．平成24年度全国学力・学習状況調査の結果について．

文部省．（1999）．学習障害児に対する指導について（報告）．

中川佳子・小山高正・須賀哲夫．J.COSS 研究会（編）．（2010）．J.COSS 日本語理解テスト．東京：風間書房．

日本語版 K-ABC-Ⅱ制作委員会．（2013）．心理・教育アセスメントバッテリー KABC-Ⅱ．東京：丸善出版．

日本語版 WISC-Ⅳ刊行委員会．（2010）．WISC-Ⅳ知能検査．東京：日本文化科学社．

荻布優子・川崎聡大．（2017）．基礎的学習スキルと学力の関連：学力に影響を及ぼす因子の検討　第一報．教育情報研究，印刷中．

岡本邦広．（2014）．漢字書字に困難のある児童生徒への指導に関する研究動向．国立特別支援教育総合研究所研究紀要，**41**，63-75.

大伴　潔・林安紀子・橋本創一・池田一成・菅野　敦．（2012）．学齢版　言語・コミュニケーション発達スケール．東京：学苑社．

奥村智人・川﨑聡大・西岡有香・若宮英司・三浦朋子．玉井　浩（監修）．（2014）．CARD ガイドブック．滋賀：ウィードプランニング．

奥村智人・北村弥生・栗本奈緒子・水田めくみ．（2011）．発達性読み書き障害への障害特性に応じた読み支援法の開発．公益財団法人博報児童教育振興会　児童教育実践についての研究助成　研究成果論文集．

奥村智人・若宮英司・三浦朋子・竹田契一・玉井　浩．（2007）．近見・遠見数字視写検査の有効性と再現性―視写に困難を示す児童のスクリーニング検査作成．LD 研究，**16**(3)，323-331.

斉藤泰雄．（2012）．識字能力・識字率の歴史的推移：日本の経験．広島大学教育開発国際協力研究センター国際教育協力論集，**15**，51-62.

Schumacher, J., Hoffmann, P., Schmäl, C., Schulte-Körne, G., & Nöthen, M. M. (2007). Genetics of Dyslexia: the evolving landscape. *Journal of Medical Genetics*, **44**(5), 289-297.

Stein, J. (2001). The magnocellular theory of developmental dyslexia. *Dyslexia*, **7**(1), 12-36.

杉下守弘・山崎久美子．（1993）．レーヴン色彩マトリックス検査．東京：日本文化科学社．

Tannenbaum, K. R., Torgesen, J. K. & Wagner, R. K. (2006). Relationships Between Word Knowledge and Reading Comprehension in Third-Grade Children. *Scientific Studies of Reading*, **10**(4), 381-398.

上野一彦・名越斉子・小貫　悟. (2008). PVT-R 絵画語い発達検査. 東京：日本文化科学社.

上坂智子・野村　純・村松成司・杉田克生. (2011). 発達性読み書き障害における DYX1C1遺伝子保有率の検討. 千葉大学教育学部研究紀要, **59**, 279-286.

宇野　彰・春原則子・金子真人・Wydell, T. N. (2002). 小学生の読み書きスクリーニング検査. 東京：インテルナ出版.

Uno, A., Wydell, T. N., Haruhara, N., Kaneko, M., & Shinya, N. (2009). Relationship between reading/writing skills and cognitive abilities among Japanese primary-school children: normal readers versus poor readers (dyslexics). *Reading and Writing*, **22**, 755-789.

若宮英司・奥村智人・水田めくみ・栗本奈緒子・柏木　充・田中啓子・鈴木周平・里見恵子・玉井　浩. (2006). 読字困難児のひらがな単音読字能力の検討. 小児の精神と神経, **46**(2), 95-103.

Wydell, T. N. & Butterworth, B. (1999). A case study of an English-Japanese bilingual with monolingual dyslexia. *Cognition*. **70**, 273-305.

吉田有里・小池敏英・雲井未歓・稲垣真澄・加我牧子. (2012). 国語学習の低成績の生起に及ぼすひらがな音読困難の影響について：小学 2 年生を対象とした検討. LD研究, **21**(1), 116-124.

索　引

（＊印は人名）

あ 行

アーリースタート・デンバーモデル
　（ESDM）　231, 233
愛着　69
アイデンティティ　144
足場づくり（scaffolding：足場かけ）　88,
　153, 226
アセスメント　169, 177, 195
　生態学的――　170
一貫性（coherence）　162
一般的な知識　124
意図　70
意図明示的コミュニケーション　126
　――の手がかり　128
意図明示的な刺激　127
意味作用（signification, 記号作用）　83
意味づける行為　117
意味的随伴性　34
意味内容（signifié）　→所記
意味分野の発達　97
意味論　26, 169
インリアル・アプローチ　227
韻律　40
　――知覚　48, 49, 51, 52
＊ヴィゴツキー（Vygotsky, L.）　64
＊ウィトゲンシュタイン（Wittgenstein, L.）
　79
ウェルニッケ野　20, 25
嘘　133
　優しい――　133
運動障害性構音障害　173, 220, 239
エンコーディング　274　→符号化
遠城寺式乳幼児分析的発達検査法　187
応用行動分析（ABA）　229-231, 233, 234
＊オグデン（Ogden, C. K.）　90
オペラント条件付け　49, 50, 15
音韻意識　149, 183, 236
音韻論　26, 150
音声学　26, 150
音声障害　220, 221

オンセット　153
音素　27, 150
　――の種類の弁別能力　27

か 行

カード移動課題　148
会話の含意　249, 251
会話の協力　249, 257, 265
会話の原則　250
会話の流暢度（CF）　165
書き言葉　163　→書記言語
書き取り　158
拡大環境的指導　236
拡張模倣　225, 227
学齢版言語・コミュニケーション発達スケー
　ル　→LCSA
カテゴリー仮定　32, 100
過渡的喃語　60
カミンズ（Cummins, J.）　141, 142, 164, 165
環境的指導　230
関係相対性仮説　100
漢字　157
間主観性　68
慣用操作　83, 84
関連性理論　125, 126, 251
機会利用型指導　230
聞き手　257
記号媒体（signifant）　85　→能記
記述研究　38
規準喃語　60, 61
規則（ルール）　32
基礎理論　35
吃音　173, 174, 183, 190, 220, 241
9か月革命　72
キューサイン　247
教科学習言語能力（ALP）　165
叫喚　58
狭義の言語機能（FLN）　5　→広義の言
　語機能
教研式読書力診断検査　211
協調行動　72

共通基盤　124
共同行為　63
共同注意　72,74,75,223,233
　　——行動　235
共鳴行為　68
協力の原理　250
クーイング　60
空想の物語　119
具体的操作期　143
クレーン現象　76
形式的操作期　143
形式的分布分析　36
敬体　164
形態素　109,114
　拘束——　109
形態論　26
結束性　162
限局性学習症／限局性学習障害　275
原言語　8
言語獲得　88
　　——装置（LAD）　→LAD
言語側の条件　26
言語環境　137
言語的マッピング　224
言語能力　156
言語の起源　2
言語の進化　2
　　——の社会・文化説（人工物説）　6
　　——の漸進説　6
　　——の跳躍説　6
言語発達研究の特徴　23
言語野　25
語意（word meaning）　31
語彙　159
　　——拡張（過大般用）　30,96
　　——縮小（過小般用）　31,96
　　——取り違え　31
　　——発達　31
　　——噴出（vocabulary spurt）　30
構音　173,174,181,183,190
　　——点　29
　　——様式　29
構音障害　220
　器質性——　173,220,238
　機能性——　173,220,237,240
広義の言語機能（FLB）　5　→狭義の言語

機能
後置現象　164
膠着型の言語　109
行動様式（シェマ）　76,81
行動論的アプローチ　222,229,231,232
構文の発達　105,107
語学習　101
心の理論　75
ことばの前のことば　64
語のセグメンテーション　51,52
個別的な知識　124
コミュニケーション
　　——の系統発生　17
　　協力的——　19
　　志向的——　18
　　身振り——　19
誤用　33
　助詞の——　111
語用革命　34
語用障害　252
語用論　26,34,122,169,221
＊ゴリンコフ（Golinkoff, R. M.）　100

さ　行

最大の関連性　126
さえずり文法　11
三項関係　72,75,76,85
子音　150
時間遅延法　230
軸文法　37
字形　158
刺激の貧困　35
志向性　18
自己　75,118
　　——理解　75
指示対象と語のマッピング　100
視線追従　72
自然淘汰　8
自然分割仮説　100
実行機能　145
失語症　220
質の原則　125
事物全体仮定　32,100
自閉症スペクトラム障害（ASD）　22,221,
　231,252
ジャーゴン　61

社会語　97

社会的（語用論的）コミュニケーション障害　221

社会的な参照　73

社会的手がかり　103

社会的微笑　67

手段・目的関係　70,76

述部　97

主流言語　136,138

手話　244,246

馴化法　49,50

状況モデル　162

少数言語　136,138

常体　164

象徴機能　90

焦点化刺激　226

情動伝染　67

所記　85,86,90　→意味内容

書記言語　→書き言葉

初語　91,94

書字　158

助詞

　係——　109

　副——　109

　格——　109

　終——　109,164

助動詞　112

人工内耳　243,244

新生児聴覚スクリーニング　243

　——検査　48,170,243

新生児模倣　66,67

新版K式発達検査2001　185

新版S-M社会生活能力検査　211

随伴運動　241

推論の能力　163

スクリプト　119

生活年齢（CA）　178

精神年齢（MA）　187

生成文法　36,38

精緻化スタイル　121

生得性　24

生得的知的構造　24

生得論　41,42

生物学的条件　25

制約　32

生理的微笑　67

接続助詞　109,164

前言語（preverbal）　34,64

　——期　63

　——的行動　72

前適応説　9

選好聴取法　51

早期表出語　93

早期理解語　93

相互排他仮定　32

喪失　137,140

創発連立モデル　101

＊ソシュール（Saussure, F. de）　90

た　行

ターン・テイキング　248　→発話交代

第一言語　135,144

対応規則　149

対子ども発話　→CDS

対人関係に関するコミュニケーションの能力（BICS）　164

第二言語　29,135

対乳児発話　→CDS

対面関係　78

対幼児発話　→CDS

対話　78

　——的関係　78

ダウン症　240

　——児　239

他者　75

　——理解　74

田中ビネー知能検査V　187

探索行動　71,83,84

遅延反響言語　253

知覚の方略　39

知的障害　240

　——児　239

チャンク　12

注意喚起行動　18

注視反応　49-51

聴覚学習　13

聴覚障害　170,171,181,242,244,245

　——児　246

聴覚野　27,46,47

聴神経の髄鞘化　47

直示体系（deixis）　86

＊チョムスキー（Chomsky, N.）　2

331

追随注視　104
通級指導教室　246
ティーチャー・トレーニング　200
ディスレクシア　273
＊ティンバーゲン（Tinbergen, N.）　6
テキストベース　162
デコーディング　274　→復号化
手さし　72,263,264　→指さし
手渡す行動（giving）　74
伝達意図　31
伝達言語能力（BICS）　142,165
統語　32,109
　　——的初期駆動　105
　　——論　26,169
統語—意味関係　106
動詞島仮説　33,117
動詞のマッピング　100
特異性言語発達障害　26,172
特殊音節　154
特殊音素　150
特殊モーラ　151
閉じた語類　97
読解　162
　　——力　161
＊トマセロ（Tomasello, M.）　116
＊ドローター（Drotar, D.）　204

な　行

名づけ　84
ナラティブ（語り）　117,182
　　——思考　118
　　パーソナル——　119
並ぶ関係　78,79
難聴　170,191
　　感音——　243
　　伝音——　242,243
二項関係　68,69,72,76
二語発話　105
二重分節性　12
日本語マッカーサー乳幼児言語発達質問紙
　92
日本版 CCC-2　190
ニューカマー　145
乳幼児精神発達診断法　185
ニューロンシステム　15
認知言語能力（CALP）　142,165

認知的制約　100,102
能記　86,90　→記号媒体
脳損傷　15,25
脳のシナプスの不活性化（刈り込み）　16,
　28

は　行

＊ハーシュパセック（Hirsh-Pasek, K.）　100
バイアス　40
　　形——　100
背景知識　163
バイリンガル　26,135
　　——教育　164
　　受容——　140
発声学習　15
発症率　241
発達性読み書き障害　172　→ディスレク
　シア
発達論的アプローチ　222,227,231,232
発話意図　122
　　——の推測　129
発話行為　248
発話行為論（言語行為理論）　250
発話交代（ターン・テイキング）　80
発話内行為　248
発話内の力　110
発話媒介行為　248
話し言葉　163
話し手　257
ハネンプログラム　227,228,233
反復スタイル　121
＊ピアジェ（Piaget, J.）　70
非言語的コミュニケーション　64
筆順　158
皮肉の理解　131
表記システム　149
表現規則　149
表象　86
　　——機能　64
　　——の再記述モデル　41
表面上の意味　122
平仮名　154
＊ピンカー（Pinker, S.）　6
敏感期　12　→臨界期
フォーマット　80
復号化　156　→デコーディング

復号化のスキル　156
符号化　→エンコーディング
普通名詞　97
不適切な言語行為　255,265
普遍文法　24,43
＊ブラウン（Brown, R.）　114
＊ブルーナー（Bruner, J. S.）　80
ブローカー野　19,20,25
ブロードマン脳地図　19
フロスティック視知覚検査（DTVP）　288
プロンプト　229,234
分解課題（タッピング）　152
文章（テキスト）　161
　──構成期　108
文法　36
文脈的効果　251
文脈の利用　261,266
ペアレント・トレーニング　197
平均発話長（MLU）　114,182
弁別的言語能力（DLC）　165
母音　150
　半──　150
包括的アプローチ　222,231
萌芽的リテラシー　148
母語　135,138,144
　──維持　138,145
補助代替／拡大代替コミュニケーション　→
　AAC

ま 行

マカトンサイン　236,240
マザリーズ（母親語・育児語）　65,88
マンド・モデル法　230
見せる行動（showing）　74
身振り　85
ミラーニューロン　15
　──システム　15
　視覚性──　16
　聴覚性──　16
明確化要請　262
名詞─カテゴリーバイアス　100
命題思考　118
メタ言語　237
　──知識　140
　──の能力　150
モーラ　151

モーラリズム　51
モデリング　222,227,230
モニタリング　163

や 行

やりとりゲーム　79,82
有病率　241
指さし　73-75　→手さし
指文字　246,247
様式の原則　125
幼児語　87,97
用法基盤の言語学　43
用法基盤モデル　116
用法基盤理論　7,42,43
読みのシンプルモデル　156

ら・わ 行

ライム　153
ラポール　202
リーチング　69,75
理解と表出の乖離　95
リキャスト　225,226
＊リチャーズ（Richards, I. A.）　90
領域一般　41
領域固有　41
量の原則　125
理論生物学的適切信号説　→BRS 理論
臨界期　137,141　→敏感期
臨床発達心理学的支援　43
レーヴン色彩マトリックス検査　283
レジスター（言語使用域）　120
＊レネバーク（Lenneberg, E. H.）　5
＊ローレンツ（Lorenz, K.）　5
ワーキング・メモリ　20,213,283

欧 文

AAC（補助代替／拡大代替コミュニケーシ
　ョン）　235,239,240
ATLAN 適応型言語能力検査　211
BRS 理論（理論生物学的適切信号説）　40
CDS（Child-Directed Speech）　39,53,54,
　224
DENVER II デンバー発達判定法　176,187
DIR モデル　228,233
DN-CAS 認知評価システム　188
DSM-5　221

FM 補聴システム　　246
J. COSS　　211
KABC-II 心理・教育アセスメントバッテリー
　187, 212
KIDS 乳幼児発達スケール　　186
LAD　　37, 116
LC スケール　　188
LCSA（学齢版言語・コミュニケーション発
　達スケール）　　237
M-CHAT　　190
N3C　　102
PDCA　　195

PECS（Picture Exchange Communication
　System）　　234
PVT-R 絵画語い発達検査　　190, 211, 290
RAN 課題　　194, 289
Rey の複雑図形検査　　191, 194
RTI（Response to Intervention）モデル
　282
SCERTS モデル　　231-233
SICI 連続体　　101
TEACCH　　231, 232
VOT（voice onset time）　　28
WISC-IV 知能検査　　187

《執筆者紹介》（執筆順，＊は編著者）

＊秦 野 悦 子（はたの　えつこ）　白百合女子大学名誉教授

　岩 立 志 津 夫（いわたて　しづお）　日本女子大学名誉教授

　権 藤 桂 子（ごんどう　けいこ）　共立女子大学家政学部児童学科教授

　やまだようこ（山田　洋子）　京都大学名誉教授

　小 椋 た み 子（おぐら　たみこ）　大阪総合保育大学大学院児童保育研究科特任教授

＊高 橋　　登（たかはし　のぼる）　大阪教育大学教育学部総合教育系教授

　小 林 春 美（こばやし　はるみ）　東京電機大学理工学部情報システムデザイン学系教授

　久 津 木　文（くつき　あや）　神戸松蔭女子学院大学人間科学部心理学科教授

　瀬 戸 淳 子（せと　じゅんこ）　帝京平成大学健康メディカル学部言語聴覚学科教授

　岩 田 吉 生（いわた　よしなり）　愛知教育大学特別支援教育講座教授

　大 伴　　潔（おおとも　きよし）　東京学芸大学名誉教授

　大 井　　学（おおい　まなぶ）　金沢大学名誉教授・金沢大学子どものこころの発達研究
　　　　　　　　　　　　　　　　　センター協力研究員

　川 﨑 聡 大（かわさき　あきひろ）　立命館大学産業社会学部教授

一般社団法人　臨床発達心理士認定運営機構

住所：〒160-0023　東京都新宿区西新宿6-20-12 山口ビル8F
FAX：03-6304-5705　　Email：shikaku@jocdp.jp
URL：http://www.jocdp.jp/

講座・臨床発達心理学⑤
言語発達とその支援

| 2017年10月20日　初版第1刷発行 | 〈検印省略〉 |
| 2024年 6 月20日　初版第3刷発行 | |

定価はカバーに
表示しています

編 著 者	秦　野　悦　子
	高　橋　　　登
発 行 者	杉　田　啓　三
印 刷 者	田　中　雅　博

発行所　株式会社　ミネルヴァ書房

607-8494 京都市山科区日ノ岡堤谷町1
電話代表 (075)581-5191
振替口座 01020-0-8076

©秦野・高橋ほか，2017　　　創栄図書印刷・新生製本

ISBN978-4-623-08074-8

Printed in Japan

———————— 講座・臨床発達心理学（全5巻）————————

臨床発達心理士認定運営機構　監修

各巻　Ａ５判上製カバー・平均320頁・本体価格2800円

生涯発達という広い視野から日常の暮らしへの適応支援を考える「臨床発達心理学」。近年の社会的変化を踏まえたうえで，臨床発達心理学の基礎を学び，臨床発達心理士としての基盤を培うためのシリーズ全5巻。

① 臨床発達心理学の基礎
山崎　晃・藤崎春代　編著

② 臨床発達支援の専門性
西本絹子・藤﨑眞知代　編著

③ 認知発達とその支援
本郷一夫・田爪宏二　編著

④ 社会・情動発達とその支援
近藤清美・尾崎康子　編著

⑤ 言語発達とその支援
秦野悦子・高橋　登　編著

http://www.minervashobo.co.jp/